金田初代〈文〉
金田洋一郎〈写真〉

色・季節でひける

花の事典 820種

Encyclopedia of Flower

西東社

もくじ

植物の基礎知識 ――― 2〜3

季節と色からさがせる
写真もくじ ――― 4〜31

色彩のマジックを楽しむ
花壇と寄せ植え ――― 32〜39
- ●冬〜春の花壇と寄せ植え
- ●春〜夏の花壇と寄せ植え
- ●夏〜秋の花壇と寄せ植え
- ●花の組み合わせが楽しい
　春の花壇
- ●季節感を大事にした
　寄せ植えを楽しむ

本書の特徴と使い方 ――― 40

PART 1
早春の花 ――― 41〜66

PART 2
春の花 ――― 67〜124

PART 3
初夏の花 ――― 125〜192

PART 4
夏の花 ――― 193〜272

PART 5
秋の花 ――― 273〜296

PART 6
冬の花 ――― 297〜308

PART 7
周年の花・カラーリーフプランツ ――― 309〜332

花の名前 総索引 ――― 333〜351

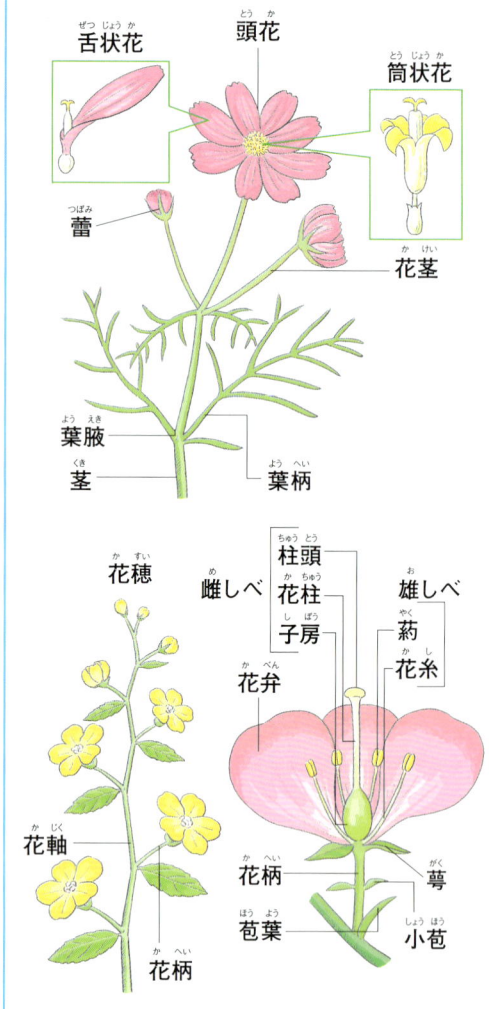

花のつくりと名称

【知っておきたい園芸用語】

わい性▶その植物の標準的な大きさに比べて草丈が低いこと。
高性▶その植物の標準的な大きさに比べて草丈が高いこと。
匍匐 [ほふく] 性▶茎が地面を這うように生長する植物の性質。
立ち性▶茎が立ち上がって伸びる植物の性質。
ロゼット▶地際から出た葉が地面に接して放射状についている様子。
四季咲き(性)▶開花期以外にも花を咲かせる性質をいうが、条件の悪い冬は開花しないことも多い。

花の形と呼称

十字形（ハナナなど）
鐘形（カンパニュラなど）
カップ形（ポピーなど）
漏斗形（アサガオなど）
壺形（スズランなど）
スミレ形
蝶形（スイートピーなど）
距
きんちゃく形（カルセオラリアなど）
仏炎苞（カラーなど）
唇形（サルビアなど）
上唇弁　下唇弁
ラッパ形（スイセンなど）
副花冠

花序のいろいろ

円錐花序
総状花序
穂状花序

主な管理方法

摘心
茎の生長点を摘むと、わき芽が伸びて枝数がふえ、花をたくさんつける。

花がら摘み
咲き終わった花を摘みとることで、病気の発生を防ぎ、株の活性化を促す。

切り戻し
花後や姿が乱れたときは茎を切り詰めると、新しい枝が伸びて再び花をつける。

直[じか]まき▶植物を栽培する花壇や鉢などに直接タネをまくこと。

直根[ちょっこん]性▶ダイコンやニンジンのように主根がまっすぐに深く伸びる性質。

覆輪[ふくりん]▶花弁や葉の縁が、地の色とは異なる色になること。

徒長[とちょう]▶茎や枝がひょろひょろと細長く伸びて、弱々しく生育すること。

休眠▶乾燥や暑さ、寒さなど、生育に適さない環境下で生育を一時停止すること。

グラウンドカバー▶庭の地面を植物で覆うこと。植える植物をグラウンドカバープランツという。

マルチング▶腐葉土や堆肥、わら、バークなどを使って、植物の根元の土を覆うこと。

宿根草[しゅっこんそう]▶多年草の一種で、冬になって地上部が枯れても、土中の根や茎、芽などが枯れずに残って、春になると再び芽を出して生長する植物。

帰化植物▶外来植物のうち、日本の各地に野生化した植物をいう。

あんどん仕立て▶鉢植えでの仕立て方。数本の支柱にワイヤーなどでつくった輪を固定したあんどん支柱に、アサガオやクレマチスなどのつるを絡ませて栽培する。

誘引[ゆういん]▶つる性の植物を支柱などに結びつけていく作業のこと。

季節と色からさがせる写真もくじ

本書で取り上げた花を色別に分け、その花が最もよく咲く季節の順に並べてあります。
色から、季節からお気に入りの花を見つけることができます。
葉や実を観賞するものは別にまとめました。

早春の花 赤 4　ピンク 5　黄・オレンジ 5　青・紫 6　白 6　その他の色 6
春の花 赤 7　ピンク 7　黄・オレンジ 9　青・紫 10　白 11　その他の色 11　実を楽しむ 11
初夏の花 赤 12　ピンク 12　黄・オレンジ 14　青・紫 15　白 16　その他の色 17
夏の花 赤 17　ピンク 19　黄色・オレンジ 20　青・紫 21　白 23　その他の色 24　実を楽しむ 24
秋の花 赤 25　ピンク 25　黄・オレンジ 26　青・紫 26　白 27　その他の色 27　実を楽しむ 27
冬の花 赤 28　ピンク 28　黄・オレンジ 28　白 29　その他の色 29　実を楽しむ 29
周年の花・カラーリーフ 赤 29　青・紫 30　レッド 30　緑 30　ライム 30　シルバー 30　銅葉 30　斑入りなど 31

早春の花
Early Spring

赤

| エパクリス | エレモフィラ | ゲイソリザ |
| ケネディア | ハイドゥンツバキ | プリムラ・ポリアンサ |

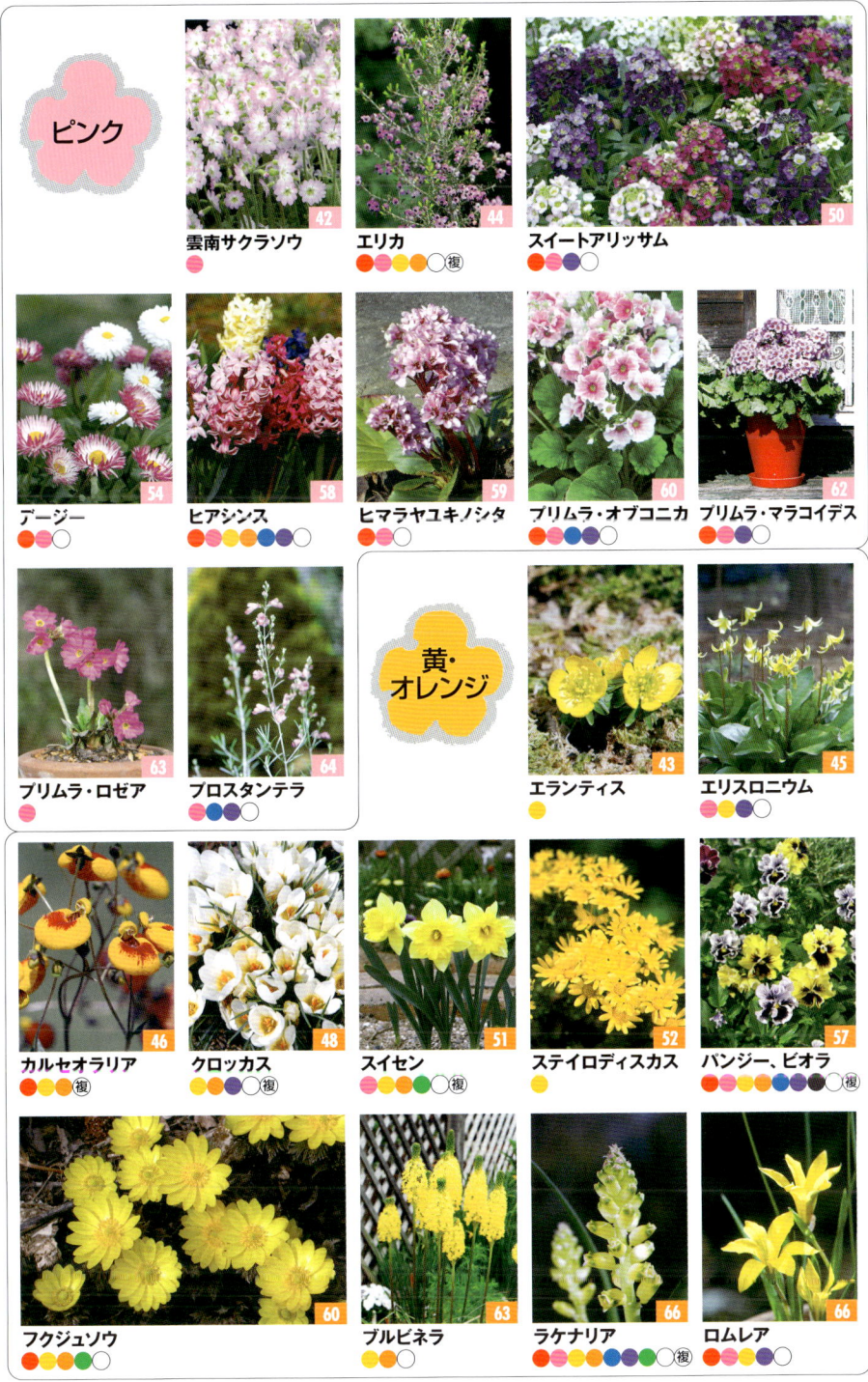

春の花 Spring

赤

アネモネ 70	アマリリス 70	シザンサス 86	ストック 89
ストロベリーキャンドル 90	スパラキシス 91	ゼラニウム 92	テロペア 95
ドイツアザミ 97			
ヒナゲシ 105	ベニバナダイコンソウ 111	ペンステモン 113	ロドヒポキシス 122
ワトソニア 124			

ピンク

アイノカンザシ 68	アルメリア 72	イカリソウ 74	イキシア 75

初夏の花 Early Summer

赤

134 インパチエンス	 138 オリエンタルポピー	 139 カカリア	 149 クフェア'タイニーマイス'
 151 グロキシニア	 151 ゴデチア	 154 サルピグロッシス	 160 スプレケリア	 163 ダリア
 167 ニューギニアインパチェンス	 168 バーベナ	172 ビレスラム	 176 ベニバナアマ	 183 ユリ

ピンク

| 127 アキレア |  128 アクイレギア |  135 エリゲロン |

ハイドランジア 169	フロックス・ストロニフェラ 174	その他の色	アカンサス 127	アルケミラ 132
マトリカリア 180	ユリ(ロンギフローラム系) 184	カラー(畑地性) 143		カンガルーポー 146
ラグルス・オバタス 186	ローダンセマム 192	ジャーマンアイリス 156	ハナタバコ 170	ユリ(オリエンタル系) 183

夏の花 Summer

赤

アスチルベ 196 アデニウム 197 アブチロン 198 キバナコスモス 208

秋の花 Autumn

赤

キャッツテール 275

ブバルディア 289

ミズヒキ 290

ピンク

オオベンケイソウ 274

コルチカム 279

サザンクロス 280

シュウカイドウ 282

シュウメイギク 283

センニチコウ 284

ヒメツルソバ 287

ミセバヤ 292

リンドウ 294

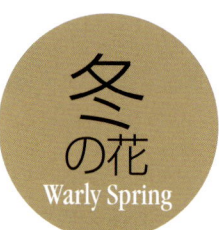

冬の花
Warly Spring

赤

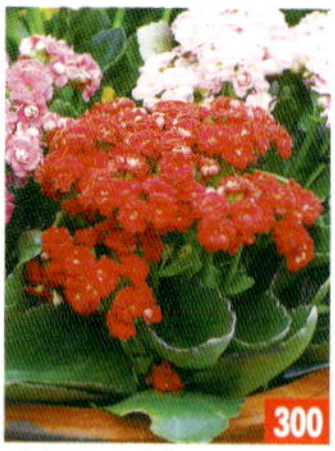
300
カランコエ

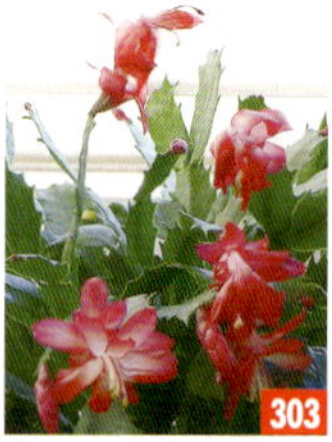
303
シャコバサボテン

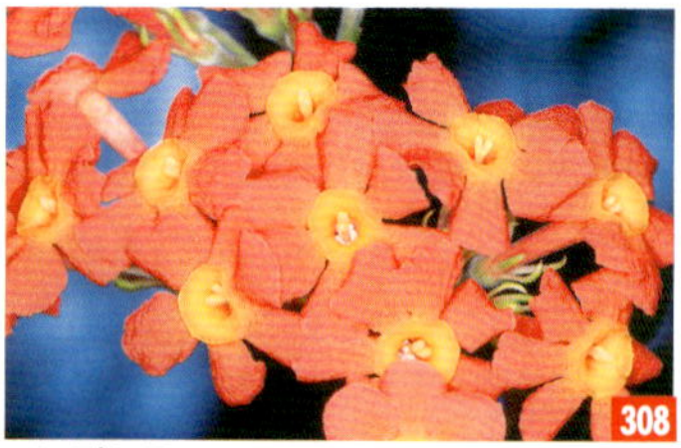
308
ロンデレティア

ピンク

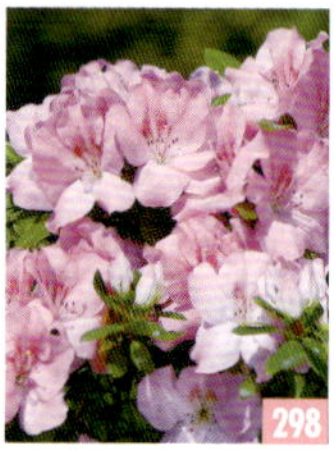
298
アザレア
複

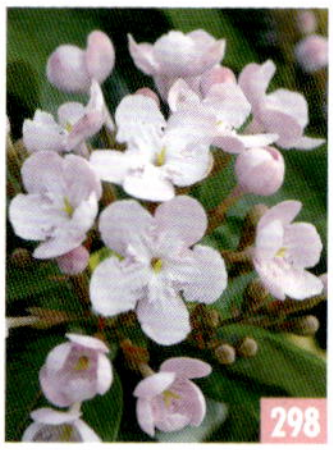
298
アッサムニオイザクラ

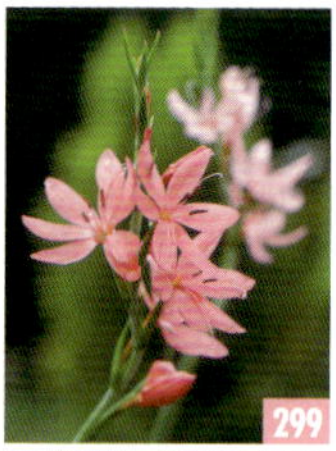
299
ウインターグラジオラス

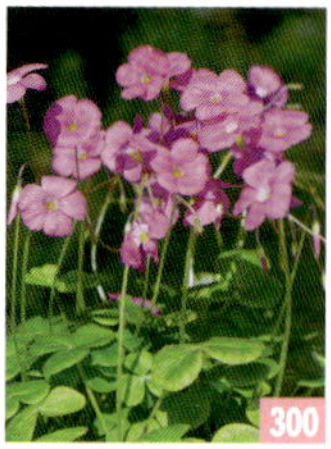
300
オキザリス
複

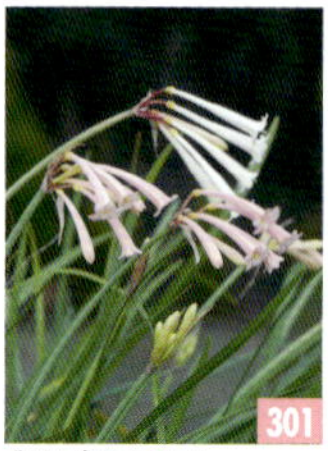
301
キルタンサス

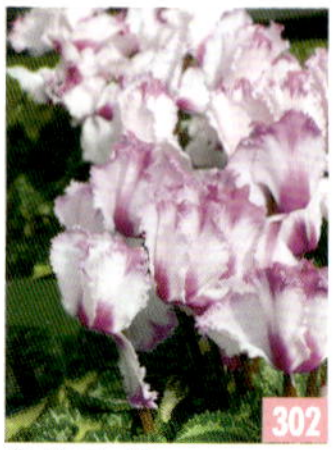
302
シクラメン
複

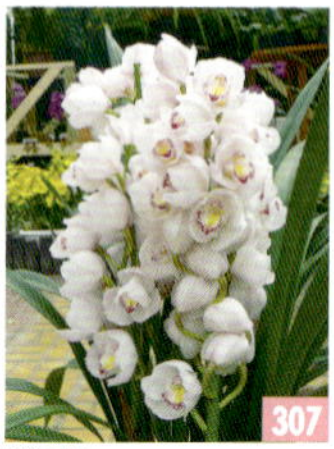
307
洋ラン
複

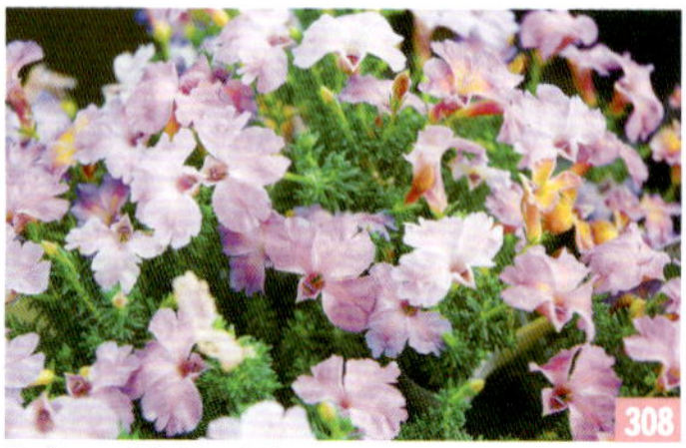
308
レシュノルティア
複

黄・オレンジ

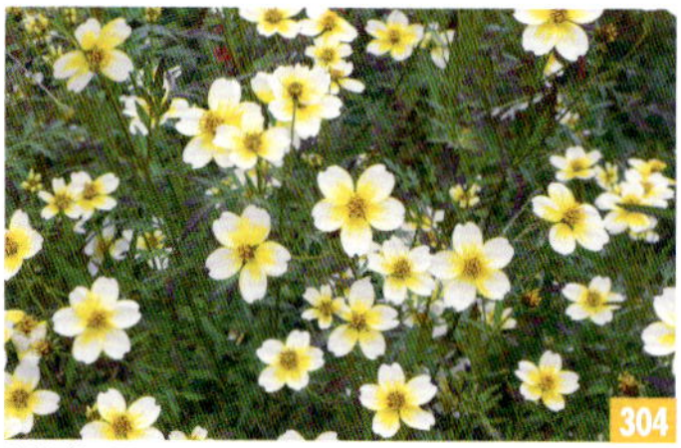
304
ビデンス

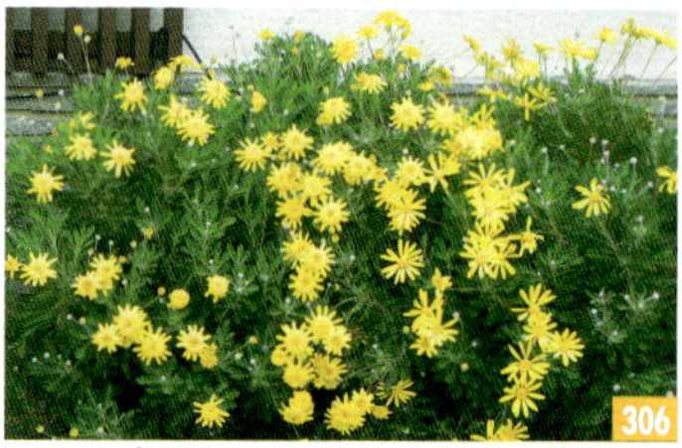
306
ユリオプスデージー

白		
	イチゴノキ 299 ● 赤 ●○	マツソニア 305 ●○

その他の色		
	コーレア 301 ●●● 複	ポインセチア 305 赤、黄、複

実を楽しむ			
	センリョウ 303 ● 赤、黄 ●	フユサンゴ 304 ● 赤、橙、白 ○	マンリョウ 306 ● 赤、黄、白 ○

周年の花 All Season　カラーリーフ

赤		
	アンスリウム 310 赤、桃、白、緑、複	グズマニア 310 赤、黄、オレンジ、白

カラーリーフ

斑入りなど

カレックス 315
黄白色の条斑、緑、褐色

シロツメクサ 321
赤褐色、緑、複

イヌコリヤナギ 313
ピンク→白→白斑→緑に変化

ヒューケラ 325
緑、ブロンズ、ベージュ、斑入り

ペニセツム 327
パープル、緑、紫、白

ゴシキバドクダミ 317
複

コリウス 318
黄、赤、緑、黄緑、褐色、赤紫、複

シルバー・プリベット 320
緑に白覆輪

ペルシカリア 328
緑、銅葉や銀白色に斑入り

ムラサキゴテン 329
紫紅色

ススキ'タカノハ' 321
緑に黄の虎斑

ニューサイラン 323
緑、赤、茶、斑入り

ハゲイトウ 323
赤、桃、橙、黄、紫、斑入り

シロタエギク 320
シルバー

セネシオ 322
シルバー

ハツユキカズラ 324
白斑、黄斑

ハボタン 324
赤、桃、白、紫

モクビャッコウ 330
シルバー

ラムズイヤー 331
シルバー

ヒコウキソウ 326
赤紫、緑葉に褐色の縞模様

フッキソウ 327
緑に乳白色の斑入り、緑

ヤブラン 330
緑、覆輪、縞斑

色彩の
マジックを楽しむ
花壇と寄せ植え

花壇やコンテナガーデンを美しく見せるためには、草花など植物を見栄えよくあしらうことが大切です。好きな花だけを集めて植え込んでは統一感のない散漫なものになってしまいます。花壇やコンテナ全体の雰囲気を考えて草花を選びましょう。

植物の姿はもちろん、葉や花の形もさまざまです。中でも花の形は丸いもの、細長いもの、平らなもの、星型のものなど変化に富んでいます。これら形の違い、色の違い、高さの違いを生かして構成すると、奥行きのある美しい花壇や寄せ植えがつくれます。

また、冬〜春、春〜夏、夏〜秋の3シーズンに分けて、ローテーションを組み、各シーズンごとに花期の長い草花を取り入れると、花が途切れず、四季を通じて花が楽しめるでしょう。さらに、1年中葉の色が美しいカラーリーフプランツも植え込んでおくと、四季ごとに草花を入れ替えるときなど、花が咲くまでの間もさみしくありません。

冬〜春の花壇と寄せ植え

◀花の形と色を生かした花壇。星型の花を咲かせるイフェイオン、スイセン、穂状に咲くムスカリ、丸い花を平らに開いたピンクのリビングストンデージーなど、花色、花形とともに、草丈にも変化を持たせて奥行き感を出しました。

▶ピンクとブルーのフウリンソウを中心に白いカスミソウ、ブルーのワスレナグサ、ピンクのダイアンサスなどで、春らしいやさしい色合いの花壇を構成しています。

▲淡いパープルのパンジー、銅葉のミニハボタン、白いイベリスを鮮やかな黄色のビオラが引き締め、白鳥の容器に合わせて植え込まれた寄せ植えです。

▶パンジー、デージーなど主役はなくても、それぞれの花が引き立てあってシンプルながら単体で植えられた鉢植えにはない魅力を発揮した寄せ植えです。

春〜夏の花壇と寄せ植え

◀ユリは緑と組み合わせると一段と引き立ちます。庭木の緑、白と紫色のアジサイをバックに色を抑えて涼しげに演出した夏の花壇です。

▶高性のリナリア、ジャーマンカモマイルの前に、涼しげなブルーのリナム、足元に広がる黄色のリムナンテスなどで、野原をイメージしてつくられた花壇です。

◀グリーンだけのフレッシュな寄せ植えですが、匍匐（ほふく）性のバコパを垂らし、つる性のジャスミンをトレリスに誘引して、立体的につくりました。

夏～秋の花壇と寄せ植え

◆落葉樹の下などの小さなスペースは、使う植物を少なくし、ビオラなど小さな花を効果的に使い、色彩を控えめにするとシックに見えます。

◆パンパスグラスや紫色の宿根サルビア、紅葉したコキアなど、植物の形の違いを生かし、黄やオレンジ、赤などのオータムカラーとよく溶け合って構成された花壇です。

◆壁掛け式のハンギングバスケットです。カルーナで高さを、2種類のミニハボタンでボリュームを、カラーリーフプランツで軽やかさを出しました。

花の組み合わせが楽しい春の花壇

　花壇に草花を植え込む前に、できあがりをイメージして、まず、植え込む場所に苗を置いて配置を決めます。草丈をそろえたり、花色を考えて配置します。

　植え付けは奥から手前へと順に植えます。このとき、草花が育つことを考えて密植は避けます。密植すると風通しが悪くなり、蒸れて枯れる原因になりますから、その草花にあった株間をとります。

　苗は、縦横の筋目が通るようにすると、整然と見え、開花時だけでなく植え付けたときから美しく見えます。苗を植えるときは、根鉢と地面の高さをそろえ、浅すぎず、深すぎず、根がしっかり張れるように植えます。

　植え付け後も、摘心や花がら摘み、病害虫の防除、水やり、追肥など、日々の管理にできるだけ気を配りましょう。

【植え込みの手順】

1 草花が引き立つように、背景に樹木や大型の宿根草を植える。

2 出来上がりをイメージして、ポット苗を植え込む位置に配置する。

3 背景の樹木を植え込み、左右の草花の位置を確認する。

4 自然風の花壇を構成するために、手前のレンガの縁から垂らす植物を配置する。

5 リーフプランツなど、空間を埋める植物を配置する。

6 用意したすべての苗の配置が終わる。

7 植え込みは、奥から手前へと順に行う。

8 根鉢の深さに穴を掘り、化成肥料などの元肥を入れ土とよく混ぜ合わせる。

9 すべての苗が植え込まれたら、たっぷり水やりする。

10 完成。草丈、花色などを考慮された花壇は、植え込んだときから見栄えがよい。

季節感を大事にした寄せ植えを楽しむ

　テラコッタや木製などの容器に植物を植え込んだものを、コンテナガーデンと呼んでいます。花壇をつくるスペースのない場合に、比較的簡単につくれて便利です。寄せ植えしたコンテナをいくつか置いて花壇のように見せる「小さな花壇」は、季節感を大事につくりましょう。

　まず、コンテナを置く場所を決めます。眺める場所から使う植物を選んだり植物の組み合わせを考えますが、寄せ植えをつくるときは、花期の長い花を主役に、季節の花を組み合わせます。

　また、水やり、日当たりなど同じ環境を好むものを選びます。花の色や形ばかりを考えて性質のあわないものを組み合わせると、その後の生育が悪くなるものもあり、長く楽しめません。植物同士が調和を保ちながらバランスのとれた美しさを保ち、長く楽しむためには、それぞれの植物の性質を知ることが大切です。

　また、花はグリーンなどの葉色の中にあってこそ自然の美しさを見せてくれますから、個性的な寄せ植えをつくるためにもカラーリーフプランツを利用しましょう。

【寄せ植えの手順（夏の寄せ植え）】

1 材料や用具。

2 鉢底網を入れる。

3 鉢底用のごろ石を底面が隠れる程度に入れる。

4 培養土を根鉢の高さに合わせて入れる。

5 苗をポットから抜かずにコンテナに置き、構成を考える。

6 いったん苗を取り出し、培養土に元肥を入れて土によく混ぜる。

7 まず、中心になる大きな株から植え込んでいく。

8 次に、周辺の植物を植える。

根がひどく回っている株は、ほぐしながら1/3くらい土を落とす。

9 培養土を足しながら、すき間ができないように土を入れていく。

10 植え付けが終わったら水をたっぷり与える。手を添えると土跳ねが避けられる。

できあがり。

本書の特徴と使い方

●花名（植物名）
属名、和名、英名、流通名など、いろいろの名で呼ばれて統一されていないため、園芸店などで一般的に使われている頻度の高い名前を採用し、あわせて学名も表記しています。
なお、写真につけられた花名で、品種名のわかるものは‘ ’の記号で表記しています。

●学名
花にはそれぞれ世界共通の学名があり、この学名を知っていればどこでも花の話題を共有することができます。本書では、多くの種がある場合は属名のみ、主にその種だけを解説している場合は属名＋種小名を表記しました。スペースの都合上、本文中では属名を省略し、種小名または品種名のみになっています。

●花色（葉色、実色）
主な色を表示しました。❋は赤色、❋はピンク色、❋は黄色、❋はオレンジ色、❋は青色、❋は紫色、❋は緑色、❋は茶色、❋は黒色、❋は白色、「複」はひとつの花が2色以上になるものです。花以外は🍃は葉、🍊は実、🌱は苞、🌾は穂を意味しています。

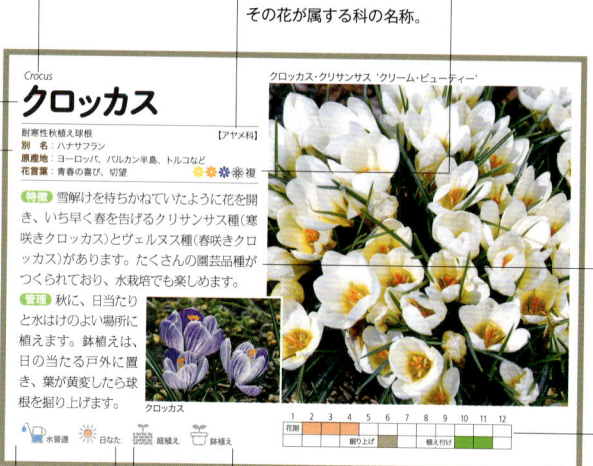

●科名
その花が属する科の名称。

●特徴
草姿や花の大きさ、花形、花や葉のもつ材質感など植物の特徴と、名前の由来などを解説しています。

●管理
鉢花は置き場所や夏越し、冬越しの方法を、庭植えは日なたや半日陰など植える場所、植え付け、タネまきの時期など、その植物を育てるためのポイントを簡潔にまとめています。

●カレンダー
作業のポイントが年間を通してわかるようにしていますが、関東地方を標準にして作成しているため、地方によって差があります。

●用途
庭植え…花壇、庭植えむき
鉢植え…鉢（コンテナ）栽培むき

●園芸分類と基本的な性質
耐寒性…低温に耐えられる性質。寒さに強いものを「耐寒性がある」といい、戸外で生育できる。
半耐寒性…0℃近くの低温に耐え、霜や強い寒さに当てなければ屋外で冬越しできる。
非耐寒性…寒さに弱く、暖かい室内で保護したり、加温してやらないと越冬できない。
春まき…春にタネをまき、夏から秋に開花するもの。
秋まき…秋にタネをまき、翌春から夏に開花するもの。
1年草…タネをまいて1年以内に開花、結実して枯れてしまう植物。
2年草…発芽したその年は花が咲かず、2年目になって開花、結実する草花。1度結実すると枯れてしまう。
多年草…1年で枯死せず、同じ株が何年も生長を続ける草花。
球根…多年草の中で、地下部が肥大して球状や塊状になっているもの。
別名…タイトルに使用した花名以外で、よく使われる名前。
原産地…原種が発見されたところ。園芸品種については園芸種とし、親が明らかな場合は親の原産地を記しています。
花言葉…植物にまつわる神話や伝説、その生態などからつけられたもので、英国で発表されたものを主に記しました。

●水やり
水やりは鉢植えの植物の目安になるように記したもので、鉢の置かれた環境や用土によっても乾き方が違います。あくまでも目安として参考にしてください。
普通…鉢土の表面が白く乾いたら鉢底から流れ出るまでたっぷり与える。
少なめ…乾燥気味を好むので鉢土の表面が乾いてもすぐに与えず、2、3日後に与える。
多め…湿気を好むので、鉢土の表面が白く乾ききる前に与える。

●日照
光合成をして育つ植物には、太陽の光が必要ですが、植物によっては日陰で育つものや半日陰を好むものもあります。ここでは、その植物が好む、または育てることができる日照条件を示し、夏などに鉢を半日陰に移動する場合などは含まれませんので、それらは本文中を参照ください。
日なた…日照を好む植物に適し、1日に5～6時間以上直射日光が当たる場所。
半日陰…木漏れ日などが当たる場所、あるいは1日に3～4時間くらい直射日光が当たる場所。
日陰…1日に1～2時間ほど直射日光が当たる家の北側や常緑の庭木が重なり合った場所で、間接光が当たる場所など。

Crocus
クロッカス

耐寒性秋植え球根　【アヤメ科】
別　名：ハナサフラン
原産地：ヨーロッパ、バルカン半島、トルコなど
花言葉：青春の喜び、切望　❋❋❋複

特徴　雪解けを待ちかねていたように花を開き、いち早く春を告げるクリサンサス種（寒咲きクロッカス）とヴェルヌス種（春咲きクロッカス）があります。たくさんの園芸品種がつくられており、水栽培でも楽しめます。

管理　秋に、日当たりと水はけのよい場所に植えます。鉢植えは、日の当たる戸外に置き、葉が黄変したら球根を掘り上げます。

クロッカス・クリサンサス‘クリーム・ビューティー’

クロッカス

水管理　日なた　庭植え　鉢植え

PART

1

早春の花
flower of early spring

Ipheion uniflorum
イフェイオン

耐寒性秋植え球根　　　　　　【ユリ科】
別　名：ハナニラ
原産地：メキシコ～アルゼンチン
花言葉：別れの悲しみ

イフェイオン・ユニフローラム 'ウィズレーブルー'

特徴 花が美しく、ニラに似た葉にネギ特有の臭気があり、ハナニラともいいます。星形の花形から英名はスプリングスターフラワー。白や淡紫色の花色のほかにピンク花も出回ります。黄花の近縁種もあります。

管理 日当たりがよければ4～5年は植えっぱなしが可能です。鉢植えも日なたに置き、葉が枯れ始めたら鉢ごと乾燥させます。

イフェイオン・セロウィアナム

水普通　日なた　庭植え　鉢植え

1	2	3	4	5	6	7	8	9	10	11	12
	花期								植え付け		

Primula filchnerae
雲南サクラソウ

半耐寒性多年草　　　　　　【サクラソウ科】
別　名：ホウシュンカ
原産地：中国

雲南サクラソウ

特徴 プリムラ・マラコイデスに似た花姿で、淡いピンクの花が花茎の先にたくさん咲きます。早春に咲くところから報春花とも呼ばれています。羽状に切れ込んだ葉や葉柄が、軟らかい毛に覆われていて銀緑色に見えます。

管理 本来は多年草ですが、寒さに弱いので1年草として扱います。開花株を購入したら、冬期は室内の明るい窓辺に置き、5～10℃を保ちます。水やりは花にかからないように注意します。よく結実するので5月頃にタネを取り、7月または9月上旬にまきます。

水普通　日なた　鉢植え

1	2	3	4	5	6	7	8	9	10	11	12
花期						タネまき					

早春の花

Epacris
エパクリス

半耐寒性常緑低木　　　　【エパクリス科】
原産地：オーストラリア南東部

エパクリス・ロンギフロラ

特徴 エリカに似た花を細い枝に多数咲かせます。よく栽培されるのはロンギフロラ種で、花筒部は赤く、先端が白い細長い鐘状の花が、上部の葉のわきに並んでつき、下垂します。エパクリスは「丘の頂上」という意味で、生育地から名づけられました。

管理 寒さにやや弱いので、主に鉢植えで観賞します。春〜秋は日当たりのよい場所に置きますが、梅雨から盛夏は雨に当てないように注意します。暖地では簡単な防寒で越冬できますが、寒冷地では冬は室内に置きます。

水普通　日なた　鉢植え

	1	2	3	4	5	6	7	8	9	10	11	12
花期												
						植え替え、剪定						

Eranthis hyemalis
エランティス

耐寒性多年草または秋植え球根　　【キンポウゲ科】
別　名：キバナセツブンソウ
原産地：ヨーロッパ〜西アジア
花言葉：人間嫌い

エランティス・ヒエマリス

特徴 早春の花壇を彩る洋種のセツブンソウです。エランティスはギリシャ語の「春」と「花」を合わせたもので、春の最初に咲くことから名づけられました。黄色い花びらのように見えるのは萼片です。花が終わると地上部が枯れて休眠します。

管理 一般的に秋植え球根として栽培されます。庭植えは落葉樹の下などに植えれば、植えっぱなしにできます。鉢植えは日の当たる場所で育て、葉が枯れ始めたら雨の当たらない日陰に置き、鉢のまま乾燥させます。

水普通　日なた　半日陰　庭植え　鉢植え

	1	2	3	4	5	6	7	8	9	10	11	12
花期												
									植え付け			

Erica
エリカ

半耐寒性～耐寒性常緑低木　【ツツジ科】

別　名：ヒース
原産地：南アフリカ、ヨーロッパ
花言葉：孤独、寂寞、謙遜

ジャノメエリカ（ベル形）

特徴　毎年のように新しい種類が流通しますが、栽培されているものの多くは南アフリカ原産。花色が豊富で、花形も壺形、ベル形、筒形とバラエティーに富んでいます。ジャノメエリカは暖地では庭植えできますが、ほかはやや耐寒性にかけるので鉢植え向きです。

管理　鉢は、春～秋は戸外に置きよく日に当てますが、夏は雨の当たらない場所に移します。冬は室内に入れ5℃以上保ちます。開花中は水切れに注意し、冬でも水を切らさないようにします。毎年、花後に植え替えます。

1	2	3	4	5	6	7	8	9	10	11	12
									花期		
				植え替え、剪定							

水普通　日なた　庭植え　鉢植え

エリカ'ホワイトデライト'（筒形）　エリカ'ロイヤルヒース'（筒形）　スズランエリカ（壺形）

コットンヒース

早春の花

Erythronium
エリスロニウム

秋植え球根　　　　　　　　　【ユリ科】
別　名：セイヨウカタクリ
原産地：北アメリカ
花言葉：嫉妬

特徴　早春の山野を彩るカタクリの仲間です。1対の葉の間から花茎を出し、反り返ってうつむいて咲く姿はカタクリそっくりです。1茎に複数の花を咲かせる黄色の'パゴダ'や白花の'ホワイト・ビューティー'などは丈夫です。

管理　秋に落葉樹の下などに植えると、植えっぱなしでもよく花が咲きます。鉢植えは、花後、半日陰に移しそのまま乾燥させます。

エリスロニウム 'パゴダ'

エリスロニウム・カリフォルニカム 'ホワイト・ビューティー'

水普通　半日陰　庭植え　鉢植え

	1	2	3	4	5	6	7	8	9	10	11	12
		花期										
										植え付け		

Eremophila
エレモフィラ

耐寒性常緑低木　　　　　　　【ハマジンチョウ科】
別　名：エミューブッシュ
原産地：オーストラリア

特徴　オーストラリアの固有種。よく見るのは、赤や黄色の花を細い花柄の先に吊り下げるマクラタ種で、エミューブッシュの名で流通します。ほかに、枝葉が白い毛に覆われ、淡い紫色の花をつけるニベア種もあります。

管理　寒さにやや弱いので、鉢植えで育てます。春と秋はよく日に当て、梅雨期は雨に当てないように注意。冬は室内で管理します。

エレモフィラ・マクラタ

エレモフィラ・ニベア

水少なめ　日なた　鉢植え

	1	2	3	4	5	6	7	8	9	10	11	12
					花期							
					植え替え							

Aubrieta×cultorum
オーブリエタ

耐寒性多年草　　　　　　　　　【アブラナ科】
別　名：オーブリエチア
原産地：園芸種

オーブリエタ（斑入り種）

特徴　複雑な交配を重ねて誕生した園芸種で草丈は5～10cm。カーペットのように茂り、株を覆うように十字花が次々咲きます。高温多湿に弱いので、暖地より寒冷地でよく育ちます。鉢花として出回りますが、ロックガーデンの花としても利用できます。

管理　春と秋はよく日に当て、徒長させないように育てます。ある程度花が終わったら、株が元気なうちに半分ほど切り戻して、風通しのよい涼しい半日陰に置いて夏越しさせます。生育期の春と秋に液体肥料を施します。

水普通　　日なた　　庭植え　　鉢植え

1	2	3	4	5	6	7	8	9	10	11	12
	花期										
							植え替え		タネまき		

Calceolaria
カルセオラリア

半耐寒性秋まき1年草　　　　　【キク科】
別　名：キンチャクソウ
原産地：チリ、ペルー、メキシコ
花言葉：私の伴侶

特徴　上唇弁は小さい袋状、下唇弁は大きい袋状になっているのが特徴です。カルセオラリアはラテン語で「スリッパ、小さな靴」の意味です。タイガースポットと称する褐色の小斑点をちりばめたものや斑点のないものなど、多くの園芸品種があります。

管理　暑さ、寒さに弱いため、1年草として扱います。鉢花は、寒さに当てないように室内の明るい窓辺に置き、4月になったら戸外の日なたに置きます。鉢土の表面が乾いたら、花にかからないように水やりします。

水普通　　日なた　　鉢植え

1	2	3	4	5	6	7	8	9	10	11	12
	花期										
							タネまき				植え付け

早春の花

Helleborus
クリスマスローズ

耐寒性常緑～落葉多年草　　【キンポウゲ科】
別　名：ヘレボルス、レンテンローズ
原産地：多くは欧州西部～中部
花言葉：スキャンダル

ヘレボルス・ヒブリダス

特徴 寒さに強く日陰でも育つので、早春の鉢花や花壇の花として人気です。クリスマスローズはニゲル種につけられた英名ですが、日本ではヘレボルス属すべての植物を指します。多く出回るのは、3～4月に開花するヘレボルス・ヒブリダス系の園芸品種。

管理 強い日差しと高温多湿を嫌うので、夏に半日陰になる落葉樹の下などに植えます。鉢植えは5号鉢に1株植え、毎年9月に植え替えます。タネを取らないときは、花後早めに花茎を切り取ります。

水普通　半日陰　庭植え　鉢植え

1	2	3	4	5	6	7	8	9	10	11	12
										花期	
		タネまき				植え付け、株分け				

ヘレボルス'ルーセブラック'

ヘレボルス・ニゲル'ジョセフレンパー'

ヘレボルス'ローズカメレオン'

ヘレボルス・ヒブリダス

Crocus
クロッカス

耐寒性秋植え球根　　【アヤメ科】
別　名：ハナサフラン
原産地：ヨーロッパ、バルカン半島、トルコなど
花言葉：青春の喜び、切望

> **特徴**　雪解けを待ちかねていたように花を開き、いち早く春を告げるクリサンサス種（寒咲きクロッカス）とヴェルヌス種（春咲きクロッカス）があります。たくさんの園芸品種がつくられており、水栽培でも楽しめます。

> **管理**　秋に、日当たりと水はけのよい場所に植えます。鉢植えは、日の当たる戸外に置き、葉が黄変したら球根を掘り上げます。

クロッカス・クリサンサス 'クリーム・ビューティー'

クロッカス

水普通　日なた　庭植え　鉢植え

	1	2	3	4	5	6	7	8	9	10	11	12
花期		■	■	■								
						掘り上げ				植え付け		

Geissorhiza
ゲイソリザ

半耐寒性秋植え球根　　【アヤメ科】
原産地：南アフリカ

> **特徴**　草丈は10〜30cmほどで、フリージアをほっそりさせたような草姿です。コントラストの鮮やかな花がカップ状に咲くものや、シルクのようななめらかな花弁を星形に開くものなど、変化に富んだ花形が楽しめます。

> **管理**　やや寒さに弱いので、秋に鉢に植え、暖房をしていない室内で育てます。葉が枯れ始めたら、鉢のまま乾燥させます。

ゲイソリザ

ゲイソリザ・モナントス

水普通　日なた　鉢植え

	1	2	3	4	5	6	7	8	9	10	11	12
花期		■	■	■								
						掘り上げ				植え付け		

早春の花

Kennedia
ケネディア

半耐寒性常緑つる性木本　　【マメ科】
原産地：オーストラリア、タスマニア

ケネディア

特徴 オーストラリアの固有の属で、ケネディアは、イギリスの種苗商ケネディーの名にちなんだものです。葉のわきに蝶形の花が咲きます。赤い旗弁（き べん）の中心部が黄色の、美しい花を開く、マクロフィラ種やプロスタンテラ種などがあんどん仕立ての鉢物で出回ります。

管理 暖地ではフェンスやトレリスに絡ませて庭植えもできますが、一般には鉢植えにします。日なたと乾燥を好み、過湿を嫌うので、特に高温期の夏は多湿にならないように注意します。花後か秋に刈り込んで姿を整えます。

水普通　日なた　庭植え　鉢植え

1	2	3	4	5	6	7	8	9	10	11	12
	花期										
						植え替え			植え替え		

Pericallis × *hybrida*
シネラリア

非耐寒性秋まき1年草　　【キク科】
別　名：サイネリア、フウキギク
原産地：園芸種
花言葉：常に快活

木立シネラリア'桂華'

特徴 キクに似た色彩豊かな花が株を覆って、こんもりと咲きます。花径3cmの小輪から、6cm以上の巨大輪まであり、一重と八重咲きがあります。本来は多年草ですが、高温多湿に弱いので1年草として扱います。

管理 鉢花は、がっちりした株を選び、日の当たる窓辺に置きます。花がらをこまめに摘み、月に2～3回薄めの液肥を施します。

シネラリア

水普通　日なた　鉢植え

1	2	3	4	5	6	7	8	9	10	11	12
				花期							
							タネまき		植え付け		

Scilla
シラー

耐寒性秋植え球根　　　　　【ヒアシンス科(ユリ科)】
別　名：スキラ、ワイルドヒアシンス
原産地：ヨーロッパ、中央アジア、アフリカ
花言葉：不安

シラー・シベリカ

特徴 草丈が10cm前後で、早春に鮮やかな青や白色の花を星形に開く小型のシベリカ種や、草丈が30cm以上になり、初夏に青や白の花がパラソルを広げたように咲く、大型のペルビアナ種などがあります。

管理 秋に、小型種は落葉樹の下などに植えます。ペルビアナ種は日当たりと水はけのよいところなら、植えっぱなしで育ちます。

シラー・ペルビアナ

水普通　日なた　庭植え　鉢植え

	1	2	3	4	5	6	7	8	9	10	11	12
花期												
					掘り上げ				植え付け			

Lobularia maritima
スイートアリッサム

耐寒性秋まき1年草　　　　　【アブラナ科】
別　名：ニワナズナ、ニオイナズナ
原産地：地中海沿岸地域
花言葉：優美、美しさを越えた価値

スイートアリッサム

特徴 よく分枝してカーペット状に広がります。甘い香りの白い小さな花が枝の先のほうに密について丸くなり、それらがたくさん集まって株を覆うように咲きます。本来は多年草ですが、夏の高温多湿に弱いので日本では1年草として扱います。

管理 秋にポットなどにタネをまき、春に日当たりのよい場所に植えます。鉢植えは、霜が当たらない風通しのよい日なたに置き、鉢土の表面が乾いたらたっぷり水をやり、真夏を除いて月に1～2回液肥を施します。

水普通　日なた　庭植え　鉢植え

	1	2	3	4	5	6	7	8	9	10	11	12
花期												
									タネまき			

早春の花

Narcissus
スイセン

耐寒性秋植え球根　　【ヒガンバナ科】

別　名：セッチュウカ、ダッフォディル
原産地：ヨーロッパ、地中海沿岸地域
花言葉：自惚れ

スイセン 'アーリーセンセイション'

特徴 花の中心にあるカップが愛らしく、1茎に花を1つつけるもの、1茎に多数の花を咲かせる房咲きなど、多くの品種があります。最近はバルボコディウム種やキクラミネウス種などのコンパクトな原種系も人気です。

管理 秋に日当たりと水はけのよい場所に植え、2～3年は植えっぱなしにしてもよく花が咲きます。花が終わったら花がらを摘み、6月までは葉を大事に残し、肥料を施して球根を太らせます。球根を掘り上げるときは葉が黄変し始める6月頃です。

水普通／日なた／庭植え／鉢植え

	1	2	3	4	5	6	7	8	9	10	11	12
花期											●	●
						掘り上げ		植え付け				

スイセン 'リプリート'

ナルキッサス・バルボコディウム 'ホワイト'

ニホンズイセン

クチベニズイセン 'セルマラガロフ'

Steirodiscus
ステイロディスカス

半耐寒性秋まき1年草 　　　　　　　【キク科】
原産地：南アフリカ

ステイロディスカス・タゲテス

特徴 小型で、花期が長いのが魅力。黄色の花が株を覆うように次々と開き、こまめに花がら摘みをすると初夏の頃まで咲き続けます。大型で花も大きな、マーガレットコスモスの名で流通する常緑低木種もあります。

管理 秋にタネをまきますが、早春に出回るポット苗を利用すると簡単です。日当たりと水はけのよい場所に定植します。

マーガレットコスモス（斑入り種）

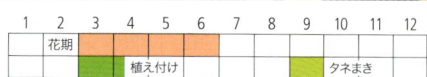

水普通　日なた　庭植え　鉢植え

1	2	3	4	5	6	7	8	9	10	11	12
	花期										
			植え付け						タネまき		

Galanthus
スノードロップ

耐寒性秋植え球根 　　　　　　　【ヒガンバナ科】
別　名：マツユキソウ、ユキノハナ、ガランサス
原産地：ロシア南部〜ヨーロッパ
花言葉：希望、慰め

スノードロップ（ガランサス・エルウェジー）

特徴 雪解けの頃に、豆ランプのような純白の花を下向きに咲かせます。1茎1花で3枚の長い花弁の内側に、先端に緑の斑が入った短い花弁があり、日が当たると花弁が開いて緑斑をのぞかせ、夕方には閉じます。

管理 秋に、日当たりと水はけのよい場所に球根を植えます。何球かまとめて植えると見映えがします。鉢植えは4号鉢に5球を目安に植えます。葉が黄変したら雨の当たらない涼しい日陰に置き、休眠中も極端に乾燥させないように水を与えます。

水普通　日なた　庭植え　鉢植え

1	2	3	4	5	6	7	8	9	10	11	12
			花期								
										植え付け	

早春の花

Spiloxene
スピロキシネ

半耐寒性秋植え球根　【キンバイザサ科(コキンバイザサ科)】
原産地：南アフリカ

スピロキシネ・カペンシス

特徴　2～3枚の葉の間から細い花茎を伸ばし、星形の花を1つ平らに開きます。幅の狭い6枚の花びらは、日光に当たると開き、夕方には閉じます。花の中心に黒褐色の斑紋があり、黄色の雄しべがよく目立ちます。

管理　寒さにやや弱いので、鉢植えで栽培します。秋に球根を植えます。強い霜や寒風に当てると花が咲かないことがあるので、日が当たる室内に置き、生育中は水を十分に与えます。花後に葉が黄変したら、球根を掘り上げるか、鉢ごと乾燥させます。

水普通　日なた　鉢植え

1	2	3	4	5	6	7	8	9	10	11	12
			花期								
							掘り上げ		植え付け		

Viola
スミレ

半耐寒性多年草　【スミレ科】
別　名：ビオラ
原産地：ヨーロッパ、北アメリカ、オーストラリアなど

パンダスミレ

特徴　白地に中心部が紫色になる花色からパンダスミレの名で流通するヘデラケア種は、つる性の茎を長く伸ばして広がります。春～晩秋まで次々と咲き続け、ハンギングバスケットや寄せ植えなどに利用されます。

管理　春～秋は日の当たる戸外で育てますが、真夏は西日を避けて風通しのよい場所に置きます。寒冷地では室内で越冬させます。

ビオラ・パピリオナケア ‘フレックス’

水普通　日なた　庭植え　鉢植え

1	2	3	4	5	6	7	8	9	10	11	12
		花期									
			植え替え、株分け					植え替え、株分け			

Chionodoxa
チオノドクサ

耐寒性秋植え球根　　　　　【ヒアシンス科(ユリ科)】
別　名：ユキゲユリ
原産地：地中海東部沿岸地域からトルコ

チオノドクサ'スノースター'

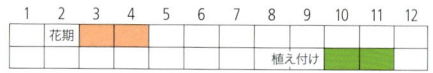

特徴 チオノドクサはギリシア語の「雪の栄光」の意。雪解けの高山で咲いているのを発見されて命名されました。よく見るのは、星形の花の中心が白く抜ける青紫花のルシリアエ種です。ほかに、大輪でピンク花の'ピンクジャイアント'などの園芸品種もあります。

管理 球根の植え付けは10～11月。水はけのよい落葉樹の下などに群植して、植えっぱなしにするとよくふえます。鉢植えは4号鉢に5球を目安に植え、晩春に葉が黄変し始めたら、日陰に置いて鉢ごと乾燥します。

水普通　日なた　半日陰　庭植え　鉢植え

1	2	3	4	5	6	7	8	9	10	11	12
	花期	花期	花期						植え付け	植え付け	

Bellis
デージー

耐寒性秋まき1年草または多年草　　　　【キク科】
別　名：ヒナギク、エンメイギク、チョウメイギク
原産地：地中海沿岸、西アジア
花言葉：慰め

デージー

特徴 本来は多年草ですが、日本では夏越しが難しいため1年草として扱います。デージーは英名で、太陽の光のもとで花を開き、夕方や曇りの日には閉じるので、デイズアイ(太陽の目)から名づけられました。

管理 秋にタネをまき、本葉10枚くらいで、日の当たる場所に定植します。秋～冬に出回る花つきのポット苗を利用すると手軽です。

ワイルドデージー

水普通　日なた　庭植え　鉢植え

1	2	3	4	5	6	7	8	9	10	11	12
	花期	花期	花期	花期							
		植え付け	植え付け			タネまき	タネまき	タネまき		植え付け	植え付け

早春の花

Hardenbergia violacea
ハーデンベルギア

半耐寒性常緑葡匐性木本　　【マメ科】
別　名：ヒトツバマメ
原産地：オーストラリアとタスマニア島

ハーデンベルギア・ヴィオラセア

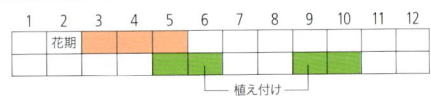

特徴 枝がつる状に伸び、マメ科特有の蝶形の花が穂状にたくさんつき、下垂します。主に鉢物が冬～春に店頭に並びますが、東京以西の暖地ではトレリスやフェンスに誘引して庭植えも楽しめます。落葉しても、春にまた芽を出して開花します。

管理 鉢花は、春～秋は日当たりと風通しのよい戸外に置きますが、夏は半日陰に移します。冬は室内に取り込み、明るい窓辺に置いて水やりを控えて管理します。花後に伸びすぎたつるを半分ほど間引きます。

水普通　日なた　庭植え　鉢植え

	1	2	3	4	5	6	7	8	9	10	11	12
花期			■	■	■							
					■	■			■	■		

植え付け

Camellia amplexicaulis
ハイドゥンツバキ

半耐寒性常緑小高木　　【ツバキ科】
別　名：カイドウツバキ、ベトナムツバキ
原産地：ベトナム北部

ハイドゥンツバキ

特徴 ベトナム北部原産の原種のツバキです。ハイドゥンはベトナム名で、旧正月を祝うめでたい花とされています。つぼみのうちから色づき、開くと朱赤色の花弁の先端に白色のぼかしが入ります。花径7cm前後で、うつむき加減に咲きます。

管理 耐寒性がやや弱く、夏の強光を嫌うので、鉢植えで楽しみます。冬は日当たりのよい室内に置き、盛夏は風通しのよい半日陰で管理します。極端な乾燥を嫌うので、鉢土の表面が乾いたら早めに水やりします。

水普通　日なた　半日陰　鉢植え

	1	2	3	4	5	6	7	8	9	10	11	12
花期	■	■	■	■						■	■	■
							■	■				

植え替え

Gladiolus
早咲きグラジオラス

半耐寒性秋植え球根　　　　　　　　【アヤメ科】

別　名：春咲きグラジオラス
原産地：南アフリカ

早咲きグラジオラス 'ハーレイ'

特徴 秋に植えて春に花が咲くグラジオラスで、近年注目されて人気を得ています。細い茎に小ぶりの花を数輪つけ、花色、花形など上品な雰囲気があります。いくつかの原種と多くの園芸品種が出回ります。

管理 秋に、日当たりと水はけのよい場所に植え、霜よけの防寒をします。梅雨前に球根を掘り上げ、涼しい場所で乾燥貯蔵します。

グラジオラス 'インプレッシブ'

水普通　　日なた　　庭植え　　鉢植え

	1	2	3	4	5	6	7	8	9	10	11	12
花期			●	●	●							
植え付け										●	●	

Helipterum
ハナカンザシ

半耐寒性多年草　　　　　　　　【キク科】

別　名：ヘリプテルム
原産地：オーストラリア
花言葉：温順、永遠の愛

ハナカンザシ

特徴 花に含まれる珪酸質(けいさんしつ)のため、カサカサして乾かしても色や形を保ちます。花弁のように見えるのは、総苞片(そうほうへん)で、本物の花は中心の黄色い部分です。ローダンセは同属の1年草で、別名はヒロハノハナカンザシ。

管理 高温多湿と寒さを嫌うため、購入した鉢花は日当たりのよい室内に置き、夏は雨を避けて風通しのよい涼しい戸外で育てます。

ローダンセ

水少なめ　　日なた　　鉢植え

	1	2	3	4	5	6	7	8	9	10	11	12
花期	●	●										●
植え付け			●	●								

早春の花

Viola×wittrockiana（パンジー）、Viola cornuta×wittrockiana（ビオラ）
パンジー、ビオラ

耐寒性秋まき1年草　　　　　　　　　　【スミレ科】
別　名：サンシキスミレ（パンジー）、タフテッドパンジー（ビオラ）
原産地：園芸種
花言葉：思想

パンジー'オルキ'

特徴 花色が豊富でカラフル。数え切れないほどの園芸品種があり、晩秋から春にかけて花壇やコンテナをにぎやかに彩ります。日本では大きな花を咲かせるものをパンジー、小型の花を咲かせるものをビオラと呼んでいますが、小輪のパンジーなども出回ります。

管理 10月頃からポット苗が店頭に並びますが、育てたい品種があるときは夏〜秋にタネをまきます。本葉が6〜8枚に育ったら日当たりのよい場所に定植します。咲き終わった花がらは花茎ごと摘み取ります。

水普通　日なた　庭植え　鉢植え

1	2	3	4	5	6	7	8	9	10	11	12
									花期		
		植え付け				タネまき				植え付け	

パンジー'イエローブルーフラッシュ'

ビオラ'クリアスカイタンジェリン'

ビオラ'プチモルフォ'

ビオラの花壇

Hyacinthus orientalis
ヒアシンス

耐寒性秋植え球根　　　　　【ヒアシンス科(ユリ科)】
別　名：ヒヤシンス、ダッチ・ヒアシンス
原産地：地中海沿岸地域など
花言葉：勝負、遊戯

ヒアシンス

特徴 一般に出回るのは、地中海沿岸地域原産のオリエンタリス種の園芸品種で、太い花茎に甘い香りの花が穂状につきとても豪華です。花色が多彩で、八重咲きの品種もあり、花壇やコンテナのほか、水栽培も楽しめます。

管理 秋に、日当たりと水はけのよい場所に植えます。花後、球根を太らせるために花がらを1つずつ摘み、花茎を残します。

ヒアシンス(スプレー咲き種)

水普通　日なた　庭植え　鉢植え

1	2	3	4	5	6	7	8	9	10	11	12
		花期	花期								
						掘り上げ	掘り上げ		植え付け	植え付け	

Pimelea
ピメレア

半耐寒性常緑低木　　　　　【ジンチョウゲ科】
原産地：オーストラリア

ピメレア・ブラキフィラ 'ホワイトフェアリー'

特徴 分枝した小枝の先に筒形で4弁に開く小さな花が集まって半球状に咲きます。濃いピンクや白い花をつけるロゼア種、緑色の総苞片や白い小花に絹糸状の毛がつくブラキフィラ種などがあります。

管理 寒さにやや弱いので鉢に植え、冬は室内に置きます。春と秋は戸外でよく日に当て、梅雨時は雨に当てないように注意します。

ピメレア・ロゼア 'チェリーピンク'

水普通　日なた　鉢植え

1	2	3	4	5	6	7	8	9	10	11	12
		花期	花期	花期							
					植え付け						

早春の花

Bergenia stracheyi
ヒマラヤユキノシタ

耐寒性多年草　　　　　　　　　　【ユキノシタ科】
別　名：ナガバユキノシタ、ベルゲニア
原産地：アフガニスタン～チベット
花言葉：情愛、切実な愛情

ヒマラヤユキノシタ

特徴 冬でも常緑の大きな葉を雪の下からのぞかせているので、ユキノシタといいます。太い根茎から長い柄をもつ肉厚の葉が重なり合うように生え、早春から花茎を伸ばして淡紅色の5弁花を円錐状に咲かせます。

管理 暑さ、寒さに強く、草姿が乱れず育てやすい植物です。春と秋が植え付け適期です。水はけがよく、夏に半日陰になるような落葉樹の下などに、土が根茎に少しかぶる程度に浅く植えます。花後か秋に株を掘り上げて株分けをしてふやします。

水普通　半日陰　庭植え　鉢植え

	1	2	3	4	5	6	7	8	9	10	11	12
花期												
株分け						株分け				株分け		
植え付け										植え付け		

Freesia
フリージア

半耐寒性秋植え球根　　　　　　　【アヤメ科】
別　名：アサギズイセン
原産地：南アフリカ
花言葉：親愛の情

フリージア

特徴 細い花茎の先端がかぎ状に曲がり、その上側に漏斗状の花が並んで咲き、甘い香りが春の訪れを知らせます。花色が豊富で、一重咲きと八重咲きの品種があります。寒さにやや弱いので、主に鉢植えで楽しみます。

管理 晩秋に植え、日なたで育てます。冬は霜の当たらない場所に置きます。葉が黄変し始めたら球根を掘り上げます。

フリージア

水普通　日なた　庭植え(暖地)　鉢植え

	1	2	3	4	5	6	7	8	9	10	11	12
花期			花期									
掘り上げ						掘り上げ						
植え付け										植え付け		

Adonis amurensis
フクジュソウ

耐寒性多年草　　　　　　【キンポウゲ科】
別　名：ガンジツソウ
原産地：東部シベリア～日本
花言葉：永遠の幸せ

フクジュソウ

特徴 正月用の寄せ植えとして古くから親しまれています。黄色の花が一般的ですが、紅や白花の園芸品種もあります。花は、日が当たると開き、夜間や曇りの日は開花しません。

管理 晩秋に植えますが、開花中は日がよく当たり、花後に半日陰になるような場所が理想です。鉢花は霜の当たらない日なたに置き、葉が枯れたら日陰に移します。

フクジュソウ '三段咲'

水普通／日なた／半日陰／庭植え／鉢植え

1	2	3	4	5	6	7	8	9	10	11	12
	花期	花期	花期								
									植え付け、株分け		

Primula obuconica
プリムラ・オブコニカ

半耐寒性多年草　　　　　【サクラソウ科】
別　名：トキワザクラ
原産地：中国

プリムラ・オブコニカ 'うつり紅'

特徴 室内の弱光でも次々と花を咲かせ、花色も豊富で、室内を彩る鉢花として人気があります。ただ、茎葉に生えている細かい毛にプリミンという毒素があり、触れるとかぶれることがあるので注意が必要です。最近は無毒性の品種も出回り、安心して楽しめます。

管理 秋から春に購入した開花株は、日当たりのよい窓辺に置きます。鉢土の表面が乾き始めたら、花に水をかけないように株元にたっぷり与えます。2週間に1回液肥を施し、花がらをこまめに摘み取ります。

水普通／日なた／鉢植え

1	2	3	4	5	6	7	8	9	10	11	12
										花期	花期
	タネまき						植え付け				

早春の花

Primula sinensis
プリムラ・シネンシス

耐寒性多年草　【サクラソウ科】
別　名：カンザクラ、プリムラ・プラエニテンス
原産地：中国四川省
花言葉：永続きする愛情

特徴 手のひら形に切れ込んだユニークな葉をつけ、葉や花茎に軟らかい毛が密生するのが特徴です。葉の中から花茎を立ち上げ、2～3段に花を咲かせます。赤やピンクなどの花をつける園芸品種もあります。

管理 月に2～3回液肥を与え、花がらをこまめに摘むと長い間花が楽しめます。鉢花は、夏は涼しい半日陰に鉢を移動させます。

プリムラ・シネンシス
プリムラ・シネンシス'ファンファーレ'

水普通　日なた　庭植え　鉢植え

1	2	3	4	5	6	7	8	9	10	11	12
										花期	
							タネまき				

植え付け

Primula denticulata
プリムラ・デンティクラータ

耐寒性多年草　【サクラソウ科】
別　名：タマザキサクラソウ
原産地：ヒマラヤ山脈

特徴 ヒマラヤを代表するプリムラの仲間です。紅紫色の花がピンポン玉くらいのボール状に集まって咲きます。10cm前後の花茎は、花が終わる頃には30cmを越すほどになります。ピンクや白花もあります。

管理 高温多湿に弱いため、寒冷地では露地植えにできますが、暖地では鉢植えにします。早春に植え、鉢植えは、開花までは日がよく当たる場所に、その後は雨が当たらない風通しのよい半日陰に置きます。花が傷まないように、開花中は水切れに注意します。

プリムラ・デンティクラータ

水普通　日なた　半日陰　庭植え　鉢植え

1	2	3	4	5	6	7	8	9	10	11	12
	花期										
		植え付け、株分け									

Primula polyantha
プリムラ・ポリアンサ

耐寒性多年草	【サクラソウ科】

別　名	セイヨウサクラソウ
原産地	園芸種
花言葉	神秘な心

✿✿✿✿✿✿ 複

プリムラ・ポリアンサ

特徴　黒以外のすべての花色があるといわれるほど、カラフルな花がそろっています。最近はバラ咲きと呼ばれる八重咲きの品種も出回ります。ポリアンサと小型の原種ジュリエを交配したプリムラ・ジュリアンも人気です。

管理　暖地では秋に落葉樹の下などに植えます。冬に購入した鉢花は日の当たる窓辺に置き、月に2〜3回液肥を施します。

プリムラ・ジュリアン

💧水普通　☀日なた　🌤半日陰　🌱庭植え　🪴鉢植え

1	2	3	4	5	6	7	8	9	10	11	12
										花期	
					植え付け、株分け						

Primula malacoides
プリムラ・マラコイデス

夏または秋まき1年草	【サクラソウ科】

別　名	オトメザクラ、ケショウザクラ
原産地	中国

✿✿✿✿

プリムラ・マラコイデス

特徴　寒さに強く、愛らしい花姿から早春の鉢花として親しまれています。株全体に白い粉があり、細い花茎に4〜5段花を鈴なりにつけ、にぎやかに咲きます。本来は多年草ですが、夏の暑さに弱いので、日本では1年草として扱われています。

管理　購入した鉢花は、暖房をしていない室内の明るい窓辺に置きます。鉢土の表面が乾いてきたら、花に水をかけないように株元にたっぷり与えます。開花中は花がらをこまめに摘み、月に2〜3回液肥を施します。

💧水普通　☀日なた　🌱庭植え　🪴鉢植え

1	2	3	4	5	6	7	8	9	10	11	12
										花期	
						タネまき				タネまき、植え付け	

早春の花

Primula rosea
プリムラ・ロゼア

耐寒性多年草　　　　　　　　　　【サクラソウ科】
別　名：ウスベニコザクラ、ヒマラヤコザクラ
原産地：北西ヒマラヤ

プリムラ・ロゼア

特徴 中心に黄色い目がある愛らしいピンク色の花が2～5輪ついて、花を咲かせながら花茎を伸ばし、高さ20cm前後になります。花が咲いてから葉を伸ばすこともあります。濃いピンクの大きめの花をたくさん咲かせる園芸品種'デライト'があります。

管理 一般に鉢植えで楽しみます。開花中は日当たりのよい場所に置き、夏の暑さに弱いため、花後は風通しのよい涼しい半日陰に鉢を移します。直接雨に当てないように注意しますが、つねに湿り気を保って管理します。

水普通　日なた　半日陰　鉢植え

1	2	3	4	5	6	7	8	9	10	11	12
	花期	花期	花期							植え替え	植え替え

Bulbinella
ブルビネラ

耐寒性多年草　　　　　　　　　　【ユリ科】
別　名：キャットテール
原産地：南アフリカ、ニュージーランド
花言葉：右往左往、休息

ブルビネラ'イエロー'

特徴 花の少ない早春の花壇を飾ります。鮮黄色の星形の小さな花が穂状(すいじょう)に群がってつき、下から上に次々と咲いていきます。夏には地上部が枯れて休眠します。白花やオレンジの花をつける園芸品種もあります。

管理 秋が植え付けの適期です。過湿を嫌うので、日当たりと水はけのよい場所に植え、花が終わったら花茎を根元から切ります。株が混みあい花つきが悪くなってきたら、花後に地上部が枯れてから掘り上げ、株分けをして秋に植え直します。

水普通　日なた　庭植え　鉢植え

1	2	3	4	5	6	7	8	9	10	11	12
	花期	花期	花期			掘り上げ	掘り上げ		植え付け	植え付け	

Prostanthera
プロスタンテラ

半耐寒性常緑低木　　　　　【シソ科】
別　名：ミントブッシュ
原産地：オーストラリア

プロスタンテラ・バクステリ・セリシア

特徴 ミントに似たさわやかな香りがあり、ミントブッシュと呼ばれています。茎葉が絹糸状の毛に覆われ、銀色に見えるバクステリ・セリシアなど多くの品種があります。いずれも葉の付け根に唇形の花を咲かせます。

管理 半耐寒性のため、主に鉢植えで育てます。春と秋は日なたに、夏は西日を避けて明るい半日陰に置き、冬は室内に入れます。

プロスタンテラ 'ミントベル'

水普通　日なた　半日陰　鉢植え

	1	2	3	4	5	6	7	8	9	10	11	12
花期												
植え替え												

Hesperantha
ヘスペランサ

半耐寒性秋植え球根　　　　【アヤメ科】
原産地：南アフリカ

ヘスペランサ・ククラタ

特徴 種類によって花の色や形が異なり、ククラタ種は、香りのある花を午後に開き、朝には閉じます。開いているときは白く、閉じるとピンクが目立ちます。鮮黄色の花を午前中から日没まで咲かせるものもあります。

管理 10月に鉢に植え、冬は凍らないように保護します。生育中は日の当たる場所に置き、葉が枯れたら鉢のまま乾燥させます。

ヘスペランサ・スタンフォルディア

水普通　日なた　鉢植え

	1	2	3	4	5	6	7	8	9	10	11	12
花期												
掘り上げ												
植え付け												

早春の花

Ludisia discolor
ヘマリア・ディスコロル

非耐寒性常緑地生ラン　　　　　　　　【ラン科】
別　名：ホンコンシュスラン、ルディシア・ディスコロル
原産地：中国南部～東南アジア

ルディシア・ディスコロル

特徴　ヘマリア・ディスコロルの名で知られていますが、現在はルディシア属になっています。葉の表面が光沢のあるビロード状で、暗緑色の地に朱赤色の葉脈が入り、光が当たると美しく輝きます。ジュエル・オーキッド（宝石のラン）の愛称があります。

管理　鉢に植えて観賞します。直射日光に当てると葉やけを起こすため、室内の明るい窓辺に置き、春～秋は用土が乾き始めたら水を与えます。冬は12℃以上を保ち、乾燥気味にして霧水で加湿を心がけます。

水普通　半日陰　鉢植え

	1	2	3	4	5	6	7	8	9	10	11	12
花期												
						植え替え						

Heliophila
ヘリオフィラ

耐寒性秋まき1年草　　　　　　　　【アブラナ科】
別　名：ケープストック
原産地：南アフリカ

ヘリオフィラ・コロノピフォリア

特徴　ヘリオフィラはギリシャ語で「太陽を愛する」という意味。栽培されるのはコロノピフォリア種で、細い茎が立ち上がり、目の覚めるようなブルーの花を咲かせます。4枚の花弁の中心部が黄白色を帯びています。

管理　9～10月に、日当たりのよい場所にタネをまきます。肥料や水を控えてコンパクトに育て、花後に採種してふやします。

ヘリオフィラ（白花種）

水少なめ　日なた　庭植え　鉢植え

	1	2	3	4	5	6	7	8	9	10	11	12
花期												
											タネまき	

Lachenalia
ラケナリア

半耐寒性秋植え球根　　　【ヒアシンス科(ユリ科)】
別　名：アフリカンヒアシンス
原産地：南アフリカ
花言葉：移り気　　🌸🌸🌸🌸🌸🌸❀複

ラケナリア・マーシュシー

特徴 主に冬から春にかけて、カラフルなロウ細工のような花を咲かせます。筒形の花が吊り下がって咲くペンジュラタイプと小さめの花が横、または上向きにつくヒアシンスタイプがあります。香りを放つものもあります。

管理 秋に5号鉢に5球を目安に植え、日当たりのよい場所で育てます。冬は室内で5℃以上に保ち、春〜秋は戸外に置きます。

ラケナリア'アフリカンビューティー'

水普通　日なた　鉢植え

1	2	3	4	5	6	7	8	9	10	11	12
花期	花期	花期	花期								花期
								植え付け	植え付け	植え付け	

Romulea
ロムレア

半耐寒性秋植え球根　　　【アヤメ科】
別　名：サテンフラワー、サウス・アフリカン・クロッカス
原産地：南アフリカ、地中海沿岸地域
　　　　🌸🌸🌸🌸❀

ロムレア・フラバ

特徴 細い葉の中から長い花茎を出し、その先にカップ状の美しい花を1つ開きます。花は、太陽に当たると開き、曇りの日には閉じています。1つの花は4日くらい咲いています。花が終わると夏に休眠します。

管理 晩秋に4号鉢に5球を目安に植え、日当たりのよい場所で育てます。花後、葉が黄変し始めたら、鉢ごと乾燥させます。

ロムレア

水普通　日なた　鉢植え

1	2	3	4	5	6	7	8	9	10	11	12
	花期	花期	花期								
									植え付け	植え付け	

PART
2

春の花
flower of spring

Papaver nudicaule
アイスランドポピー

耐寒性秋まき1年草　　　　　　　【ケシ科】
別　名：シベリアヒナゲシ
原産地：北半球北部
花言葉：慰め

アイスランドポピー

特徴 丸いつぼみをうなだれるようにつけ、つぼみが割れると中から薄紙細工のような花弁が現れ、いかにも春らしいパステルカラーの花を咲かせます。アヘンを含んでいないケシの1つで、花茎に葉がつかないのが特徴です。暖地では冬から花が楽しめます。

管理 本来は多年草ですが、高温多湿に弱いので1年草として育てます。秋にピートバンなどにタネをまいて、本葉2～3枚で日当たりと水はけのよい場所に定植します。早春に出回る苗を求めて植えると簡単です。

水普通　日なた　庭植え　鉢植え

1	2	3	4	5	6	7	8	9	10	11	12
										花期	
植え付け						タネまき					

Bauera rubioides
アイノカンザシ

半耐寒性常緑低木　　　　　　　【ユキノシタ科】
別　名：エリカモドキ、バウエラ
原産地：オーストラリア南東部

アイノカンザシ（バウエラ・ルビオイデス）

特徴 桃紅色の愛らしい花がうつむき加減に咲く様子から「愛のかんざし」の名前で普及しました。原産地では3mくらいの高さまで伸びるようですが、日本では鉢花として栽培されています。暖房した室内では冬から咲き始め、次々と晩春まで咲き続けます。

管理 鉢花は、春～秋は日当たりのよい場所に置き、鉢土が乾いたら水を与えます。夏は雨の当たらない風通しのよい半日陰に移します。冬は室内の明るい窓辺に置き、水を控えます。花がらを摘み、花後に切り戻します。

水普通　日なた　庭植え（暖地）　鉢植え

1	2	3	4	5	6	7	8	9	10	11	12
	花期										
					植え替え						

春の花

アジュガ・レプタンス
Ajuga reptans

耐寒性多年草　　　　　　　　　【シソ科】
別　名：セイヨウキランソウ、セイヨウジュウニヒトエ
原産地：ヨーロッパ

アジュガ・レプタンス

特徴 株の中から花穂を立ち上げ、青紫色の花の塔が並んでいるように咲いていきます。斑入りや紅紫色など、葉色の変化も多く、地面を覆って広がるので、グラウンドカバープランツとしても利用されています。

管理 日なたでも半日陰でもよく育ちます。春と秋に出回るポット苗を購入し、水はけのよい場所に植えます。株分けでふやします。

アジュガ'マルチカラー'

水普通　日なた　半日陰　庭植え　鉢植え

1	2	3	4	5	6	7	8	9	10	11	12
			花期					株分け			
			植え付け								

アナガリス
Anagallis

耐寒性多年草　　　　　　　　【サクラソウ科】
別　名：ルリハコベ、ピンパーネル
原産地：地中海沿岸地域、ヨーロッパ西部

アナガリス・モネリ

特徴 主に栽培されるのはモネリ種です。よく分枝しながら横に広がってこんもりと茂り、株を覆うように次々と花が咲きます。鮮やかな青紫色の花びらの中心部が赤く染まった美しい花で、上向きに開きます。

管理 高温多湿を嫌うので鉢で育てます。日当たりと風通しのよい場所に置き、花後、半分はど切り戻すと秋に再び開花します。

アナガリス・モネリ（赤花種）

水普通　日なた　鉢植え

1	2	3	4	5	6	7	8	9	10	11	12
			花期								
			植え替え								

Anemone
アネモネ

耐寒性秋植え球根 【キンポウゲ科】
別　名：ボタンイチゲ、ハナイチゲ
原産地：地中海沿岸地域
花言葉：期待、待望

アネモネ・コロナリア

特徴 アネモネはギリシャ語で「風」の意味。風通しのよい場所に生えるのでこの名がつきました。一重や八重、半八重のカラフルな花を咲かせるコロナリア種と、山野草的な趣が魅力のブランダ種がよく栽培されます。

管理 晩秋に、日当たりと水はけのよい場所に植えます。鉢植え、庭植えとも、葉が黄変したら掘り上げて、乾燥貯蔵します。

アネモネ・ブランダ'ピンクスター'

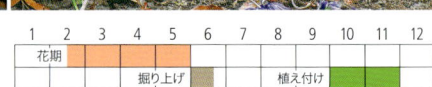

水普通　日なた　庭植え　鉢植え

	1	2	3	4	5	6	7	8	9	10	11	12
花期												
						掘り上げ				植え付け		

Hippeastrum
アマリリス

半耐寒性春植え球根 【ヒガンバナ科】
別　名：ヒッペアストラム
原産地：中央アメリカ、南アメリカ
花言葉：誇り

アマリリス

特徴 旧属名のアマリリスで親しまれていますが、現在はヒッペアストラム属です。太い花茎の先にユリに似た花を数個咲かせます。つぼみのときは上を向いていますが、花が開くと横向きになります。

管理 7号鉢に1球を目安に、球根の肩が隠れる程度の浅植えにします。花後は花茎を残して花がらを摘み、追肥を施します。

アマリリス'パピリオ'

水普通　日なた　庭植え　鉢植え

	1	2	3	4	5	6	7	8	9	10	11	12
			花期									
				植え付け						掘り上げ		

春の花

Arabis
アラビス

耐寒性多年草　　　　【アブラナ科】
原産地：ヨーロッパ南部の山岳地

アラビス 'スプリングチャーム'

特徴 一般にアラビスの名で出回るのは、南欧からトルコにかけて分布するカウカシカ種とその交雑種です。洋種の山野草として人気があります。15cm前後の花茎の先に、芳香のあるピンクや紅、白色の十字花を総状につけます。斑入りの品種もあります。

管理 高温多湿の夏を嫌うため、鉢植えやロックガーデンに向いています。秋に山野草の培養土を用いて、水はけよく植えます。鉢植えは春〜秋は日の当たる場所に置きますが、盛夏は風通しのよい半日陰に移します。

水普通　日なた　庭植え　鉢植え

	1	2	3	4	5	6	7	8	9	10	11	12
花期				●	●							
植え付け、植え替え									●	●	●	

Alyssum
アリッサム

耐寒性多年草または秋まき1年草　　【アブラナ科】
別　名：宿根アリッサム
原産地：ヨーロッパ
花言葉：落着き、静けさ

アリッサム・サクサティレ 'ゴールドダスト'（アウリニア・サクサティレ）

特徴 菜の花を小さくしたような黄色の十字形の花には香りがあり、ロックガーデンや石垣の間に植えるとよく育ちます。茎がつる状に伸びるモンタヌム種や、春に茎を立ち上げるサクサティレ種などがあります。

管理 鉢植えは、秋〜春は日当たりのよい場所に置き、夏は雨を避けて風通しのよい半日陰に置きます。花後に切り戻します。

アリッサム・モンタヌム 'マウンテンゴールド'

水少なめ　日なた　庭植え　鉢植え

	1	2	3	4	5	6	7	8	9	10	11	12
花期		●	●	●	●							
植え付け		●	●	●							●	植え付け
タネまき						●						

Arctotis
アルクトティス

非耐寒性多年草または秋まき1年草　　【キク科】
別　名：ハゴロモギク、アフリカギク
原産地：熱帯アフリカ、南アフリカ、オーストラリア

アルクトティス

特徴　灰白色の綿毛に覆われた葉の中から花茎を出して、ガーベラによく似た花を咲かせます。花は日が当たると開き、かげると閉じます。ベニジウムとの交配から誕生したベニジオアークトチスは、花色が多彩です。

管理　日当たりと水はけのよい場所で育てます。早春か秋にタネをまき、春に定植します。花がらを摘み、時々追肥を施します。

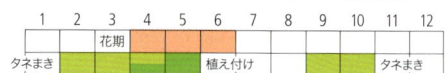

ベニジオアークトチス

水普通　日なた　庭植え　鉢植え

1	2	3	4	5	6	7	8	9	10	11	12
			花期								
タネまき					植え付け					タネまき	

Armeria
アルメリア

耐寒性多年草　　【イソマツ科】
別　名：ハマカンザシ
原産地：北アフリカ、ヨーロッパ、西アジア、北アメリカ
花言葉：思いやり、同情

アルメリア・マリティマ（わい性種）

特徴　針金のような細い花茎の先に、ピンクや白の小さな花が集まって球状に咲きます。主に栽培されるのは、わい性種で花壇の縁取りに最適なマリティマ種です。ほかに切り花に利用される高性種などもあります。

管理　春に開花株を購入し、日当たりと水はけのよい場所に植えます。大株になると枯れやすいので、秋に株分けして植え替えます。

アルメリア・プランタギネア（高性種）

水普通　日なた　庭植え　鉢植え

1	2	3	4	5	6	7	8	9	10	11	12
			花期						株分け		
			植え付け					植え付け			

春の花

Arenaria montana
アレナリア・モンタナ

耐寒性多年草　【ナデシコ科】
原産地：ヨーロッパ南西部

アレナリア・モンタナ

特徴 ピレネー山脈原産のモンタナ種が、鉢花として出回ります。軟らかい草姿で、高山植物のような雰囲気があります。地下茎を伸ばして地を這うように広がり、花径2cm前後の白い花が株を覆うように咲きます。

管理 冬越しの心配はありませんが、高温多湿に弱いので、庭植えは夏に日陰になる落葉樹の下などに植えるとよいでしょう。鉢植えは山野草の培養土を用いて水はけよく植え、盛夏を除いて日の当たる場所に置きます。花が終わったら、株分けをして植え替えます。

水普通　日なた　庭植え　鉢植え

1	2	3	4	5	6	7	8	9	10	11	12
		花期									
				植え付け					タネまき	

Anchusa
アンチューサ

耐寒性春または秋まき1、2年草　【ムラサキ科】
別　名：アフリカワスレナグサ、アンクサ
原産地：ヨーロッパ、アフリカ、東アジア

アンチューサ・カペンシス

特徴 アンチューサはギリシャ語で「紅色染料」の意。根からとれる染料が、頬や唇を赤く染める化粧用の材料にされたことが名の由来です。よく栽培されるカペンシス種は、分枝した茎の上部に濃青色で筒部が白い花を次々開きます。ワスレナグサによく似た花です。

管理 丈夫で栽培は容易です。タネまきは、秋まきも春まきもできます。直根性で移植を嫌うので、日当たりと水はけのよい場所に直まきします。涼しいところでは、花が終わったら切り戻すと、再び開花します。

水普通　日なた　庭植え　鉢植え

1	2	3	4	5	6	7	8	9	10	11	12
				花期							
		タネまき							タネまき	

73

Androsace
アンドロサケ

耐寒性秋まき1年草または多年草　【サクラソウ科】
別　名：アンドロサセ
原産地：北半球の山岳地

アンドロサケ・セプテントリオナリス 'スターダスト'

特徴 100種くらいの仲間がありますが、'スターダスト'の品種名で鉢花として出回るのは、セプテントリオナリス種です。ロゼット状に広げた葉の中から花茎を出し、線香花火のように小さな花をたくさん咲かせます。花は白い5弁花で中心が黄色に染まります。

管理 'スターダスト'は、高温多湿に弱いので、毎年タネを採って1年草として育てます。鉢植えは、山野草の培養土を用いて水はけよく植え、日当たりのよい場所に置きます。花が終わったらタネを採種します。

水普通　日なた　庭植え　鉢植え

	1	2	3	4	5	6	7	8	9	10	11	12
花期			■	■	■	■						
タネまき									■			

Epimedium
イカリソウ

耐寒性多年草　【メギ科】
別　名：サンシクヨウソウ
原産地：日本
花言葉：あなたをとらえる

イカリソウ '夕映え'

特徴 4枚の花弁に距（きょ）と呼ばれる長い突起があり、船の錨（いかり）に似た花形で、下向きに咲きます。3つに分かれた葉柄（ようへい）の先に、3枚ずつ葉がついて、合計9枚になるところからサンシクヨウソウ（三枝九葉草）の別名があります。

管理 春と秋は日が当たり、夏に半日陰になる落葉樹の下などに植えます。鉢植えは水切れに注意し、2年に1回植え替えます。

バイカイカリソウ

水普通　日なた　半日陰　庭植え　鉢植え

	1	2	3	4	5	6	7	8	9	10	11	12
花期			■	■	■							
植え付け、植え替え					■	■			■	■		

春の花

Ixia
イキシア

半耐寒性秋植え球根　　　　　【アヤメ科】
別　名：ヤリズイセン、アフリカン・コーン・リリー
原産地：南アフリカ
花言葉：団結して当たろう

イキシア

特徴 細くて強い茎の先に米粒のようなつぼみを穂状につけ、温度が上がり、日が当たると星形にぱっと開きます。寒いときや曇りの日、夜は閉じています。翡翠色の美しい花をつけるビリディフローラ種もあります。

管理 主に鉢植えにします。5号鉢に5～6球を目安に植えます。日なたに置き、夏に水を切り、涼しい場所で鉢ごと乾燥させます。

イキシア・ビリディフローラ

水普通　日なた　庭植え　鉢植え

	1	2	3	4	5	6	7	8	9	10	11	12
				花期								
						掘り上げ			植え付け			

Hatiora gaertneri (Rhipsalidopsis gaertneri)
イースターカクタス

半耐寒性多肉植物　　　　　【サボテン科】
別　名：ホシクジャク
原産地：ブラジル東部
花言葉：恋の年頃

イースターカクタス

特徴 イースター（キリストの復活祭）の頃に花が咲くので、この名がついています。シャコバサボテンの仲間で、よく似ていますが、開花期が春で、花が星形に開き、花筒が伸びないなどの違いがあります。

管理 直射日光や高温多湿を嫌います。初夏～秋は、雨の当たらない風通しのよい半日陰に置き、それ以外の季節は、室内の窓辺に置き、レースのカーテン越しの光に当てます。夏や冬は水やりを控え、乾かし気味に管理します。花後に植え替えます。

水少なめ　半日陰　鉢植え

	1	2	3	4	5	6	7	8	9	10	11	12
		花期										
								植え替え				

Iberis
イベリス

耐寒性多年草または秋まき1年草　【アブラナ科】
別　名：キャンディタフト、マガリバナ
原産地：ヨーロッパや北アフリカ、西南アジア
花言葉：冷淡、無関心

イベリス・ウンベラータ

特徴　花がムクムクと盛り上がった砂糖菓子のようなので、英名をキャンディタフト、4弁花のうち、内側の2弁が小さく、外側の2弁が大きくてアンバランスな花形から、和名をマガリバナといいます。

管理　直根性で、移植を嫌うため、日当たりと水はけのよい場所にタネを直まきします。ポット苗は根鉢を崩さずに植え込みます。

イベリス'ゴールデン キャンディ'

水普通　日なた　庭植え　鉢植え

	1	2	3	4	5	6	7	8	9	10	11	12
花期												
植え付け												
タネまき												

Verticordia
ヴェルティコルディア

半耐寒性常緑低木　【フトモモ科】
別　名：フェザーフラワー
原産地：オーストラリア西部

ヴェルティコルディア

特徴　苞や萼片、花弁の縁が羽毛状に細かく切れ込んでいるのが特徴です。開くと花全体が羽毛のように見えることから、フェザーフラワーの別名があります。針状の細い葉をつけた枝の先に、鮮黄色の花を咲かせるニテンス種はドライフラワーにもなります。

管理　鉢花は春～秋までは戸外の風通しのよい日なたに置きますが、多湿を嫌うため、夏は雨を避けて涼しい半日陰に移します。冬は霜に当てないように室内に入れます。花後に1/3くらい切り戻して姿を整えます。

水少なめ　日なた　鉢植え

	1	2	3	4	5	6	7	8	9	10	11	12
花期												
植え替え												

春の花

Calanthe
エビネ

耐寒性多年草　　　　　　　　【ラン科】
原産地：日本

地エビネ

特徴　日本原産の野生ランです。地下の球茎が数珠のように連なってエビの尻尾に似ているところからこの名があります。地エビネや黄エビネのほかに人工交配によってさまざまな色や形の美しい園芸品種が出回ります。

管理　常緑樹の木陰などの明るい日陰に植えます。鉢植えは、開花中は日によく当て、花後は風通しのよい半日陰に置きます。

エビネ 'ハヤト'

水普通　半日陰　庭植え　鉢植え

1	2	3	4	5	6	7	8	9	10	11	12
		花期	花期	花期							
					植え付け	植え付け		植え付け	植え付け		

Erysimum
エリシマム

耐寒性秋まき1年草　　　　　　【アブラナ科】
別　名：ウォールフラワー、ケイランツス、ニオイアラセイトウ
原産地：ヨーロッパ南部
花言葉：逆境に打ち勝つ

エリシマム

特徴　暗緑色の葉と赤や黄色の4弁花が印象的。古い石壁や土壁などのすき間に生えることから、「壁の花」を意味するウォールフラワーの英名でも知られています。本来は多年草ですが、日本では1年草として扱われます。

管理　秋にポットにタネをまき、3月下旬に根鉢を崩さずに、日当たりと水はけのよい場所に植えます。霜よけをすると安心です。

エリシマム 'ゴールドダスト'

水普通　日なた　庭植え　鉢植え

1	2	3	4	5	6	7	8	9	10	11	12
		花期	花期	花期	花期						
			植え付け	植え付け					タネまき		

Ornithogalum
オーニソガラム

耐寒性～半耐寒性秋植え球根　　【ヒアシンス科(ユリ科)】
別　名：オオアマナ
原産地：南アフリカ、ヨーロッパ、西アジア
花言葉：潔白、純粋

オーニソガラム・ウンベラツム

特徴 キリスト誕生の夜に輝いたといわれる「ベツレヘムの星」に例えられるウンベラツム種は、純白の6弁花が星形に開きます。カップ型に開く黄花のダビウム種や白花が穂状に優雅に咲くシルソイデス種などもあります。

管理 夏に半日陰になる場所に球根を植えると、混みあってくるまで植えっぱなしにできます。鉢植えは毎年植え替えます。

オーニソガラム・ダビウム

水普通　日なた　庭植え　鉢植え

1	2	3	4	5	6	7	8	9	10	11	12
		花期	花期	花期							
					掘り上げ	掘り上げ			植え付け	植え付け	

Osteospermum
オステオスペルマム

半耐寒性多年草　　【キク科】
別　名：アフリカンデージー
原産地：南アフリカ
花言葉：富、明快

オステオスペルマム'ナシンガ・ホワイト'

特徴 ディモルフォセカによく似ていますが、本種は多年草で、花の周りの舌状花だけが結実します。花弁の先がくびれるものや斑入り葉の品種などもあり、最近は日本での育種が進み、次々と新品種が出回ります。

管理 春にポット苗を購入して植えます。花後、株を1/3に切り詰め、風通しのよい半日陰で夏越しさせ、冬は3℃以上に保ちます。

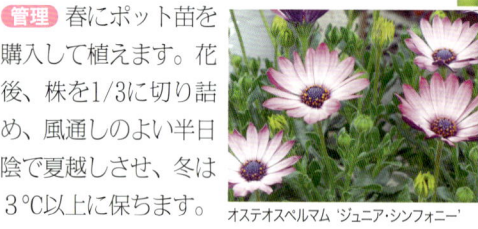

オステオスペルマム'ジュニア・シンフォニー'

水普通　日なた　庭植え　鉢植え

1	2	3	4	5	6	7	8	9	10	11	12
		花期	花期	花期	花期						
		植え付け	植え付け								

春の花

Orlaya grandiflor
オルラヤ

耐寒性秋まき1年草　　　　　　【セリ科】
別　名：ホワイトレースフラワー
原産地：ヨーロッパ

オルラヤ・グランディフローラ

特徴　栽培されるのはグランディフローラ種です。ロゼット状に広がった人参(にんじん)のような葉の中から茎を伸ばし、純白の花を開きます。アンミ属のレースフラワーに似ていますが、本種は草丈60cm前後の小型種です。最近は黄金葉種のポット苗も出回ります。

管理　こぼれダネからも芽が出るほど丈夫で、栽培は容易です。日当たりと水はけのよい場所で育てます。秋にタネをまき、本格的な寒さがくるまでに苗をしっかり育てます。花後、来年用にタネを採種します。

水普通　日なた　庭植え　鉢植え

1	2	3	4	5	6	7	8	9	10	11	12
			花期	花期	花期						
		植え付け	植え付け	植え付け	植え付け			タネまき	タネまき		

Dianthus caryophyllus
カーネーション

半耐寒性多年草　　　　　　【ナデシコ科】
別　名：オランダセキチク、アンジャベル
原産地：ヨーロッパ南部
花言葉：女性の愛　　　　　　　　　複

カーネーション'ピンクレッド'

特徴　古代ギリシャ時代から栽培され、花冠をつくってゼウスの神に捧げたそうです。現在のカーネーションはセキチクなどとの交雑種で、多くの品種があり、母の日の花でおなじみです。花壇や鉢花に向くものもあります。

管理　春にポット苗を購入して植えます。鉢花は日が当たる場所に置きますが、夏は涼しい半日陰に、冬は軒下や室内に置きます。

カーネーション'ムーンダスト'

水普通　日なた　庭植え　鉢植え

1	2	3	4	5	6	7	8	9	10	11	12
		花期	花期	花期	花期						
			植え付け	植え付け	植え付け			タネまき	タネまき		

Calendula officinalis
カレンデュラ

耐寒性秋まき1年草　　　　　　　　　【キク科】
別　名：キンセンカ、ポットマリーゴールド
原産地：南ヨーロッパ
花言葉：繊細な美しさ　　　　　　　　複

特徴 ギリシャ、ローマ時代から栽培され、中世のヨーロッパでは葉を野菜に、花びらを料理の色づけや薬用に利用したそうです。花壇や鉢花向きのわい性品種や切り花用の品種、宿根タイプの'冬知らず'などがあります。

管理 9月にタネをまき、本葉が5〜6枚で日当たりがよい場所に定植します。摘心して側枝を出させると、花数がふえます。

カレンデュラ 'コーヒー・クリーム'

カレンデュラ '冬知らず'

水普通　日なた　庭植え　鉢植え

1	2	3	4	5	6	7	8	9	10	11	12
	花期										
								タネまき			植え付け

Gelsemium sempervirens
カロライナジャスミン

耐寒性〜半耐寒性常緑つる性木本　　　【ゲルセミウム科】
別　名：イブニングトランペットフラワー
原産地：北アメリカ
花言葉：優美、官能

特徴 花の形や香りがジャスミンを思わせるので、この名で呼ばれています。鮮やかな黄色の花はトランペット状で、先端が5裂して開いています。夕方に強く香り、イブニングトランペットフラワーの英名があります。暖地ではフェンスなどに絡ませて楽しめます。

管理 日光不足になると花つきが悪くなるため、鉢花はよく日の当たるところに置き、鉢土の表面が乾いたらたっぷり水やりします。冬は室内に置き、水を控えます。花後、長く伸びたつるを切り戻します。

カロライナジャスミン

水普通　日なた　庭植え　鉢植え

1	2	3	4	5	6	7	8	9	10	11	12
			花期								
			植え替え					植え替え			

春の花

球根アイリス
Iris

耐寒性秋植え球根　【アヤメ科】
別　名：イリス
原産地：ヨーロッパ、中近東
花言葉：伝言、優雅

球根アイリス（アイリス）

特徴 球根性のアヤメの仲間です。レティキュラータ種やヒストリオイデス種は、開花時はコンパクトですが、花後に葉が30cmくらい伸びます。ジュノーアイリスと呼ばれているブカリカ種は主にポット苗が出回ります。

管理 晩秋に日当たりと水はけのよい場所に球根を植えます。鉢植えは日なたに置き、葉が黄変したら鉢ごと乾燥させます。

アイリス・ブカリカ

水普通　日なた　庭植え　鉢植え

1	2	3	4	5	6	7	8	9	10	11	12
花期	花期	花期	花期								
					掘り上げ	掘り上げ		植え付け	植え付け	植え付け	

キンギョソウ
Antirrhinum

耐寒性〜半耐寒性秋まき1年草または多年草　【ゴマノハグサ科】
別　名：スナップドラゴン
原産地：地中海沿岸地方
花言葉：でしゃばり

キンギョソウ（高性種）

特徴 金魚のようなユニークな花形で、3つに浅く裂けた下部の花弁が尾びれのように見え、風にゆれると今にも泳ぎだしそうです。わい性種や高性種のほか、吊り鉢に向くクリーピング・スナップドラゴンもあります。

管理 こまめに花がらを摘み、花後、花茎ごと切り取ると次々開花して長く楽しめます。春〜初夏は10日に1回液肥を施します。

キンギョソウ'キャンディーストラップ'

水普通　日なた　庭植え　鉢植え

1	2	3	4	5	6	7	8	9	10	11	12
		花期	花期	花期	花期						
			植え付け	植え付け	植え付け		植え付け	植え付け		タネまき	タネまき

Rhododendron Kurume Azalea hybrids
クルメツツジ

耐寒性常緑小低木　　　　　　【ツツジ科】
原産地：日本
花言葉：伝奇、節制

クルメツツジ '初音'

特徴 キリシマとサタツツジをもとに江戸時代末期に久留米藩士によって品種改良された園芸種です。室内でも観賞できます。1918年にアメリカに渡り、欧米でもクルメ・アザレアとして庭木などに利用されています。

管理 鉢花は日なたに置きます。こまめに花がらを摘み、花が終わったらすぐに刈り込んで形を整えます。剪定後に植え替えます。

クルメツツジ '火の国'

水普通　日なた　庭植え　鉢植え

	1	2	3	4	5	6	7	8	9	10	11	12
花期				■	■							
植え替え						■						

Epiphyllum
クジャクサボテン

半耐寒性多肉植物　　　　　　【サボテン科】
原産地：中央・南アメリカ
花言葉：風刺

クジャクサボテン 'シンデレラ'

特徴 ゲッカビジンの仲間。サボテンのようなトゲがなく、大輪の花が豪華絢爛に咲き誇ります。多くの品種があり、花色も豊富です。純白の花を1夜だけ咲かせるゲッカビジンと異なり、花は2～3日咲き続けます。

管理 鉢花は日当たりのよい場所に置きますが、強い直射日光を嫌うので、夏は半日陰に移します。11～2月は水やりをしません。

クジャクサボテン

水普通　日なた　半日陰　鉢植え

	1	2	3	4	5	6	7	8	9	10	11	12
花期					■	■						
植え替え							■					

春の花

クリサンセマム
Leucanthemum Coleostephus

耐寒性〜半耐寒性秋まき1年草　　【キク科】
原産地：北アフリカ
花言葉：愛情

レウカンテマム・パルドサム'ノースポール'

特徴 'ノースポール'の品種名で有名なパルドサム種は、小菊のようなやさしい白い花を咲かせます。ムルチコーレは、鮮やかな黄金色の小花が株を覆うように咲きます。どちらも古い属名のクリサンセマムで出回ります。

管理 日当たりと水はけのよい場所で育てます。秋にタネをまき、春に花壇やコンテナに定植します。ムルチコーレは寒風に注意。

コレオステファス・ミコリス（流通名　ムルチコーレ）

水普通　日なた　庭植え　鉢植え

	1	2	3	4	5	6	7	8	9	10	11	12
		花期										
				植え付け				タネまき		植え付け		

クロタネソウ
Nigella damascena

耐寒性秋まき1年草　　【キンポウゲ科】
別　名：ニゲラ
原産地：ヨーロッパ南部
花言葉：とまどい

クロタネソウ

特徴 細かく切れ込んだ総苞（そうほう）に包まれて青や白、ピンクの花がふんわりと開きます。花弁のように見えるのは萼片（がくへん）です。花の後にできるぼんぼり形のユニークな果実が裂けると黒い種子が出るので、この名があります。

管理 移植を嫌うので、秋に日当たりと水はけのよい場所にタネを直（じか）まきします。ポット苗は、根鉢を崩さずに植え付けます。

ニゲラ'オリエンタリス・トランスフォーマー'

水普通　日なた　庭植え　鉢植え

	1	2	3	4	5	6	7	8	9	10	11	12
					花期							
								タネまき			植え付け	

Clematis
クレマチス

耐寒性〜半耐寒性つる性木本　　【キンポウゲ科】
別　名：テッセン、カザグルマ
原産地：ヨーロッパ南部、西南アジア、中国、日本
花言葉：高潔

特徴　クレマチスはギリシャ語のクレーマ（つるの意）が語源で、「つる性植物の女王」と呼ばれています。日本産のカザグルマや中国産のテッセンに西洋種が交配されてつくられました。花を平らに開くものやベル形など花形も多彩。花弁のように見えるのは萼(がく)です。

管理　日当たりと水はけのよい場所に植えます。植え付けるときは、根鉢を崩さずに、1〜2節土の中に埋まるように深植えするのがポイント。鉢植えは、戸外のよく日が当たる場所に置き、盛夏は涼しい半日陰に移します。

水普通　日なた　庭植え　鉢植え

クレマチス・テキネンシス 'サー・トレバー・ローレンス'

1	2	3	4	5	6	7	8	9	10	11	12
	花期（夏咲き種）										

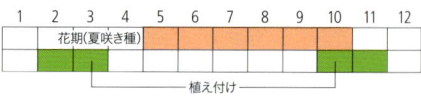

植え付け

クレマチス 'ミゼットブルー'

クレマチス・モンタナ 'ルーベンス'

クレマチス・インテグリフォリア

クレマチス 'ダッチェス・オブ・エジンバラ'

春の花

クンシラン
Clivia

半耐寒性多年草　　　　　　　　【ヒガンバナ科】
別　名：ウケザキクンシラン、クリビア
原産地：南アフリカ
花言葉：貴さ

ダルマクンシラン（斑入り種）

特徴　一般に、クンシランといえば花が上を向いて咲くウケザキクンシランのことをさします。太い花茎の先にオレンジ色の花が多数集まって半球状に咲き、満開のときは見事です。斑入り葉や黄花の品種などもあります。

管理　鉢植えで楽しみます。強い直射日光に当たると葉焼けするので、春〜秋までは半日陰に置き、霜が降りる前に室内に入れます。

キバナクンシラン

水普通　半日陰　鉢植え

1	2	3	4	5	6	7	8	9	10	11	12
		花期	花期	花期							
				植え替え	植え替え		植え替え				

ケマンソウ
Dicentra spectabillis

耐寒性多年草　　　　　　　　【ケシ科】
別　名：タイツリソウ、フジボタン、ヨウラクボタン
原産地：中国、朝鮮半島
花言葉：あなたに従います

ケマンソウ（白花種）

特徴　弧を描くように伸びる茎の先に、ハート形の花が一列に咲きます。並んで垂れ下がった花姿が仏堂の欄間の飾り、華鬘に似ていることが名の由来です。先端が白い紅色の花や白花の園芸品種もあります。

管理　ポット苗や開花株を購入して栽培します。落葉樹の下など夏に日陰になるような場所に根鉢を崩さずに植えます。

ケマンソウ

水普通　半日陰　庭植え　鉢植え

1	2	3	4	5	6	7	8	9	10	11	12
		花期	花期	花期							
									植え付け	植え付け	

Primula sieboldii
サクラソウ

耐寒性多年草 　　　　　　【サクラソウ科】
別　名：ニホンサクラソウ
原産地：中国東北部、朝鮮半島、日本

❀❀❀❀複

特徴 長い花茎の先にサクラに似た可憐な花を数輪咲かせた後、夏には、葉が枯れて休眠します。古典園芸植物の1つで、江戸時代よりたくさんの品種が育成されています。一方、野生種は絶滅危惧種になっています。

管理 ポット苗や開花株を購入して栽培します。花後、根茎を露出させないように株元に土を寄せ、水切れさせず、冬も水やりします。

水多め　日なた　半日陰　庭植え　鉢植え

サクラソウ '小桜源氏'

サクラソウ '明烏'

1	2	3	4	5	6	7	8	9	10	11	12
		花期	花期	花期							
			植え付け	植え付け						植え付け	

Schizanthus
シザンサス

非耐寒性秋まき1年草 　　　　　　【ナス科】
別　名：コチョウソウ
原産地：チリ
花言葉：あなたと踊ろう

❀❀❀❀❀複

特徴 シザンサスは、ギリシャ語で「裂けた花」という意味で、花びらが深く切れ込んでいることに由来しています。蝶に似たカラフルな花が円錐状について、株を覆います。左右対称の花は上下2つの唇弁に分かれ、豊富な花色と模様が楽しめます。

管理 雨に弱いため鉢で栽培します。鉢花は日当たりと風通しのよい軒下や雨の当たらないベランダに置きます。鉢土の表面が乾いたら、水を花や葉にかけないように株元に与えます。開花中は月に1～2回液肥を施します。

水普通　日なた　鉢植え

シザンサス

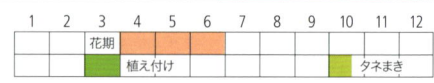

1	2	3	4	5	6	7	8	9	10	11	12
			花期	花期	花期						
		植え付け	植え付け						タネまき		

春の花

Phlox subulata
シバザクラ

耐寒性多年草　【ハナシノブ科】
別　名：ハナツメクサ、モスフロックス
原産地：北アメリカ東部
花言葉：忍耐

特徴 茎が地面につくと節から根が伸びて、どんどん広がり、ピンクや白のじゅうたんを敷き詰めたように花が咲きます。乾燥に強いので、グラウンドカバーとしても利用されます。淡青や濃紅色の園芸品種も出回ります。

管理 春にポット苗を購入して、日当たりと水はけのよい場所に植えます。花つきが悪くなったら、株分けや挿し芽で更新します。

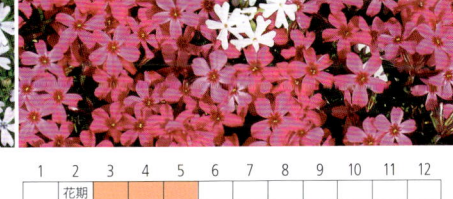

シバザクラ
シバザクラ 'オーキッドブルーアイ'

水普通　日なた　庭植え　鉢植え

	1	2	3	4	5	6	7	8	9	10	11	12
		花期										
				植え付け						株分け、挿し芽		

Iris japonica
シャガ

耐寒性多年草　【アヤメ科】
別　名：コチョウカ
原産地：日本、中国
花言葉：反抗

特徴 花びらの縁が細かく切れ込んだ優しい花姿で、日光があまり届かない林の斜面などに群生しています。白地に紫と黄色の斑が入った花は1日でしぼみ、毎日違った花が次々と咲いていきます。斑入り葉もあります。

管理 乾燥を嫌い、日当たりがよいと葉焼けを起こします。常緑樹の下などの日陰に堆肥や腐葉土をたっぷり入れて植えます。

シャガ
青花中国シャガ

水普通　半日陰　鉢植え　庭植え

	1	2	3	4	5	6	7	8	9	10	11	12
			花期									
						植え付け						

Eomecon chionantha
シラユキゲシ

耐寒性多年草　　　　　　　　　【ケシ科】
原産地：中国東部

シラユキゲシ

特徴 全体に無毛で、切ると朱色の汁が出ます。まっすぐ伸びた花茎の先に、純白の清楚な花を2～3輪つけます。やや下向きに開き、4枚の白い花弁と黄色の雄しべとの対比が美しい、ケシに似た花です。夏には地上部がなくなります。

管理 寒さに強く栽培は容易で、水はけのよい落葉樹の下草に最適です。初夏か秋に根鉢を崩さないように植えます。根の生長が活発なので、鉢植えは大鉢に植え、1～2年に1度、花後に植え替えます。

水普通　　半日陰　　庭植え　　鉢植え

	1	2	3	4	5	6	7	8	9	10	11	12
花期				■	■							
植え付け、植え替え					■	■				■		

Bletilla striata
シラン

耐寒性多年草　　　　　　　　　【ラン科】
別　名：ベニラン、シケイ
原産地：日本(千葉県以西)、台湾、中国
花言葉：互いに忘れないように

シラン

特徴 細くて硬い花茎の先に紅紫色の花を横向きに咲かせます。ランの中では手軽に栽培できるので、庭などに植えられています。シロバナシランやクチベニシラン、葉の縁に白い斑が入るフクリンシランなどがあります。

管理 夏に乾きすぎない半日陰が適地で、2～3年植えっぱなしでもよく花が咲きます。初冬に枯れた葉と花茎を取り除きます。

シラン

水普通　　日なた　　半日陰　　庭植え　　鉢植え

	1	2	3	4	5	6	7	8	9	10	11	12
花期				■	■							
植え付け、株分け			■							■	■	

春の花

スイートピー
Lathyrus odoratus

耐寒性～半耐寒性秋まき1年草または多年草　【マメ科】
別　名：ジャコウエンドウ、ジャコウレンリソウ
原産地：クレタ島、イタリア、シシリー島
花言葉：ほのかな喜び、別離

特徴 草姿も花もエンドウによく似ています。17世紀にシシリー島で発見されて以来、ヨーロッパやアメリカで改良され、多彩な品種が誕生しています。近年は春～夏にかけて咲き続ける宿根タイプも出回ります。

管理 タネまきの時期によって耐寒性に差が出ますから、適期にまくのがポイント。日当たりと水はけのよい場所に直まきにします。

スイートピー（わい性品種）

水普通　日なた　庭植え　鉢植え

	1	2	3	4	5	6	7	8	9	10	11	12
				花期								
										タネまき		

ストック
Matthiola incana

半耐寒性秋まき1年草　【アブラナ科】
別　名：アラセイトウ
原産地：南ヨーロッパ
花言葉：永遠の恋、永続する美

特徴 ボリュームのある花が穂状につきます。一重と八重咲きがあり、花が開くと独特の甘い香りが漂います。低温にあわないと開花しない従来の春咲き種と、さほど低温を必要とせず秋から開花する極早生種があります。

管理 一般に秋にタネをまきますが、極早生種は夏にまきます。本葉4～6枚で、日当たりと水はけのよい花壇や鉢に定植します。

ストック（極早生種）

水普通　日なた　庭植え　鉢植え

	1	2	3	4	5	6	7	8	9	10	11	12
	花期											
								タネまき				
										植え付け		

Trifolium incarnatum
ストロベリーキャンドル

耐寒性秋まき1年草　　　　　　　　　【マメ科】
別　名：クリムソンクローバー、ベニバナツメクサ、オランダレンゲ
原産地：ヨーロッパ
花言葉：胸に灯をともす

特徴 牧草の仲間です。ストロベリーキャンドルは種苗会社の商品名で、英名をクリムソンクローバーといいます。軟らかい細い茎の先にロウソクを灯したような愛らしい濃赤色の花穂をつけ、下から上に向かって咲いていきます。白花種も出ています。

管理 丈夫で栽培は容易ですが、暑さに弱いので1年草として育てます。暖地では秋にタネをまき、寒地では春にまきます。日当たりと水はけのよいところに定植します。下葉が黄色くなったときのみ液肥を施します。

水普通　日なた　庭植え　鉢植え

ストロベリーキャンドル

1	2	3	4	5	6	7	8	9	10	11	12
			植え付け			花期					
	植え付け								タネまき		

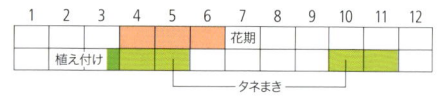

Leucojum aestivum
スノーフレーク

耐寒性秋植え球根　　　　　　　　　【ヒガンバナ科】
別　名：オオマツユキソウ、スズランスイセン
原産地：オーストリア、ハンガリー、ヨーロッパ南部
花言葉：汚れなき心

特徴 暑さ、寒さに強い丈夫な球根植物です。革ひも状で、スイセンに似た葉の中から花茎を立ち上げ、釣り鐘状の花を2～6輪つけます。白い花弁の先端に緑の斑点が入り、濃緑色の葉とのコントラストが美しく、群植すると花どきは見事です。

管理 日陰でも育ちますが、花つきは少なくなります。晩秋に半日陰や日当たりのよい場所に球根を植えます。植えっぱなしにできますが、混みあってきたら葉が黄変する頃に球根を掘り上げて秋に植え直します。

水普通　日なた　半日陰　庭植え　鉢植え

スノーフレーク

1	2	3	4	5	6	7	8	9	10	11	12
		花期									
					掘り上げ				植え付け		

春の花

スパラキシス
Sparaxis

半耐寒性秋植え球根　　　　　【アヤメ科】
別　名：ハーレクイン・フラワー
原産地：南アフリカ

✺✺✺✺✺複

スパラキシス・トリカラー

特徴 花の中央に斑が入り、花色の組み合わせが個性的で、エキゾチックな花冠です。1茎に3～6個の花が咲きます。よく見られるのは、オレンジ色の花弁の付け根が黒と黄色に染まるトリカラー種です。そのほかに、花色の多彩な交配種も出回ります。

管理 寒さにやや弱いので、一般的には鉢植えにしますが、暖地の無霜地帯なら庭植えも可能です。晩秋に5号鉢に7～8球を目安に植え、日当たりのよい場所で育てます。花後、葉が黄変し始めたら鉢ごと乾燥させます。

水普通　日なた　庭植え　鉢植え

1	2	3	4	5	6	7	8	9	10	11	12
			花期	花期							
					掘り上げ	掘り上げ		植え付け	植え付け	植え付け	

セイヨウシャクナゲ
Rhododendron×hybridum

耐寒性常緑低木　　　　　【ツツジ科】
別　名：洋種シャクナゲ、ロードデンドロン
原産地：ヒマラヤ、中国、日本など北半球の山地、高地

✺✺✺✺✺✺

セイヨウシャクナゲ '太陽'

特徴 数多くの原種をもとに、欧米で改良した種類も多彩な園芸品種です。カラフルで豪華な花を枝の先に房状に咲かせます。花の女王のバラに対して、花の帝王といい、バラ、ツバキとならんで世界三大花木の一つです。

管理 根が細く、土の浅いところに根を張るため、高めに植え付けます。鉢植えは2年に1回、一回り大きな鉢に植え替えます。

セイヨウシャクナゲ 'パーシーワイズマン'

水普通　日なた　半日陰　庭植え　鉢植え

1	2	3	4	5	6	7	8	9	10	11	12
			花期	花期							
	植え付け、植え替え							植え付け、植え替え			

Pelargoninm zonale hybrids
ゼラニウム

半耐寒性多年草　　　【フウロソウ科】
別　名：テンジクアオイ
原産地：南アフリカ
花言葉：真の友情

ゼラニウム 'リトルディー'

特徴 花色が豊富で、ベランダや窓辺を華やかに飾る鉢花の1つです。四季咲き性で、日当たりがよければ年間を通して咲き続けます。茎がつる状に伸び、アイビーゼラニウムと呼ばれるものは、ペルタツム種の園芸品種です。

管理 開花株やポット苗を求めて育てると簡単です。日当たりがよく、雨を避ける場所に置き、夏と冬を除き月2回液肥を施します。

アイビーゼラニウム

水少なめ　日なた　鉢植え

	1	2	3	4	5	6	7	8	9	10	11	12
				花期								
	植え付け、植え替え				タネまき					植え付け、植え替え		

Cerinthe major
セリンセ・マヨル

耐寒性秋まき1年草　　　【ムラサキ科】
別　名：キバナルリソウ
原産地：南ヨーロッパ

セリンセ・マヨル 'プルプラスケンス'

特徴 根元からよく分枝し、筒状の花がうつむいて咲きます。ろう質の光沢をもつ筒状部が茶色と黄色のツートンカラーになるものや全体が暗紫色になる品種があります。光を帯びたような青緑がかった葉もユニークです。

管理 秋にタネをまくか、春に出回るポット苗を購入して日当たりに定植します。花がらをこまめに摘むと、花を長く楽しめます。

セリンセ・マヨル 'イエローキャンディー'

水普通　日なた　庭植え　鉢植え

	1	2	3	4	5	6	7	8	9	10	11	12
			花期									
			植え付け							タネまき		

春の花

Serruria florida
セルリア・フロリダ

半耐寒性常緑低木　　　　　　　　　【ヤマモガシ科】
別　名：ジョーイ・セルリア、ブラッシング・ブライト
原産地：南アフリカ東南部
花言葉：ほのかな思慕

セルリア・フロリダ 'カルメン'

特徴　枝の先に数個の花が房状につきます。白や淡いピンクに色づいて花弁のように見えるのは、総苞片です。本当の花は総苞に囲まれて、雄しべのように見えます。花に芳香があり、英名は「頬を染めた花嫁」です。切り花のほか、鉢花も出回ります。

管理　鉢花は、春〜秋は風通しのよい日なたに置きますが、過湿に弱いので夏は雨を避けて涼しい半日陰に移します。晩秋に室内に取り込み、冬は5〜7℃以上に保ちます。花後に枝を半分くらい切り戻します。

水普通　日なた　鉢植え

1	2	3	4	5	6	7	8	9	10	11	12
		花期	花期	花期							
					植え替え			植え替え			

Iris×hollandica
ダッチアイリス

耐寒性秋植え球根　　　　　　　　　【アヤメ科】
別　名：アイリス・ホランディカ、オランダアヤメ
原産地：地中海西部沿岸
花言葉：恋のメッセージ

ダッチアイリス

特徴　単にアイリスとも呼ばれる球根植物です。オランダで作出され、たくさんの園芸品種があります。花径10cmほどで、外側の3枚の花びらが横に、内側の3枚は立ち上がります。1つの花は4〜5日もち、最初の花が咲き終わる頃、次の花が開きます。

管理　晩秋に、日当たりと水はけのよい場所に植えます。10球以上、まとめて植えると見映えがします。葉が黄変したら掘り上げ、茎葉をつけたまま乾燥させた後、枯れた茎や根をとり、植え付けの時期まで保存します。

水普通　日なた　庭植え　鉢植え

1	2	3	4	5	6	7	8	9	10	11	12
			花期	花期							
					掘り上げ	掘り上げ					
								植え付け	植え付け	植え付け	

Dampiera
ダンピエラ

半耐寒性多年草　　【クサトベラ科】
原産地：オーストラリア

ダンピエラ

特徴 オーストラリア固有の属です。ダンピエラはイギリスの海軍の艦長であったW.ダンピエールにちなんだ名です。地面を覆うように広がり、ロベリアに似た深みのある青紫色の花を咲かせます。1.5cmほどの花の中央に鮮やかな黄色の目があります。

管理 寒さにやや弱く、夏の高温多湿を嫌うので、鉢植えで楽しみます。春〜秋は風通しのよい日なたに置きますが、夏は雨の当たらない涼しい半日陰に移します。晩秋に室内に取り込み、明るい窓辺で冬越しさせます。

水普通　日なた　半日陰　鉢植え

1	2	3	4	5	6	7	8	9	10	11	12
	花期										
								植え付け			

Diaspasis filifolia
ディアスパシス・フィリフォリア

半耐寒性多年草　　【クサトベラ科】
別　名：ピンククロス
原産地：西オーストラリア南西部

ディアスパシス・フィリフォリア

特徴 草丈は20〜30cmです。線状の葉をつけた細い茎に、愛らしい星形の花が春〜初夏にかけて次々と咲きます。花径は1.5cmほどで、4〜5枚の花弁が平らに開きます。花色は一般に白ですが、桃色の種類がピンククロスの名で流通しています。

管理 寒さにやや弱いので、鉢に植え、1年中日に当てて育てます。自生地では沼地などの湿ったところに生えているため、過湿に強く、水切れをしないように注意します。冬は室内の明るい窓辺に置いて管理します。

水多め　日なた　鉢植え

1	2	3	4	5	6	7	8	9	10	11	12
		花期									
								植え替え			

春の花

Dimorphotheca
ディモルフォセカ

半耐寒性秋まき1年草　　　【キク科】
別　名：アフリカキンセンカ
原産地：南アフリカ
花言葉：富、明快

特徴 属名はギリシャ語の「2つの果実の形」に由来したもので、タネに2種類の形があるという意味です。シルクのような光沢のある一重咲きの花です。日の光を受けると開き、夕刻や曇天には閉じる特徴があり、光線による開閉運動を行う花として知られています。

管理 十分に日が当たる場所で育てます。一般には秋にタネをまきますが、春まきも可能です。春にタネをまくと6～7月に開花します。酸性土を嫌うので、定植する場所は苦土石灰をまいて中和しておきます。

水普通　日なた　庭植え　鉢植え

ディモルフォセカ

1	2	3	4	5	6	7	8	9	10	11	12
			花期								
				タネまき				タネまき			
		植え付け									

Telopea speciosissima
テロペア・スペキオシッシマ

半耐寒性常緑低木　　　【ヤマモガシ科】
別　名：ワラタ
原産地：オーストラリア（ニューサウスウェールズ州）

特徴 真っ赤に輝く大きな花は遠くからでもよく目立ち、「遠くからよく見える」という意味のギリシャ語がテロペアの名の由来。赤色の総苞(そうほう)に包まれた頭花は、長い花柱を持った花がたくさん集まったものです。原住民アボリジニの呼び名ワラタでも知られています。

管理 暖地の無霜地帯では庭植えも可能ですが、一般的には鉢植えにします。鉢花は、春～秋はよく日に当てますが、高温多湿を嫌うので盛夏は強い直射日光と雨を避け、乾燥気味に管理します。冬は明るい室内に置きます。

水普通　日なた　庭植え　鉢植え

テロペア・スペキオシッシマ

1	2	3	4	5	6	7	8	9	10	11	12
		花期									
								植え替え			

Tulipa

チューリップ

耐寒性秋植え球根　【ユリ科】

別　名：ウッコンコウ
原産地：中央アジア、地中海沿岸地域
花言葉：博愛、名声

特徴 16世紀中頃にトルコからヨーロッパに紹介されてから、多くの品種が次々と作出されています。青以外の色がそろっているといわれるほど豊富な花色、一重や八重のほか、花弁が反り返るユリ咲きなど多彩な花形も魅力。最近は野趣に富んだ原種も人気です。

管理 晩秋に、日当たりと水はけのよい場所で育てます。植え付け後、寒さにあわないと開花しないため、鉢植えは屋外で管理します。花がらを摘み取り、葉が黄変し始めたら球根を掘り上げ、乾燥貯蔵します。

水普通　日なた　庭植え　鉢植え

1	2	3	4	5	6	7	8	9	10	11	12
		花期	花期	花期							
					掘り上げ	掘り上げ	掘り上げ		植付け	植付け	

チューリップ 'レディジェーン'

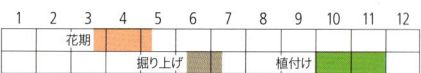

チューリップ 'ホワイトトライアンファター'

チューリップ 'ミッキーマウス'

チューリップ 'クイーンオブナイト'

チューリップ

春の花

Cirsium japonicum
ドイツアザミ

耐寒性多年草　　　　　　　　　　【キク科】
別　名：ハナアザミ
原産地：日本
花言葉：権利、安心

ドイツアザミ

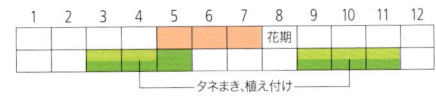

特徴 日本に自生しているノアザミの園芸品種です。ドイツの名がついていますが、ドイツには自生していません。寺岡アザミや楽音寺アザミなどの品種があります。花色が鮮やかで草丈が高く、花壇のアクセントに最適。

管理 日当たりと水はけのよい場所で育てます。春か秋に苗を植えるかタネをまきます。タネはポットなどにまき、本葉が4〜5枚になったら定植します。冬は敷きわらなどをして霜の害から守ります。咲き終わった花がらは、結実しない前に摘み取ります。

水普通　日なた　庭植え　鉢植え

1	2	3	4	5	6	7	8	9	10	11	12
				花期	花期	花期	花期				

タネまき、植え付け

Convallaria majalis
ドイツスズラン

耐寒性多年草　　　　　　　　　　【ユリ科】
原産地：ヨーロッパ
花言葉：幸せの再来

ドイツスズラン

特徴 ヨーロッパでは5月祭に欠かせない花です。日本に自生するスズランより、香りも強く、花も大きめで、葉の上の方で咲くので花がよく目立ちます。淡いピンクの花をつけるものや、斑入り葉の園芸品種もあります。

管理 高温乾燥を嫌うので、夏に日陰になる落葉樹の下などに植えます。鉢植えは春と秋は日なたに置き、夏は日陰に移します。

縞斑ドイツスズラン

水普通　日なた　半日陰　庭植え　鉢植え

1	2	3	4	5	6	7	8	9	10	11	12
				花期							

植え付け、植え替え

トキワヒメハギ

Polygala chamaebuxus var. *grandiflora*

耐寒性常緑低木　　　　　　　　【ヒメハギ科】
別　名：ポリガラ・カマエブクサス・グランディフロラ
原産地：ヨーロッパアルプス、カルパチア山脈

❋複

トキワヒメハギ（ポリガラ・カマエブクサス・グランディフロラ）

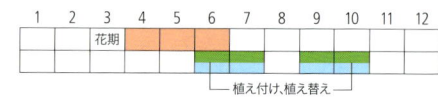

特徴 樹高は5～15cmほどで、よく分枝する枝が匍匐して広がります。左右に開き花弁のように見える紅紫色の2枚の萼片に、中央の花弁の先が黄色の、美しい蝶形花が多数咲きます。1つの花は3～4日咲いています。赤花トキワヒメハギとも呼ばれています。

管理 春先に出回る花が咲いたポット植えの株を購入して、鉢植えで楽しみます。日なたに置きますが、暑さに弱いので盛夏は風通しのよい涼しい半日陰に置きます。生長がよく根詰まりしやすいので、毎年植え替えます。

水普通　日なた　半日陰　鉢植え

1	2	3	4	5	6	7	8	9	10	11	12
		花期									
					植え付け、植え替え						

トリトニア

Tritonia

半耐寒性秋植え球根　　　　　　【アヤメ科】
原産地：南アフリカ
花言葉：熱烈だが心配

❋❋❋❋❋

トリトニア

特徴 主に出回るのは、南アフリカケープ地方原産のクロカタ種から改良された園芸品種です。剣状の葉の中から花茎を伸ばし、漏斗状の花を穂状につけ下から咲いていきます。フリージアに似た華麗な花姿で、オレンジのほかピンクやクリーム色の花色もあります。

管理 暖地では庭植えもできますが、一般には鉢植えにします。5号鉢に7球を目安に植え、日の当たる室内かフレームで保護します。春、暖かくなったら戸外に出します。開花後、葉が黄変し始めたら鉢ごと乾燥させます。

水普通　日なた　庭植え　鉢植え

1	2	3	4	5	6	7	8	9	10	11	12
			花期								
					掘り上げ			植え付け			

春の花

Nemesia
ネメシア

非耐寒性～半耐寒性秋まき1年草　　【ゴマノハグサ科】
別　名：ウンランモドキ
原産地：南アフリカ
花言葉：正直

ネメシア

特徴 最も多く栽培されるのは、ストルモサ種を改良した大輪のサットニー系です。複色のぼかしが入るなど多彩な花色が特徴。ほかに、上唇部が白色で細く、深く切れ込んだ特異な花形のケイランツス種も人気です。

管理 花が雨に弱いため、鉢に植えてベランダや軒下などに置きます。春先に出回るポット苗を購入して育てると簡単です。

ネメシア・ケイランツス'シューティングスター'

水普通　日なた　庭植え　鉢植え

	1	2	3	4	5	6	7	8	9	10	11	12
			花期									
				植え付け					タネまき			

Nemophila
ネモフィラ

耐寒性秋まき1年草　　【ハゼリソウ科】
別　名：ルリカラクサ
原産地：北アメリカ西部
花言葉：どこでも成功

ネモフィラ・メンジェシイ'インシグニス'(奥)と'スノーストーム'(手前)

特徴 やや匍匐性のメンジェシイ種は、株いっぱいに澄んだ空色の花を咲かせ、ベイビーブルーアイズの英名があります。やや立ち性のマクラータ種は、白色の花弁の先に紫色の斑点が入り、英名はファイブスポット。

管理 移植を嫌うので、日当たりと水はけのよい場所に、秋にタネを直まきします。花期が長いので、月に2〜3回液肥を施します。

ネモフィラ・マクラータ

水普通　日なた　庭植え　鉢植え

	1	2	3	4	5	6	7	8	9	10	11	12
			花期									
				植え付け					タネまき			

ナデシコ

Dianthus

耐寒性秋まき1年草または多年草　【ナデシコ科】

- 別　名：ダイアンサス
- 原産地：ヨーロッパ、中国、日本、北アメリカ
- 花言葉：純愛

特徴 わい性種のセキチクや多年草で這うように広がるタツタナデシコなどのほか、四季咲き性のテルスター系のような種間雑種もあり、バラエティーに富んでいます。花の多くは一重咲きですが、花壇やコンテナの寄せ植えに欠かせない人気の植物です。

管理 多くは低温にあわないと花芽ができないため、秋にタネをまきます。本葉が6〜8枚になったら、日当たりと水はけのよい場所に定植します。花がらをこまめに摘み、花後、草丈を半分程度に切り詰めます。

水普通／日なた／庭植え／鉢植え

ダイアンサス

1	2	3	4	5	6	7	8	9	10	11	12
		花期	花期	花期	花期			花期	花期	花期	
植え付け	植え付け					タネまき	タネまき			植え付け	植え付け

ダイアンサス 'やまとなでしこ七変化'

ダイアンサス 'ミラクルピエロ'

セキチク

タツタナデシコ

春の花

Berzelia galpinii
バーゼリア・ガルピニー

半耐寒性常緑低木　　　　【ブルニア科】
別　名：ベルゼリア・ガルピニー
原産地：南アフリカ

バーゼリア・ガルピニー

特徴 南アフリカ特産の植物です。スギによく似た緑色の葉をつけた小枝の先に、球状の花序をつけます。丸い実のような形で、つぼみのときは緑色を帯びていますが、開くとクリーム色になります。花序をつけた枝が赤くなり、ドライフラワーにもなります。

管理 原産地では、小川のほとりなどに自生していますから、雨が多い日本での栽培も比較的容易です。やや寒さに弱いので鉢に植え、冬は室内で管理します。春～秋は日なたに置き、夏は午後の直射日光を避けます。

水多め　日なた　鉢植え

1	2	3	4	5	6	7	8	9	10	11	12
		花期									
								植え替え			

Sutera
バコパ

半耐寒性多年草　　　　【ゴマノハグサ科】
別　名：ステラ
原産地：南アフリカ

バコパ 'ライム・バリエガータ'

特徴 よく分枝し、茎が地を這うように横に広がり、株を覆うように花を咲かせます。花つきがよく、長期間咲くことから人気があります。近年は、花色も豊富になり、大輪系の品種や斑入り葉の品種も出回ります。

管理 水切れさせないことがポイントです。鉢は、春～秋は日の当たる場所に、夏は半日陰に置きます。冬は霜に当てないように注意。

バコパ

水多め　日なた　庭植え　鉢植え

1	2	3	4	5	6	7	8	9	10	11	12
		花期									
		植え替え									

Jasminum polyanthum
ハゴロモジャスミン

半耐寒性つる性木本　　　　　　【モクセイ科】
原産地：中国南部
花言葉：愛らしさ

ハゴロモジャスミン

特徴 香り高い清楚な花を咲かせるジャスミンの仲間で、羽状の葉の形からハゴロモ（羽衣）ジャスミンといいます。枝先にほんのりと淡い紅色を帯びたつぼみが30～40輪かたまってつき、花が開くにつれて花色は純白へと変化していき、甘い香りに包まれます。

管理 東京以西の暖地なら庭植えもできますが、寒冷地では鉢に植え、あんどん仕立てにして冬は室内で管理します。花後に、伸びすぎたつるを半分くらい切り戻します。大株になった鉢植えは、3月に植え替えます。

水普通　日なた　庭植え　鉢植え

	1	2	3	4	5	6	7	8	9	10	11	12
				花期								
植え替え												

植え付け

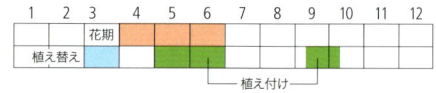

Brassica campestris
ハナナ

耐寒性秋まき1年草　　　　　　【アブラナ科】
別　名：ナノハナ、ナバナ
原産地：ヨーロッパ、東アジア
花言葉：活発、快活

チリメンハナナ

特徴 つぼみを食用にする品種もありますが、チリメンハクサイを改良して作られた観賞用の品種をハナナと呼んでいます。葉に縮れのある縮緬系と丸葉系に大別されますが、草姿が美しい縮緬系が人気です。暖かい地方では冬から花が咲き出します。

管理 花壇の空いたスペースを利用したり、大型のコンテナで育て、ベランダやテラスに並べても素敵です。秋に、日当たりと水はけのよい場所にタネを直まきし、本葉2～3枚で、株間5～6cmに間引きます。

水普通　日なた　庭植え　鉢植え

	1	2	3	4	5	6	7	8	9	10	11	12
			花期									
											タネまき	

春の花

Hermannia verticillata
ハニーベル

非耐寒性常緑亜低木　　【アオギリ科】
別　名：ヘルマンニア
原産地：南アフリカ

特徴　ベル形の花が甘い香りを放つことからハニーベルの英名で流通しています。茎が這うように伸びて、20〜30cmの高さになります。羽状に切れ込んだ葉のわきに黄色の花が2輪咲きます。5枚の花びらが重なり合って、鐘形になり、うなずくように開きます。

管理　寒さに弱いので鉢植えで楽しみます。春〜秋はよく日に当てて育てますが、夏は風通しのよい半日陰に移します。冬は室内に置き、7℃以上を保ちます。花が終わったら、花が咲いた茎を切り戻して植え替えます。

水普通　日なた　鉢植え

1	2	3	4	5	6	7	8	9	10	11	12
		花期	花期	花期							
				植え替え	植え替え						

ハニーベル

Babiana
バビアナ

半耐寒性秋植え球根　　【アヤメ科】
別　名：ホザキアヤメ
原産地：南アフリカ
花言葉：離れる愛

特徴　青紫色の花の中心部が緋赤色の派手な配色のルブロキアネア種は、花が上方に向かって広がるように咲き、ワインカップとも呼ばれています。漏斗状の花を穂状につけるストリクタ種はホザキアヤメの和名があります。

管理　暖地では庭植えでよく育ちますが、寒冷地では鉢に植え、冬は室内で保護します。花後、葉が黄変したら鉢のまま乾燥させます。

水少なめ　日なた　庭植え　鉢植え

バビアナ・ルブロキアネア

バビアナ・ストリクタ

1	2	3	4	5	6	7	8	9	10	11	12
		花期	花期	花期							
						掘り上げ	掘り上げ		植え替え	植え替え	

Rosa
バラ

耐寒性落葉低木　　　　　　【バラ科】
別　名：ソウビ
原産地：北半球各地
花言葉：愛、美

黄モッコウバラ（八重咲き種）

特徴 普通バラといえば、園芸品種をさし、株立ち状の低木やつる性、匍匐性、樹高15〜50cmのミニチュアなどさまざまな樹形があり、花形や花色も多彩です。19世紀中盤以前につくられたオールドローズや交配種のイングリッシュローズなども人気があります。

管理 根がしっかりした大苗が売り出される晩秋〜早春が植え付け適期。接ぎ木された部分が地表に出るように、高めに植えるのがポイントです。咲き終わった花がらは、小葉を5枚つけた葉の上で切り取ります。

水普通　日なた　庭植え　鉢植え

1	2	3	4	5	6	7	8	9	10	11	12
			花期	花期	花期			植え付け	植え付け	植え付け	

イングリッシュローズ 'コテージローズ'

ハイブリッド・ティー 'ホワイト・クリスマス'

フロリバンダ 'ブルー・バユー'

つるバラ 'スパニッシュ・ビューティー'

春の花

Dianthus barbatus
ビジョナデシコ

耐寒性多年草、秋まき1年草　　　　【ナデシコ科】
別　　名：ヒゲナデシコ、アメリカナデシコ
原産地：ヨーロッパ東部〜南部
花言葉：機敏、巧妙

ビジョナデシコ

特徴　直立する太い茎の先に、小さな5弁花が半球状にたくさん咲きます。花のまわりに、先の尖った針状の総苞（ほう）がたくさんあり、髭（ひげ）のように見えることからヒゲナデシコとも呼ばれています。本来は多年草ですが、一般には秋まきの1年草として扱われます。

管理　秋に箱などにタネをまきます。本葉2〜3枚でポットに移植し、20日ほど育ててから日当たりと水はけのよい場所に定植します。土壌はあらかじめ中和しておきます。花が終わったら草丈の半分くらいに刈り込みます。

水普通　日なた　庭植え　鉢植え

	1	2	3	4	5	6	7	8	9	10	11	12
花期			●	●	●	●						
										植え付け		
タネまき									●			

Papaver rhoeas
ヒナゲシ

耐寒性秋まき1年草　　　　【ケシ科】
別　　名：グビジンソウ、シャーレーポピー
原産地：ヨーロッパ中部
花言葉：慰め、感謝

ヒナゲシ（シャーレーポピー）

特徴　中国の歴史上の美人、虞美人（ぐびじん）の名が当てられ、グビジンソウとも呼ばれています。薄紙をもんでつくったような美しい花を咲かせます。花色は濁りのない赤やピンクで、花弁に黒い斑（ふ）が入るものや八重咲きもあります。

管理　秋に、日当たりと水はけのよい場所にタネを直まきします。霜や寒気の強いところでは、霜よけや敷きわらをして防寒します。

ヒナゲシ

水普通　日なた　庭植え　鉢植え

	1	2	3	4	5	6	7	8	9	10	11	12
花期			●	●	●	●						
タネまき									●	●		

Hibbertia
ヒベルティア

半耐寒性常緑低木または半つる性　　【ビワモドキ科】
原産地：オーストラリア

ヒベルティア・セルピリフォリア（這い性種）

特徴 150種以上の仲間がありますが、観賞用に栽培されるのは3～4種類です。枝が立ち性のものと這い性のものがあり、黄色の5弁花が株を覆うように咲きます。1日花ですが、次々と咲くので長く楽しめます。

管理 鉢植えで楽しみます。水切れするとすぐ枯れるので、鉢土の表面が乾ききる前に水やりします。春～秋は日の当たる場所に置き、高温多湿を嫌うため、夏は風通しのよい半日陰に移します。冬は霜よけしますが、室内に入れ、暖房のない明るい窓辺に置くと安全。

水多め　日なた　鉢植え

1	2	3	4	5	6	7	8	9	10	11	12
	花期										
						植え替え					

Cytisus × racemosus
ヒメエニシダ

半耐寒性常緑または落葉低木　　【マメ科】
原産地：カナリー諸島

ヒメエニシダ

特徴 早春から鉢花が出回ります。エニシダとは種が異なりますが、あまり大きくならないのでヒメエニシダと呼ばれています。エニシダは節々に花を咲かせますが、本種は小さな蝶形花が細い枝の先端部に穂状につき、1か月以上咲き続けます。花色は黄色です。

管理 関東以西の暖地では庭植えも可能ですが、寒冷地では鉢植えで楽しみます。通年日の当たる場所で育てます。生育旺盛なので、開花中に水切れさせないように注意します。冬は室内に置き、乾かし気味に保ちます。

水普通　日なた　庭植え　鉢植え

1	2	3	4	5	6	7	8	9	10	11	12
	花期										
						植え替え					

春の花

Campanula medium
フウリンソウ

耐寒性〜半耐寒性春まき2年草　　【キキョウ科】
別　名：カンパヌラ・メディウム、ツリガネソウ
原産地：ヨーロッパ南部
花言葉：大望・抱負、不変・貞節

フウリンソウ（カンパヌラ・メディウム）

特徴 ふっくらとした大輪花が長い花穂（かすい）に横または斜め上向きに鈴なりにつきます。花の先端が5裂して反り返ります。大きくなった株が、冬の低温に当たると花芽ができ、花が咲くと枯れる性質があります。草丈30cmほどのわい性種が鉢花で出回ります。

管理 5月中旬〜下旬にタネをまき、秋に日当たりと水はけのよい場所に植えます。秋までに充実した大きな苗に育てて定植することが、花をたくさん咲かせるポイントです。咲き終わった花がらはこまめに摘みます。

水普通　日なた　庭植え　鉢植え

1	2	3	4	5	6	7	8	9	10	11	12
			花期								
				タネまき				植え付け			

Brachyscome
ブラキカム

半耐寒性秋まき1年草または多年草　　【キク科】
別　名：ヒメコスモス、ブラキスコメ、スワンリバーデージー
原産地：オーストラリア、ニュージーランド

ブラキカム

特徴 1年草のイベリディフォリア種や多年草のアングステイフォリア種などがあります。よく栽培されるのは多年草の園芸品種で、基部からよく分枝してこんもりと茂るので、花壇の縁取りや吊り鉢仕立てに最適です。

管理 秋にタネをまき、春に日当たりと水はけのよい場所で育てます。花後に刈り込んで通風をはかり夏越しさせます。冬は室内へ。

ブラキカム

水普通　日なた　庭植え　鉢植え

1	2	3	4	5	6	7	8	9	10	11	12
											花期
	タネまき(寒冷地)				植え付け					タネまき、植え付け	

Fritillaria
フリチラリア

耐寒性秋植え球根　　　　　　　　【ユリ科】
原産地：地中海沿岸地域、西アジア、中国、日本
花言葉：威厳、天上の愛

フリチラリア・インペリアリス 'ルテア'

特徴 クロユリやバイモの仲間で、いずれも釣り鐘形の花を下向きに咲かせます。大型のインペリアリス種は、雄大な花茎の先に王冠のように花をつけます。小型のメレアグリス種は、独特の市松模様の花をつけます。

管理 秋に、大型種は6cm、小型種は3cm覆土して球根を植えます。葉が黄変し始めたら掘り上げ、オガクズの中に埋めて保存します。

フリチラリア・メレアグリス

水普通　日なた　庭植え　鉢植え

1	2	3	4	5	6	7	8	9	10	11	12
	花期	花期	花期	花期	花期						
						掘り上げ	掘り上げ		植え付け	植え付け	

Parochetus communis
ブルークローバー

耐寒性多年草　　　　　　　　【マメ科】
別　名：パロケツス、ブルーオキザリス
原産地：中国南西部、ヒマラヤ、東アフリカの高地

特徴 クローバーに似た草姿で、青い花を咲かせることから、ブルークローバーの名で流通しています。葉の形をカタバミに見立てたブルーオキザリスの英名があります。茎が地面を這って伸び、各節から斑紋のある葉と花茎を出します。花はマメ科特有の蝶形花です。

管理 高温多湿を嫌うので、鉢で育てるほうが栽培は容易です。11月～翌年5月に出回る鉢花を購入し、夏を除いてできるだけ日に当てて育てます。夏は風通しのよい半日陰に置きます。5月か9月に挿し芽でふやせます。

水普通　日なた　庭植え　鉢植え

1	2	3	4	5	6	7	8	9	10	11	12
	花期	花期	花期	花期	花期				花期	花期	花期
								植え替え			

春の花

Felicia
ブルーデージー

半耐寒性多年草　　【キク科】
別　名：ルリヒナギク、フェリシア
原産地：南アフリカ
花言葉：純粋

ホソバブルーデージー

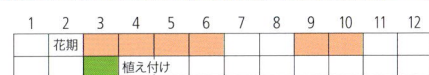

特徴 長い花柄(かへい)の先にマーガレットを小さくしたような花を1つ咲かせます。中心の黄色と澄んだ青い花弁のコンビネーションが鮮やかな美しい花です。青のほかに白花やクリーム色の斑入り葉種、細葉種などもあります。

管理 市販の鉢花を購入し、日当たりのよい場所に植えます。花後、切り戻します。寒地では秋に鉢上げして春まで室内で管理します。

ブルーデージー(斑入り種白花)

水普通　日なた　庭うえ　鉢植え

1	2	3	4	5	6	7	8	9	10	11	12
	花期							花期			
		植え付け									

Pulmonaria
プルモナリア

耐寒性多年草　　【ムラサキ科】
別　名：ラングワート
原産地：ヨーロッパ～アジアの温帯

プルモナリア

特徴 プルモナリはラテン語の「肺」の意。白い斑点の入った葉が、病気にかかった肺を連想させることから名づけられました。青や紫紅、ピンク、白などのカップ形の花が下向きに咲きます。雄しべは花筒(かとう)についていて突き出ません。ハーブとしても利用されます。

管理 高温多湿を嫌いますから、庭植えは夏の直射日光を避け、風通しのよい木陰や半日陰地に植えます。鉢植えは水はけのよい山野草の用土で植え、夏だけ涼しい日陰に置きます。早春か秋に株分けして植え替えます。

水普通　日なた　半日陰　庭植え　鉢植え

1	2	3	4	5	6	7	8	9	10	11	12
			花期	花期							
		植え付け、植え替え							植え付け、植え替え		

Phlox drummondii

フロックス・ドラモンディ

耐寒性秋まき1年草　　　　【ハナシノブ科】
別　名：キキョウナデシコ
原産地：北アメリカ
花言葉：合意、一致

フロックス・ドラモンディ

特徴 愛らしい花が枝先に密につき、春花壇を演出します。高性種とわい性種があります。丸弁咲きが主流ですが、花弁の先に切れ込みの入る星咲き系は複色の花が多く、より華やかです。スターフロックスと呼ばれています。

管理 秋にタネをポットにまきます。霜が降りる前に根鉢を崩さずに定植し、簡単な霜よけをします。花がらはこまめに摘みます。

スターフロックス

水普通　日なた　庭植え　鉢植え

1	2	3	4	5	6	7	8	9	10	11	12
		花期	花期	花期	花期	花期			植え付け	植え付け	
			タネまき(寒地)	タネまき(寒地)	タネまき(寒地)	タネまき(寒地)		タネまき	タネまき		

Hunnemannia fumariifolia

フンネマンニア

半耐寒性多年草　　　　【ケシ科】
別　名：メキシカン・チューリップポピー
原産地：メキシコの高地

フンネマンニア

特徴 深く裂けた葉も茎も緑白色で、4弁の黄色い花を横向きに開きます。全体にハナビシソウに似ていますが、雄しべがオレンジを帯びた黄色なので、ハナビシソウと区別できます。花形からゴールデンカップやメキシカン・チューリップポピーの英名があります。

管理 早春から春に出回る鉢植えやポット苗を購入して、日なたで育てます。夏は雨を避けて涼しい軒下などに置き、冬は室内で管理します。移植を嫌うので、苗を植えるときに根鉢を崩さないことが大事です。

水普通　日なた　庭植え(暖地)　鉢植え

1	2	3	4	5	6	7	8	9	10	11	12
		花期(秋まき)	花期(秋まき)		花期(秋まき)	花期(秋まき)		花期(春まき)	花期(春まき)	花期(春まき)	花期(春まき)
			タネまき	タネまき				タネまき	タネまき		

春の花

Venidium fastuosum
ベニジウム

半耐寒性秋まき1年草　　　　　　　【キク科】
別　　名：カンザキジャノメギク
原産地：南アフリカ
花言葉：美は常に新しい

ベニジウム

特徴 茎、葉、つぼみなどがクモの巣のような白い綿毛に覆われています。基部でよく分枝する茎の先に、光沢のあるオレンジ色の花を1つ開きます。花の中心には黒などの蛇の目模様が入っており、日中に開いて雨や曇天、夜間には閉じる性質があります。

管理 秋にタネをまき、本葉3～4枚でポットに移植し、フレームや室内で管理します。晴れた日中は戸外に出し、徒長しないように育て、おそ霜の心配がなくなる4月に、日当たりと水はけのよい花壇に定植します。

水普通　日なた　庭植え

1	2	3	4	5	6	7	8	9	10	11	12
			花期	花期	花期						
			植え付け	植え付け				タネまき	タネまき		

Geum coccineum
ベニバナダイコンソウ

耐寒性多年草または1、2年草　　　【バラ科】
別　　名：ゲウム
原産地：ヨーロッパ南部～小アジア
花言葉：前途洋々

ベニバナダイコンソウ

特徴 地際から出る葉がダイコンの葉に似て、朱赤色の花を咲かせるので、この名で呼ばれています。5枚の丸い花弁が平らに開いて、ウメの花形になります。いくつかの原種を交配した園芸品種も多数出回ります。夏の暑さを嫌うので日本では1年草として扱われます。

管理 秋にタネをまき、春に株が大きく育ったら、日当たりのよい花壇や大鉢に定植します。鉢花は日当たりに置き、夏は半日陰に移します。育苗期間が長いので、市販のポット苗や花つきの苗を購入すると手軽です。

水普通　日なた　庭植え　鉢植え

1	2	3	4	5	6	7	8	9	10	11	12
			花期	花期	花期						
		植え付け	植え付け	植え付け	植え付け			タネまき	タネまき	タネまき	

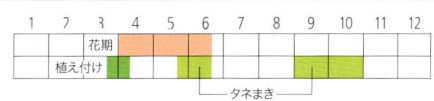

Pelargoninm × domesticum
ペラルゴニウム

半耐寒性多年草　　　　　　　　　【フウロソウ科】
別　名：ファンシーゼラニウム
原産地：南アフリカ
花言葉：真実の愛　　　❀❀❀❀※複

特徴　ゼラニウムの仲間です。南アフリカ原産のグランディフロルムなどいくつかの原種を交配してつくられました。豪華な花をつけますが、四季咲き性のゼラニウムと違い、本種は春〜夏にかけてだけ花を咲かせます。

管理　雨に当たると花が傷むため、鉢に植えて雨を避け、よく日に当てて育てます。夏は半日陰に移し、冬は室内で5℃以上保ちます。

ペラルゴニウム（斑入り種）

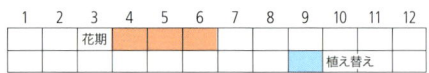

ペラルゴニウム 'エンジェルアイ'

💧水少なめ　☀日なた　🪴鉢植え

1	2	3	4	5	6	7	8	9	10	11	12
		花期	花期	花期	花期			植え替え			

Veronica peduncularis 'Georgia Blue'
ベロニカ'ジョージアブルー'

耐寒性多年草　　　　　　　　　【ゴマノハグサ科】
別　名：ベロニカ 'オックスフォードブルー'
原産地：トルコ〜カフカス、ウクライナ　　❀

特徴　匍匐性(ほふく)のベロニカで、カーペット状に広がります。オオイヌノフグリによく似たブルーの花が次々に開いて株を覆います。晩秋〜冬にかけて、株全体が暗紫色に染まり、春とは違った美しい姿になります。花壇の縁取りやコンテナから垂らす使い方に最適。

管理　丈夫で、栽培は容易。夏に強い西日の当たらない場所で育てます。鉢植えも涼しい半日陰に置いて夏越しさせます。早春に枯れた茎葉を整理すると、花どきに美しく見られます。秋に株分けして植え替えます。

ベロニカ・ペドゥンクラリス 'ジョージアブルー'

💧水普通　☀日なた　🌱庭植え　🪴鉢植え

1	2	3	4	5	6	7	8	9	10	11	12
		花期	花期	花期		植え付け、植え替え	植え付け、植え替え	植え付け、植え替え			

春の花

Pentzia grandiflora
ペンツィア・グランディフロラ

半耐寒性秋まき1年草　　【キク科】
原産地：南アフリカ北部

ペンツィア・グランディフロラ

特徴　全草に強い香りがあり、草姿や花の形が、ハーブで知られるタンジーによく似ていますが、本種は羽状に切れ込む葉がより細かいことと、頭花がより厚みのあるボタン状になることで、区別できます。花は、色があせないのでドライフラワーに最適です。

管理　春に鉢花を購入するか、秋にタネをまき、寒風や霜よけをして育苗します。寒冷地ではフレームで冬越しさせます。霜の心配がなくなったら、日当たりと水はけのよい場所に定植します。花後、翌年用に採種します。

水普通　日なた　庭植え　鉢植え

1	2	3	4	5	6	7	8	9	10	11	12
			花期								
		植え付け						タネまき			

Penstemon
ペンステモン

耐寒性多年草　　【ゴマノハグサ科】
別　名：ツリガネヤナギ
原産地：北アメリカ、東アジア

ペンステモン・バルバツス

特徴　釣り鐘状の花を多数咲かせる比較的暑さに強い交配種は、大輪で花色も豊富にそろい、花壇を華やかに彩ります。ほかに、ジギタリス種や赤い筒状花を穂状につけるバルバツス種なども花壇やコンテナで楽しめます。

管理　早春か秋に、水はけのよい夏の西日が避けられる場所に植えます。秋に株分けをするか、6月に挿し芽をして株を更新します。

ペンステモン・スモーリー

水普通　日なた　庭植え　鉢植え

1	2	3	4	5	6	7	8	9	10	11	12
			花期								
植え付け					植え付け、株分け						

Paeonia suffruticosa
ボタン

耐寒性落葉低木　　　　　　　　【ボタン科】
別　名：フカミグサ、フウキソウ、カオウ
原産地：中国
花言葉：恥じらい、富貴

ボタン'楊貴妃'

特徴 中国の名花で、花王や花神と呼ばれています。日本へは奈良時代に薬用植物として渡来し、平安時代には観賞用に栽培されました。その後改良されて数多くの品種が誕生しています。鉢植えも人気があります。

管理 秋に、日当たりと水はけがよく、夏に西日の当たらない場所に植えます。鉢植えは3年に1回を目安に植え替えます。

ボタン'ハイヌーン'

水普通　　日なた　　庭植え　　鉢植え

1	2	3	4	5	6	7	8	9	10	11	12
		花期									
									植え付け、植え替え		

Homeria
ホメリア

半耐寒性秋植え球根　　　　　　【アヤメ科】
原産地：南アフリカ

ホメリア

特徴 線形の硬く細い葉の中から花茎を立ち上げます。花は1日花ですが、1つの花茎に数花つき、次々と咲くので長期間楽しめます。雄しべが雌しべを取り巻いて筒状に接合していることから、ギリシャ語で「会合する」意味のホメーレオーがホメリアの名の由来です。

管理 連作障害に弱いため、アヤメ科の植物を植えたことのない場所で育てます。鉢植えは、霜の当たらない軒下や室内の窓辺で管理します。花後、葉が黄変し始めたら、鉢ごと乾燥させて涼しい日陰に移します。

水普通　　日なた　　庭植え　　鉢植え

1	2	3	4	5	6	7	8	9	10	11	12
		花期									
					掘り上げ				植え付け		

春の花

Boronia
ボロニア

半耐寒性常緑低木　【ミカン科】
原産地：オーストラリア南部
花言葉：打てば響く

ボロニア・ヘテロフィラ

特徴 葉にさわやかな柑橘系の香りがあり、小輪の花を小枝いっぱいに咲かせます。ベル形と星形の花形があります。ベル形の代表は、ヘテロフィラ種と芳香性のメガスティグマ種です。星形に花を開くのは、ピナータ種やフラセリー種、クレヌラタ種などです。

管理 水切れに注意し、毎年花後に剪定して植え替え、根詰まりを防ぎます。鉢花の置き場所は、午前中だけ日が当たるようなところが理想です。夏は、長雨と強光を避け、寒さにやや弱いので、冬は室内の窓辺に置きます。

水普通　日なた　半日陰　鉢植え

1	2	3	4	5	6	7	8	9	10	11	12
	花期	花期	花期	花期							
					剪定、植え替え						

ボロニア・ヘテロフィラ　　ボロニア・メガスティグマ'チャンドレリ' 　　ボロニア・ピロッサ

ボロニア・ピナータ

Argyranthemum frutescens
マーガレット

半耐寒性多年草または常緑低木　【キク科】
別　名：モクシュンギク、パリデージー
原産地：カナリア諸島
花言葉：恋占い

特徴　清楚な白い花と、切れ込んだ軟らかな葉のバランスがよく、優美な草姿です。最近はさまざまな花色と花形の品種が生まれています。オーストラリアで改良されたコンテナ向きのわい性の品種も多く出回ります。

管理　ポット苗か鉢花を購入し、暖地では花壇に、寒地では鉢植えにします。花がらをこまめに摘み取り、花後に枝を切り戻します。

マーガレット

マーガレット 'エンジェリックレモン'

水普通　日なた　庭植え　鉢植え

	1	2	3	4	5	6	7	8	9	10	11	12
			花期									
								植え付け、植え替え				

Malcolmia maritima
マルコルミア・マリティマ

耐寒性秋まき1年草　【アブラナ科】
別　名：バージニアストック
原産地：地中海沿岸

特徴　横に広がるように育ち、直立する茎の先に芳香のある4弁花をつけ、初夏の頃まで次々と咲きます。ピンクや淡紅紫色の花色が、徐々に濃色に変化します。一重のストックの花に似ていますが、花径は1cmほど、花序もストックよりだいぶ短いです。

管理　春に出回るポット苗や鉢花を購入して栽培します。日光を好むので、日なたで管理し、花が終わったらタネをとります。採取したタネは、秋に日当たりと水はけのよい場所に直まきします。寒冷地では春にまきます。

マルコルミア・マリティマ

水普通　日なた　庭植え　鉢植え

	1	2	3	4	5	6	7	8	9	10	11	12
			花期(秋まき)			花期(春まき)						
					タネまき					タネまき		

春の花

Rosa (Miniature Rose)
ミニバラ

耐寒性常緑低木　　　　　　　　【バラ科】
別　名：ミニチュアローズ
原産地：園芸種

ミニバラ 'オレンジマザーズディ'

特徴 樹高50cmどまりで、花径2〜5cmの愛らしい花を咲かせる小型のバラです。コウシンバラのわい性変種ヒメバラにさまざまな園芸バラを交配してつくられました。四季咲き性で、株立ちとつる性種があります。

管理 鉢花は、1年を通して日当たりと風通しのよい戸外に置きます。咲き終わった花から順に、なるべく早く花がらを切り取ります。

ミニバラ 'フィット・ラブ'

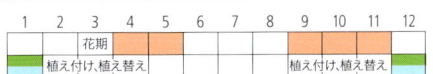

水普通　日なた　庭植え　鉢植え

1	2	3	4	5	6	7	8	9	10	11	12
			花期								
	植え付け、植え替え							植え付け、植え替え			

Muscari
ムスカリ

耐寒性秋植え球根　　　　　　　【ヒアシンス科(ユリ科)】
別　名：グレープ・ヒアシンス
原産地：ヨーロッパ、地中海沿岸地域、西南アジア
花言葉：失望、失意

ムスカリ・アルメニアカム

特徴 花茎の先にベル形の花を穂状(すいじょう)に連ね、下から順に咲き、群生させるとブルーのカーペットのようになります。花房の形がブドウのように見えるので、英名はグレープ・ヒアシンス。よく見るのはアルメニアカム種です。

管理 秋に、日当たりと水はけのよい場所に植えます。3〜4年に1回、葉が黄変してきたら球根を掘り上げ、乾燥貯蔵します。

ムスカリ 'ピンク・サンライズ'

水普通　日なた　庭植え　鉢植え

1	2	3	4	5	6	7	8	9	10	11	12
		花期									
					掘り上げ			植え付け			

Centaurea cyanus
ヤグルマギク

耐寒性秋まき1年草　　　　　　　　　【キク科】

別　名：ヤグルマソウ、コーンフラワー、セントーレア
原産地：ヨーロッパ
花言葉：優雅、デリカシー

ヤグルマギク

特徴 全体が白色の綿毛に覆われています。花壇や切り花に向く高性種と鉢植えに向くわい性種があり、矢車型の一重咲きや八重咲きの品種があります。花色が豊富で、特に青花種が美しいが、最近は濃紫色の品種が出回り、人気を得ています。

管理 移植を嫌うので、秋に日当たりと水はけのよい場所に直まきします。ポットにまいたときは、本葉4〜5枚で、根鉢を崩さずに定植します。高性種は、必要に応じて支柱を立て、倒伏を防ぎます。

水普通　日なた　庭植え　鉢植え

	1	2	3	4	5	6	7	8	9	10	11	12
花期				■	■	■						
タネまき(寒地)			■	■				タネまき	■	■	植え付け	

Saxifraga rosacea
洋種クモマグサ

耐寒性多年草　　　　　　　　　【ユキノシタ科】

別　名：サシキフラガ・ロサケア
原産地：ヨーロッパ北西部・中部

洋種クモマグサ

特徴 クモマグサと称して園芸店に並ぶのはサシキフラガ・ロサケアの園芸品種です。日本の高山に自生するクモマグサと区別するために、洋種クモマグサと呼んでいます。よく分枝してクッション状に広がり、愛らしい5弁花を多数咲かせる、育てやすい鉢花です。

管理 夏の高温多湿に弱いので、鉢植えで楽しみます。1年を通して日当たりと風通しのよい戸外に置きますが、夏は涼しい半日陰に移します。生育が旺盛で根詰まりしやすいため、毎年花後に株分けをして植え替えます。

水普通　日なた　鉢植え

	1	2	3	4	5	6	7	8	9	10	11	12
花期		■	■	■								
植え替え					■							

春の花

ライスフラワー
Ozothamnus diosmifolius

半耐寒性常緑低木　　【キク科】
別　名：オゾサムナス
原産地：オーストラリア南東部

ライスフラワー

特徴 つぼみが米粒のように見えるところから、ライスフラワーの英名で呼ばれています。細い線形の葉をつけた枝の先に、小さな香りのある花が群がって開きます。つぼみは白色から次第にピンクに色づき、開くと白くなります。花弁のように見えるのは総苞片（そうほうへん）です。

管理 暖地では、簡単な防寒をすれば庭植えも可能ですが、一般には鉢植えで楽しみます。日当たりと風通しのよい場所で管理しますが、梅雨時の雨と盛夏の西日を避けます。花後に、1/3ほど切り戻して植え替えます。

水普通　日なた　庭植え　鉢植え

	1	2	3	4	5	6	7	8	9	10	11	12
			花期									
						植え替え						

ラナンキュラス
Ranunculus asiaticus

半耐寒性秋植え球根　　【キンポウゲ科】
別　名：ハナキンポウゲ
原産地：地中海沿岸東部地域～西南アジア
花言葉：あなたは魅力にとんでいる

特徴 ラナンキュラスの名で出回るのは、アジアティクス種から改良された園芸種です。光沢のある色鮮やかな花弁を幾重にも重ね、ふっくらとした魅力的な花を咲かせます。

管理 日当たりのよい場所で育てます。球根は湿らせたバーミキュライトに埋め、吸湿させてから植えます。花がらを摘み、葉が黄変したら球根を掘り上げて乾燥貯蔵します。

ラナンキュラス'ミラベラ'

水普通　日なた　庭植え　鉢植え

	1	2	3	4	5	6	7	8	9	10	11	12
			花期									
							掘り上げ			植え付け		

Linaria
リナリア

耐寒性秋まき1年草または多年草　　【ゴマノハグサ科】
別　名：ヒメキンギョソウ
原産地：地中海沿岸地域
花言葉：私の恋を知ってください　✿✿✿✿✿✿※複

リナリア

特徴 キンギョソウに似たごく小さな花を多数咲かせますが、キンギョソウの仲間ではありません。交配によって生まれた1年草の園芸種と、初夏に細い花茎に穂状に花をつける多年草のプルプレア種がよく栽培されます。

管理 日当たりと水はけのよい場所に植えます。多年草は、花後、花茎を切り戻すと秋まで花が咲きます。タネは秋に直まきします。

リナリア・プルプレア

💧水普通　☀日なた　🌱庭植え　🪴鉢植え

1	2	3	4	5	6	7	8	9	10	11	12
		花期	花期	花期	花期	花期	花期		花期(多年草)	花期(多年草)	
	植え付け	植え付け	植え付け			タネまき	タネまき	タネまき	タネまき	植え付け	植え付け

Lewisia cotyledon hybrids
レウィシア・コチレドン

耐寒性多年草　　【スベリヒユ科】
別　名：イワハナビ
原産地：北アメリカ西部

✿✿✿✿✿

レウィシア・コチレドン(園芸品種)

特徴 ロゼット状の肉厚の葉の中心から、次々と花茎を伸ばし、輝くような花をつけます。最も一般的なのは、常緑のコチレドン種の園芸品種です。花弁は7〜10枚で、ピンクの花弁の縁が白色になる花のほか、鮮やかなオレンジ色の花もあります。

管理 日光を好みますが、高温多湿を嫌います。春〜秋は戸外の日当たりに置き、夏は雨を避け、風通しのよい半日陰で涼しく管理します。花後に茎を切り、2年に1回、株分けをして4月に植え替えます。

💧水少なめ　☀日なた　🪴鉢植え

1	2	3	4	5	6	7	8	9	10	11	12
			花期	花期	花期	花期					
			植え替え								

春の花

Rehmannia elata
レーマンニア

耐寒性多年草　　　　　　　【ゴマノハグサ科】
別　名：ジオウ、レーマンニア・アングラータ
原産地：中国

レーマンニア・エラータ

特徴 漢方薬で知られるジオウの仲間です。ロゼット状の葉の中から、春に茎を立ち上げます。茎の上部に、ジギタリスに似た大きな花を数個横向きにつけます。花は筒状の唇形花で、上唇は2裂し、大き目の下唇は3裂して、うつむき加減に開きます。

管理 夏の直射日光を嫌うので、水はけのよい落葉樹の下などに植えます。鉢花も盛夏は半日陰に置きます。花後に切り戻します。株が古くなり、花つきが悪くなったときは、秋に株分けして植え替え、株を更新します。

水普通　半日陰　庭植え　鉢植え

1	2	3	4	5	6	7	8	9	10	11	12
				花期							
植え付け							植え替え、株分け				

Pelargonium graveolens
ローズゼラニウム

半耐寒性多年草　　　　　　【フウロソウ科】
別　名：センテッドゼラニウム、ニオイゼラニウム
原産地：南アフリカ
花言葉：好み、選択、偏愛

ローズゼラニウム

特徴 花そのものには、ほとんど香りがありませんが、切れ込みのある葉にバラのような強い芳香があります。高価なバラ香油の代替品としても利用されています。葉や若い茎に軟毛があり、ピンクの地に紅色の斑が入る花を次々と咲かせます。

管理 半耐寒性ですが、関東地方以西の暖地では庭植えもできます。寒冷地では、鉢植えにして、冬は室内に取り込みます。生育旺盛なので、伸びすぎた枝を切り戻し、鉢植えは、1年に1回、春か秋に植え替えます。

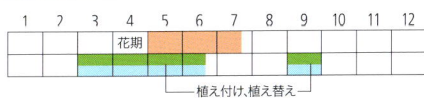

水少なめ　日なた　庭植え　鉢植え

1	2	3	4	5	6	7	8	9	10	11	12
				花期							
					植え付け、植え替え						

121

Lotus
ロータス

半耐寒性多年草または常緑亜低木　【マメ科】
別　名：ロツス
原産地：北半球

ロータス・マクラツス

特徴　花形から「オウムのくちばし」の愛称がある。赤花のベルテロティー種、黄花のマクラツス種のほかに、銀緑色の葉に新芽が淡い黄緑色で、やさしい色合いのヒルスタス種'ブリムストーン'がよく栽培されます。

管理　過湿に弱いので、鉢植えにして雨を避け、冬は凍らない程度に防寒をします。'ブリムストーン'は花壇で楽しめます。

ロータス・ヒルスタス'ブリムストーン'

水普通　日なた　庭植え　鉢植え

	1	2	3	4	5	6	7	8	9	10	11	12
花期			●	●	●							
						●	植え替え					

Rhodohypoxis baurii
ロドヒポキシス

耐寒性春植え球根　【キンバイザサ科(コキンバイザサ科)】
別　名：アッツザクラ、ロードヒポキシス
原産地：南アフリカ

ロドヒポキシス'ルビーの輝き'

特徴　アッツザクラの名で知られていますが、南アフリカ原産で、アリューシャン列島のアッツ島とは関係ありません。軟毛のある葉より上に星形の6弁花を次々と開きます。雄しべや雌しべは小さく、ほとんど見えません。

管理　鉢花は日当たりと風通しのよい戸外で育てます。夏は半日陰に移し、葉が黄変したら、鉢ごと凍らないところで冬越しさせます。

ロドヒポキシス

水普通　日なた　半日陰　庭植え　鉢植え

	1	2	3	4	5	6	7	8	9	10	11	12
花期			●	●	●	●						
		●	植え付け、植え替え									

春の花

Fragaria vesca
ワイルドストロベリー

耐寒性多年草　　　　　　　　　　【バラ科】
別　名：エゾノヘビイチゴ、ウッドストロベリー
原産地：ヨーロッパ、アジア
花言葉：敬慕と愛　　　　　　　🍊赤 ❀

ワイルドストロベリー

特徴 甘い香りの小さなイチゴをたくさんつけ、生食するほかジャムやケーキに利用されます。ランナーを伸ばして広がるもの、ランナーを出さない品種、リーフプランツとして楽しめる黄金葉の品種などがあります。

管理 春か秋に、日当たりと水はけのよい場所に植え、2〜3年に1回、植え替えます。鉢植えは水切れしないように注意します。

ワイルドストロベリー'ゆうびウインド'

💧水普通　　☀日なた　　　　庭植え　　鉢植え

1	2	3	4	5	6	7	8	9	10	11	12
			花期								
		植え付け						植え付け、株分け			

Myosotis sylvatica
ワスレナグサ

耐寒性秋まき1年草　　　　　　【ムラサキ科】
別　名：ミオソティス、エゾムラサキ
原産地：ヨーロッパ、西アジア、北アフリカ
花言葉：私を忘れないで　　　　❀❀❀

ワスレナグサ

特徴 世界各地で詩歌や物語に登場するロマンチックな花です。ブルーの花のほかに、ピンクや白もあり、いずれも小さな可憐な花が魅力的です。こぼれダネからも発芽する、丈夫な草花ですが、高温多湿に弱いため、日本では1年草として扱われています。

管理 移植を嫌うので、秋に花壇にタネを直まきし、発芽までは用土を乾かさないように注意します。発芽後は、間引きをしながら育てます。春先に出回るポット苗を購入し、根鉢を崩さないように定植すると手軽です。

💧水普通　　☀日なた　　☀半日陰　　庭植え　　鉢植え

1	2	3	4	5	6	7	8	9	10	11	12
		花期									
			植え付け					タネまき			

Watsonia
ワトソニア

半耐寒性秋植え球根　【アヤメ科】
別　名：ヒオウギズイセン
原産地：南アフリカ
花言葉：豊かな心

特徴 グラジオラスに似た草姿で、真っ直ぐに伸びた花茎に漏斗状の花をつけ、下から上に咲いていきます。鉢植えに向くわい性種や花に芳香のあるものなど、多くの種類があります。花が終わると葉が枯れる落葉性のタイプと常緑で越冬するタイプがあります。

管理 日当たりと水はけのよい場所で育てます。秋に植え付けると間もなく葉が出るため、霜よけをしますが、寒冷地では鉢植えにすると安心です。落葉性のタイプは、花後に球根を掘り上げて乾燥貯蔵します。

水普通　日なた　庭植え　鉢植え

ワトソニア

1	2	3	4	5	6	7	8	9	10	11	12
		花期	花期	花期							
					掘り上げ	掘り上げ		植え付け	植え付け	植え付け	

Chamelaucium uncinatum
ワックスフラワー

半耐寒性常緑小低木　【フトモモ科】
別　名：ジェラルトンワックスフラワー
原産地：オーストラリア

特徴 十数種あるものがすべて西オーストラリア州のみに自生する、オーストラリア固有の植物です。花弁にロウ細工のような光沢があるので、ワックスフラワーの名で流通しています。軟らかな針のような細い葉をつけた枝がよく分枝し、ピンクや白の花をつけます。

管理 鉢植えで楽しみます。春～秋は、よく日が当たる場所に置きますが、夏は雨の当たらない涼しい場所に移します。冬は室内の日当たりのよい窓辺に置きます。花後に長く伸びた枝を軽く切り戻して、植え替えます。

水普通　日なた　鉢植え

ワックスフラワー

1	2	3	4	5	6	7	8	9	10	11	12
		花期	花期	花期	花期						
						植え替え	植え替え				

PART 3

初夏の花

flower of early summer

Cynara scolymus
アーティチョーク

耐寒性多年草 【キク科】
別　名：チョウセンアザミ
原産地：地中海沿岸地域
花言葉：そばにおいて

特徴 全体に大きなアザミのようです。花が咲く頃は2m前後になり、分枝した太い茎の先に花径10～15cmの大きな花を咲かせます。深く切れ込んだ銀白色の葉も花も美しいので、観賞用に栽培されますが、花が開く前のつぼみをゆでて食べることもできます。

管理 日当たりと水はけのよい場所で育てます。春か秋にタネをまき、本葉が4～5枚になった頃に定植します。地際の枯れ葉を取り除きます。秋に、親株の基部にできる若苗を株分けして数年ごとに株を更新します。

水普通　日なた　庭植え

アーティチョーク

1	2	3	4	5	6	7	8	9	10	11	12
	植え付け			花期		植え付け					
			タネまき						タネまき、株分け		

Agapanthus
アガパンサス

耐寒性～半耐寒性多年草 【ユリ科】
別　名：ムラサキクンシラン、アフリカンリリー
原産地：南アフリカ
花言葉：恋の訪れ

特徴 つやのある肉厚の葉の中から花茎を伸ばし、涼しげな筒状の花をパラソル状につけます。草丈が1m以上の高性種から30cmほどのわい性種まであり、耐寒性の強い落葉種、半耐寒性の常緑種など、性質もさまざまです。

管理 耐陰性はありますが、日陰では花が咲きにくいので、日の当たる場所に植えます。花後、結実しないように花がらを摘みます。

アガパンサス（わい性種）

アガパンサス

水普通　日なた　半日陰　庭植え　鉢植え

1	2	3	4	5	6	7	8	9	10	11	12
				花期							
		植え付け						植え付け、株分け			

初夏の花

Acanthus
アカンサス

耐寒性多年草 【キツネノマゴ科】
別　名：ハアザミ
原産地：地中海沿岸、熱帯アジア、熱帯アフリカ
花言葉：技巧、美術

アカンサス・モリス

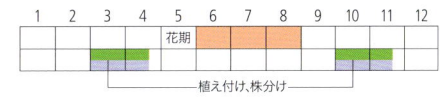

特徴 葉をモチーフにした模様が、ギリシャ建築コリント様式の意匠に用いられたことで有名です。高さ1mくらいになる花茎に白や紫がかった花を穂状につけます。深く切れ込んだ葉にトゲのないモリス種が主に栽培されますが、トゲがあるスピノサス種もあります。

管理 水はけのよい場所なら半日陰でもよく育ちますが、大きな花穂を楽しむには日なたに植えます。数年間植えたままにできますが、株が込み合ってきたら、春か秋に掘り上げ、株分けして植え替えます。

水普通／日なた／半日陰／庭植え

1	2	3	4	5	6	7	8	9	10	11	12
					花期	花期	花期				

植え付け、株分け

Achillea
アキレア

耐寒性多年草 【キク科】
別　名：ノコギリソウ、セイヨウノコギリソウ、ヤロー
原産地：ヨーロッパ、西アジア
花言葉：戦い

アキレア（ベニバナノコギリソウ）

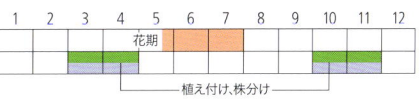

特徴 ノコギリの歯のようなギザギザした葉をつけた茎の先に、小さな花が集まってパラソルを開いたように咲きます。最も多く栽培されるのは、花色が豊富なセイヨウノコギリソウです。自然風の花壇によくあいます。

管理 日当たりと水はけのよい場所で、肥料を控えめにして締まった草姿に育てます。3～4年に1回、株分けして植え替えます。

キバナノコギリソウ

水普通／日なた／庭植え／鉢植え

1	2	3	4	5	6	7	8	9	10	11	12
					花期	花期					

植え付け、株分け

アクイレギア
Aquilegia

耐寒性多年草　【キンポウゲ科】
別　名：オダマキ、セイヨウオダマキ
原産地：北半球温帯域
花言葉：愚かなこと

特徴 花の後ろから袋状の距が突き出ている独得の形で、うつむき加減に咲きます。花弁状の萼片もその内側の筒状の花弁も5枚です。山野草として愛好される日本の自生種ミヤマオダマキや、ヨーロッパなどの原産で、園芸品種も多いセイヨウオダマキがあります。

管理 高温多湿にやや弱いので、夏に半日陰になるような落葉樹の下などに植えます。鉢植えは山野草の用土を用いて植え、毎年植え替えます。タネを採らない場合は、こまめに花がらを摘み取ります。

水普通　日なた　半日陰　庭植え　鉢植え

1	2	3	4	5	6	7	8	9	10	11	12
			花期	花期	花期						
植え付け	植え付け	植え付け		タネまき					植え付け	植え付け	

アクイレギア（セイヨウオダマキ）

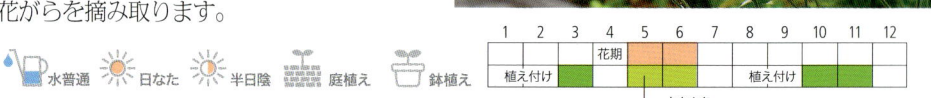

カナダオダマキ

ミヤマオダマキ

アクイレギア 'マッカナジャイアント'

セイヨウオダマキ（八重咲き種）

初夏の花

Agrostemma githago
アグロステンマ

耐寒性秋まき1年草　　　　　　　【ナデシコ科】
別　名：ムギセンノウ、ムギナデシコ
原産地：南ヨーロッパ、西アジア
花言葉：品位

アグロステンマ

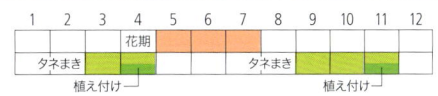

特徴　アグロステンマは、ラテン語で「畑」と「王冠」の2語を合わせたもので、「畑に美しく咲く」という意味です。長い花柄の先に紅紫色の花を1つ開きます。5枚の花弁にすじ状の斑点が入り、風にそよぐようすは、ワイルドフラワーの趣があります。

管理　日当たりのよい場所でよく育ち、1度育てるとこぼれダネで毎年生えてきます。秋に箱などにタネをまき、晩秋に定植します。寒冷地では春に直まきにします。花がらをこまめに摘むと、開花期がのびます。

水普通　日なた　庭植え　鉢植え

1	2	3	4	5	6	7	8	9	10	11	12
				花期							
						タネまき					

植え付け→　　　　　　　　　　植え付け→

Asarina scamdens(*A.barclaiana*)
アサリナ

非耐寒性つる性多年草または春まき1年草　【ゴマノハグサ科】
別　名：ツタバキリカズラ
原産地：メキシコ

アサリナ・スカンデンス

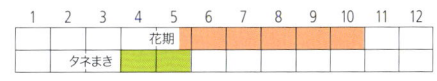

特徴　葉のわきから花柄を出し、キンギョソウに似た釣り鐘形の花をつけます。旺盛につるを伸ばすので、鉢植えのあんどん仕立てやフェンスなどに絡ませて育てます。本来は多年草ですが、寒さに弱いため日本では春まき1年草として扱います。

管理　春に、日当たりと水はけのよい場所にタネを直まきするか、ポットなどにまいて、育苗してから定植します。春先に出回る苗を購入すると簡単です。草姿が乱れるので誘引は早めに行い、晩秋にタネを採取します。

水普通　日なた　庭植え　鉢植え

1	2	3	4	5	6	7	8	9	10	11	12
					花期						
		タネまき									

Callistephus chinensis
アスター

耐寒性春まき1年草　　　　　　　　　　【キク科】
別　名：エゾギク、サツマギク、チャイナアスター
原産地：中国
花言葉：追憶(白)

アスター

特徴 アスターと呼ばれていますが、現在はカリステフス属に分類されています。株元から何本も分枝するタイプと、茎の上部が分枝するスプレータイプがあります。お盆や秋のお彼岸などに欠かせない花です。

管理 4月に日当たりと水はけのよい場所にタネを直まきするか、ポットにまき、本葉8～10枚で定植します。連作に注意します。

アスター(変り咲き種)

水普通　日なた　庭植え　鉢植え

	1	2	3	4	5	6	7	8	9	10	11	12
						花期						
				タネまき								

Asperula orientalis
アスペルラ・オリエンタリス

耐寒性秋まき1年草　　　　　　　　　　【アカネ科】
別　名：タマクルマバソウ
原産地：カフカス、シリア、イラン、イラク

'ブルーシャンデリア'

特徴 アスペルラはラテン語で「ざらつく」という意味で、葉がざらざらしていることから名づけられました。細長い葉が8枚、茎を囲んで輪生し、枝先に青紫色の小花が密集して球状に咲きます。小さな花は漏斗状で、先端が4裂して開き、甘い香りがあります。

管理 寒冷地では春にタネをまきますが、一般には、秋にポットなどにタネをまき、間引きしながら育てます。冬は霜除けをし、春先に、日当たりと水はけのよい場所に定植します。花がらを摘むと、長く花が楽しめます。

水普通　日なた　庭植え　鉢植え

	1	2	3	4	5	6	7	8	9	10	11	12
				花期							花期(春まき)	
	植え付け(秋まき)			タネまき			植え付け(春まき)			タネまき		

初夏の花

Polygonatum odoratum
アマドコロ

耐寒性多年草　　　　　　　　【ユリ科】
別　　名：ナルコラン
原産地：日本

フイリアマドコロ

特徴 横に這う根茎が、ヤマノイモ科のトコロに似ていて、甘くて食べられるので、アマドコロといいます。角張った茎の上部が弓状に曲がり、葉の付け根に筒形の花を1～2個ずつ吊り下げます。一般的に葉に白い斑が入るフイリアマドコロが栽培されます。

管理 丈夫で、半日陰でもよく育つので、栽培は容易です。秋、または春に植え付け、冬に地上部が枯れたら、地際から刈り取ります。植えっぱなしにできますが、旺盛に育つので必要以上にふえた株は、抜き取ります。

水普通　半日陰　庭植え　鉢植え

	1	2	3	4	5	6	7	8	9	10	11	12
花期					花期							
植え付け			植え付け					植え付け、株分け				

Iris sanguinea
アヤメ

耐寒性多年草　　　　　　　　【アヤメ科】
原産地：ロシア南東部、中国、日本

アヤメ

特徴 花弁の付け根に、黄色に青紫の網目の模様が入るのが特徴です。水中では育たず、乾いた草原に自生しています。紫や白い花をつける「三寸アヤメ」や「五寸アヤメ」と呼ばれるわい性種もあります。

管理 湿った場所では根ぐされを起こします。日当たりと水はけのよい場所に植えますが、アヤメ科の植物を育てた場所は避けます。

アヤメ

水普通　日なた　庭植え

	1	2	3	4	5	6	7	8	9	10	11	12
花期					花期							
植え付け						植え付け	株分け					

Alchemilla mollis
アルケミラ・モリス

耐寒性多年草　　　　　　　　　　【バラ科】
別　名：レディースマントル、ミラー、ハゴロモグサ
原産地：ヨーロッパ東部〜小アジア

アルケミラ・モリス

特徴 葉の形が聖母マリアのマントの形を連想させることから、レディースマントルの英名があります。黄緑色の小さな花が集まって咲きます。花びらのように見えるのは、萼（がく）です。地面を覆うように広がるので、花壇の縁取りやグラウンドカバーに適します。

管理 寒冷地では放任してもよく育ちますが、夏の高温乾燥に弱いので、暖地では夏に半日陰になる落葉樹の下などに植えます。株元が蒸れると枯れやすくなるため、枯れ葉をこまめに取り除き、花がらも早めに摘み取ります。

水普通　半日陰　庭植え　鉢植え

1	2	3	4	5	6	7	8	9	10	11	12
					花期	花期					
		植え付け、株分け							植え付け、株分け		

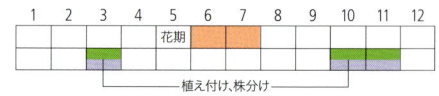

Alstroemeria
アルストロメリア

耐寒性多年草または秋植え球根　　【ユリズイセン科】
別　名：ユリズイセン、インカリリー
原産地：南アメリカ
花言葉：持続

特徴 切り花向きの高性種のほか、最近は、草丈が30cmほどの花壇や鉢花用のわい性品種も見られるようになりました。左右対称の花に濃いすじ状の斑点（はんてん）が入る品種が多いのですが、斑点のないものも出回ります。

管理 高温多湿に弱い品種が多いので、鉢に植え、日なたで育てます。盛夏は半日陰に移し、葉が黄変したら鉢のまま乾燥させます。

アルストロメリア

水普通　日なた　半日陰　庭植え　鉢植え

1	2	3	4	5	6	7	8	9	10	11	12
				花期	花期						
								植え付け	植え付け	植え付け	

初夏の花

Allium
アリウム

耐寒性秋植え球根　　【ユリ科】
別　名：ハナネギ
原産地：ヨーロッパ、アジア、北アメリカ
花言葉：無限の悲しみ、正しい主張

特徴 ネギの仲間ですが、花を観賞する種類をアリウムと呼んでいます。花序の形や大きさ、花色、草丈など変化に富み、大型種と小型種に分けられています。球形や半球形の独特の花形で、数球まとめて植えると存在感があり、よいアクセントになります。

管理 秋に、日当たりと水はけのよい場所に植えます。冷涼地では植えっぱなしにできますが、高温多湿を嫌う種類が多いので、関東地方以西では、毎年、葉が黄変し始めたら掘り上げ、乾燥保存します。

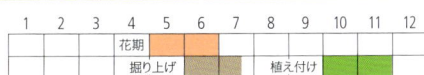

水普通　日なた　庭植え　鉢植え

1	2	3	4	5	6	7	8	9	10	11	12
				花期	花期						
					掘り上げ	掘り上げ			植え付け	植え付け	

アリウム・ギガンチューム

アリウム'ヘアー'

アリウム・アルボヒロスム

アリウム・シクラム（ネクタロスコルダム・シクラム・ブルガリス）

アリウム'丹頂'

Impatiens walleriana
インパチエンス

非耐寒性春まき1年草または多年草 【ツリフネソウ科】
別　名：アフリカホウセンカ
原産地：アフリカ北東部
花言葉：短気

特徴 こんもりと茂らせた葉の上に、株を覆うように次々と花を平らに開きます。1日2～3時間程度日が当たれば、初夏から秋まで花が咲きますから、日当たりのあまりよくない場所に植える素材として重宝します。

管理 タネが小さく好光性のため、覆土はせず発芽まで底面吸水で管理します。花がらはこまめにとり、草姿が乱れたら切り戻します。

インパチエンス フィエスタ

水普通　半日陰　庭植え　鉢植え

	1	2	3	4	5	6	7	8	9	10	11	12
花期					花期							
タネまき			タネまき				植え付け					

Echium
エキウム

耐寒性春まき2年草または秋まき1年草 【ムラサキ科】
別　名：シベナガムラサキ、バイパーズ・ビューグロス(ブルガレ種)
原産地：ヨーロッパ、地中海沿岸のアフリカ、西アジア
花言葉：あなたが信じられない

特徴 茎に剛毛があり触れるとざらつき、漏斗形やベル形の花には、長い雄しべが目立ちます。淡い赤紫から鮮やかな青紫色に変色する花をつけるブルガレ種や白や青、ピンクの花を開くプランタギネウム種などがあります。

管理 暖地では秋に、寒冷地では春に、日当たりと水はけのよい場所にタネを直まきします。簡単な霜除けをして冬越しさせます。

エキウム・ブルガレ

水普通　日なた　庭植え　鉢植え

	1	2	3	4	5	6	7	8	9	10	11	12
花期					花期		花期					
タネまき			タネまき					タネまき				

初夏の花

Aegopodium podagraria
エゴポディウム・ポダグラリア

耐寒性多年草　　　　　　　　【セリ科】
別　名：アエゴポディウム・ポダグラリア
原産地：ヨーロッパ、小アジア、カフカス

エゴポディウム・ポダグラリア'バリエガツム'

特徴 繁殖力が旺盛で、地下茎を伸ばして広がるのでグラウンドカバーに適した植物です。小さな白い花をパラソル状に多数咲かせ、晩秋に地上部が枯れます。葉に鮮やかな白い斑が入る園芸種がよく栽培されます。

管理 日当たりがよいと夏に葉焼けしますから、斑を楽しむには半日陰に植えます。鉢植えも夏は半日陰に置き、水切れに注意します。

エゴポディウム・ポダグラリア'バリエガツム'の葉

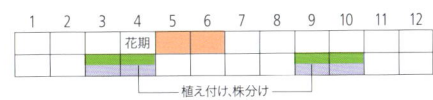

1	2	3	4	5	6	7	8	9	10	11	12
				花期							

植え付け、株分け

水普通　半日陰　庭植え　鉢植え

Erigeron karvinskianus
エリゲロン・カルビンスキアヌス

耐寒性多年草　　　　　　　　【キク科】
別　名：ゲンペイコギク
原産地：メキシコ～パナマ

エリゲロン・カルビンスキアヌス

特徴 野原でよく見られるハルジオンの仲間です。細い枝がよく分枝し、枝垂れるようにこんもりと茂ります。開き始めた花は白色ですが、咲き進むとピンクを帯び、赤に変わります。赤と白の花が混じって咲くところから、「源平小菊」とも呼ばれています。

管理 こぼれダネからもふえるほど丈夫ですが、寒冷地では防寒が必要です。春か秋に、日当たりと水はけのよい場所に植え、伸びすぎて草姿が乱れたら、適宜切り戻します。タネまきのほか、株分けでもふやせます。

1	2	3	4	5	6	7	8	9	10	11	12
	タネまき						花期				

植え付け、株分け

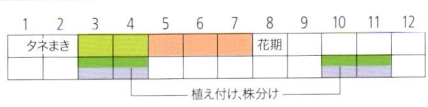

水普通　日なた　庭植え　鉢植え

Eryngium
エリンジウム

耐寒性多年草　　　　　　　　　　　【セリ科】
別　名：シーホリー、ヒゴタイサイコ
原産地：ヨーロッパ、南北アメリカ
花言葉：秘めたる愛

エリンジウム・プラヌム

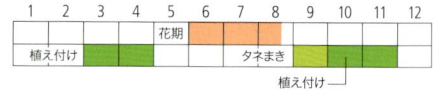

特徴　切れ込んだ葉にトゲがつき、花や茎が銀紫色や銀緑色に色づき、全体に金属光沢があります。小さな花が多数集まって球状や円柱状になり、花弁のように見える苞片（ほうへん）に囲まれ、独特の姿で人目を引きます。

管理　植え付け後、株元にバークなどを敷き、地温の上昇を防ぎます。鉢植えは、深鉢に植え、夏は涼しい半日陰に移します。

エリンジウム・ギガンテウム

水少なめ　日なた　庭植え　鉢植え

1	2	3	4	5	6	7	8	9	10	11	12
					花期	花期	花期				
植え付け	植え付け	植え付け					タネまき	タネまき		植え付け	植え付け

Phlomis fruticosa
エルサレムセージ

半耐寒性小低木　　　　　　　　　　【シソ科】
別　名：フロミス・フルティコサ、キバナキセワタ
原産地：地中海沿岸東部

エルサレムセージ（フロミス・フルティコサ）

特徴　名に「セージ」とついていますが、セージの仲間ではありません。全体が白い綿毛に覆われ、木立状に分枝して茂ります。枝の先の方に、黄色の花が節にかたまるようにつき、段になって咲きます。厚みのある軟らかな葉は、こするとわずかに芳香を漂わせます。

管理　日当たりと水はけのよい場所で育てます。寒冷地では大鉢に植えますが、関東地方以西でも強い霜が降りるところでは、防寒をして枝先を守らないと花芽が枯れます。秋に草丈を1/3程度に切り戻すと形が整います。

水普通　日なた　庭植え　鉢植え

1	2	3	4	5	6	7	8	9	10	11	12
			花期	花期	花期	花期	花期	花期			
植え付け	植え付け	植え付け		タネまき	タネまき	タネまき			植え付け	植え付け	

初夏の花

エレムルス・イザベリヌス 'オベリスク'

Eremurs
エレムルス

耐寒性秋植え球根　　　　　　　　　【ユリ科】
別　名：デザートキャンドル
原産地：中央アジア西部
花言葉：大きな希望

特徴 エレムルスはギリシャ語で「砂漠の尾」という意味です。英名はデザートキャンドル（「砂漠のロウソク」の意）。砂漠のような場所に生えることと花の形に由来した名前です。高く伸びる花茎の上部に小さな星形の花が群がってつき、下から咲いていきます。

管理 日当たりと水はけのよい場所で育てます。鉢植えは10号以上の大鉢に1球、植えます。葉が枯れたあと多湿にすると腐りやすいため、花後、梅雨前に掘り上げ、乾燥させてからバーミキュライトに埋めて貯蔵します。

水少なめ　日なた　庭植え　鉢植え

	1	2	3	4	5	6	7	8	9	10	11	12
花期（種類によって異なる）												
掘り上げ												
植え付け												

オトメギキョウ

Campanula portenschlaglana
オトメギキョウ

耐寒性多年草　　　　　　　　　【キキョウ科】
別　名：ベルフラワー、カンパヌラ・ポルテンシュラギアナ
原産地：ダルマチア
花言葉：感謝、誠実

特徴 ベルフラワーの名でも親しまれています。鉢花が出回りますが、水はけのよい場所を好むので、ロックガーデンにも適します。草丈10～15cmのコンパクトな姿で、ハート形の葉をつけた茎の先に、鐘形の花を横向きに開き、株を覆うように咲きます。

管理 丈夫で育てやすいのですが、夏の高温多湿にやや弱いので蒸れに注意して育てます。鉢花は、春と秋はよく日に当て、夏は風通しのよい半日陰に移します。花後に株分けをするか、挿し芽でふやします。

水普通　日なた　庭植え　鉢植え

	1	2	3	4	5	6	7	8	9	10	11	12
花期												
植え付け、株分け												

オリエンタルポピー

Papaver orientale

耐寒性多年草　【ケシ科】
別　名：オニゲシ
原産地：西南アジア

特徴 茎や葉に剛毛がある大型のケシで、オニゲシともいいます。花径10cm以上の花は、花弁の基部に黒い大きな斑点があり、雄しべは紫黒色をしています。花後、深く切れ込んだ大きな葉が枯れて休眠します。高温多湿を嫌うので、暖地では1年草として扱います。

管理 日当たりと風通しのよい場所で育てます。西日を避け、土を盛り上げるなどして水はけをよくした花壇に苗を植えます。タネをとらないときは、こまめに花がらをとります。花壇にタネを直まきしてもよく発芽します。

水普通　日なた　庭植え　鉢植え

オリエンタルポピー

1	2	3	4	5	6	7	8	9	10	11	12
			花期			タネまき					
					植え付け、株分け						

オレガノ'ケントビューティー'

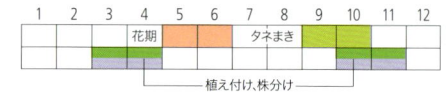

Origanum × hybridinum `Kent Beauty'

耐寒性多年草　【シソ科】
別　名：ハナオレガノ
原産地：園芸種

特徴 ハーブで知られるオレガノの仲間です。地中海西部に自生する2つの原種を交配して、イギリスでつくられました。細い茎が這うように伸び、先端部に美しく色づく幾重にも重なった苞をつけ、苞の中からピンクの花を開きます。苞は緑からピンクに色づきます。

管理 高温多湿を嫌うので、ロックガーデンや鉢植えで育てると管理が楽です。水はけのよい山野草の用土を用いて植えます。春と秋は日なたに置き、夏は涼しい半日陰に移します。大株は、秋に株分けして植え替えます。

水普通　日なた　庭植え　鉢植え

オレガノ'ケントビューティー'

1	2	3	4	5	6	7	8	9	10	11	12
				花期							
						植え付け、株分け					

初夏の花

Omphalodes
オンファロデス

耐寒性多年草または、秋まき、春まき1年草　【ムラサキ科】
別　名：オムファロデス
原産地：ヨーロッパ、北アフリカ、アジア

オンファロデス・リニフォリア'ホワイト'

特徴　よく出回るのは、ワスレナグサに似た草姿で白い花を咲かせるリニフォリア種（1年草）と、青紫色に白いストライプの入った花を咲かせるカッパドキカ種（多年草）の園芸品種'スターリーアイズ'です。

管理　真夏の直射日光を嫌うので、半日陰で育て、花後、花茎を切り詰めます。リニフォリア種は、春か秋にタネを直まきします。

オンファロデス・カッパドキカ'スターリーアイズ'

水普通　半日陰　庭植え　鉢植え

	1	2	3	4	5	6	7	8	9	10	11	12
						花期(多年草種、秋まき)					タネまき	
植え付け、株分け			タネまき						花期(春まき)			

Emilia coccinea
カカリア

半耐寒性春まき1年草　【キク科】
別　名：エミリア、ベニニガナ、エフデギク、キヌフサソウ
原産地：中国南部、インド
花言葉：秘めたる恋

カカリア

特徴　細くしなやかな長い茎の先に朱色の花を咲かせます。管状花だけの花が絵の具をつけた絵筆のような形になり、エフデギクとも呼ばれ、英名も「フローラの絵筆」。カカリアの名で出回りますが、現在はエミリア属です。

管理　日照、通風、水はけがよい場所に植えれば、こぼれダネでふえるほど丈夫です。春にタネを直まきし、間引きながら育てます。

カカリア

水普通　日なた　庭植え　鉢植え

1	2	3	4	5	6	7	8	9	10	11	12
				花期							
		タネまき									

Gazania
ガザニア

半耐寒性多年草、秋まき1年草　　　【キク科】
別　名：クンショウギク
原産地：南アフリカ

特徴 金属光沢のある花が勲章に見えることから、クンショウギクともいいます。花は朝開いて夕方に閉じ、曇天や雨天の日には閉じる性質があります。銀葉をつけるユニフロラ種は、リーフプラントとしても利用できます。

管理 鉢花は、風通しのよい日なたに置きますが、盛夏は半日陰に移し、冬は霜が当たらない場所か、室内に置きます。

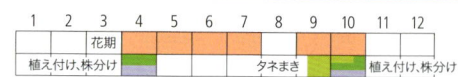

宿根ガザニア'カスタードシュー'

水普通　日なた　庭植え　鉢植え

	1	2	3	4	5	6	7	8	9	10	11	12
花期				花期					花期			
	植え付け、株分け					タネまき			植え付け、株分け			

Hydrangea quercifolia
カシワバアジサイ

耐寒性落葉低木　　　【ユキノシタ科】
別　名：ハイドランジア・クエルキフォリア
原産地：北アメリカ東南部

特徴 アジサイの仲間で、手のひら状に切れ込んだカシワのような葉をつけます。円錐形（えんすい）にたくさんの花をつけ、20cm前後の大きな花房になります。一重や八重咲きの品種があり、晩秋には葉が赤銅色に紅葉します。

管理 日当たりと水はけのよい場所を好みます。乾燥に弱く、特に鉢花は要注意。花後に枯れた花がらを切り取る以外剪定は不要です。

カシワバアジサイの紅葉

水普通　日なた　半日陰　庭植え　鉢植え

	1	2	3	4	5	6	7	8	9	10	11	12
						花期						
	植え付け							植え付け				

初夏の花

Gypsophila
カスミソウ

耐寒性秋まき1年草、多年草　　【ナデシコ科】
別　名：ジプソフィラ、ベイビーズブレス
原産地：ヨーロッパ～アジア
花言葉：清い心

特徴 細かく分枝した枝いっぱいに無数に小花をつけるようすは、まさに花壇に霞がかかったようです。学名のジプソフィラは、ギリシャ語で「石灰を好む」という意味で、アルカリ性の土壌でよく育ちます。高性種、わい性種、一重咲き、八重咲きの品種があります。

管理 植える場所はあらかじめ酸度調整をしておきます。移植を嫌うので、日当たりと水はけのよい場所にタネを直まきします。ポット苗は春か秋に植えます。多年草は、花後、茎を30cm程度の高さまで切り戻します。

宿根カスミソウ

1	2	3	4	5	6	7	8	9	10	11	12
植え付け						花期				タネまき	
タネまき							花期			植え付け	

└─（春まき）

水普通　日なた　庭植え　鉢植え

カーペットカスミソウ（オノエマンテマ）

宿根カスミソウ'シルバースター'

カスミソウ

ジプソフィラ

Catananche caerulea
カタナンケ

耐寒性秋まき1年草または春まき2年草　　【キク科】
別　名：ルリニガナ、キューピッドダーツ
原産地：ヨーロッパ南西部、イタリア
花言葉：揺れる心

特徴 カタナンケはギリシャ語で「強い刺激」の意味。古代ギリシャの婦人が媚薬として用いたことに由来します。一般に栽培されるのはカエルレア種で、青紫色や白のカサカサした花を、細くて堅い茎の先につけます。夏の高温多湿に弱いため1年草として扱います。

管理 日当たりと水はけのよい場所で育てます。酸性土では育ちにくいので、定植する場所にあらかじめ苦土石灰を施します。秋にタネを直まきするか、ポットにまいて育苗し、早春に定植します。花後、タネを採種します。

カタナンケ・カエルレア

水少なめ　日なた　庭植え　鉢植え

	1	2	3	4	5	6	7	8	9	10	11	12
花期						■	■					
植え付け			■		タネまき(寒冷地)					■	タネまき	

Camassia
カマッシア

耐寒性秋植え球根　　【ヒアシンス科(ユリ科)】
別　名：ヒナユリ
原産地：北アメリカ

特徴 葉の間から花茎をまっすぐに立ち上げ、6枚の花弁が星形に開く花を穂状につけ、下から上に咲き上がります。草丈1m前後になる高性種のライヒトリニー種や草丈30cmほどの小型種クアマッシュ種などがあります。

管理 植えっぱなしでもよく花が咲きます。株が込み、花数が少なくなったら、葉が黄変する頃に球根を掘り上げて植え替えます。

カマッシア・ライヒトリニー

カマッシア・クアマッシュ'エスカレンダ'

水普通　日なた　庭植え　鉢植え

	1	2	3	4	5	6	7	8	9	10	11	12
花期				■	■							
掘り上げ							■					
植え付け										■	■	

初夏の花

カラー 'スクワーズ ワルダー'（手前の黒花）

Zantedeschia
カラー（畑地性）

半耐寒性春植え球根　　【サトイモ科】
別　名：ザンテデスキア
原産地：南アフリカ
花言葉：乙女のしとやかさ

特徴 すらりと伸びた茎の先にラッパ形の花をつけます。美しく色づき花びらのように見えるのは仏炎苞（ぶつえんほう）で、その中の棒のようなものが花です。苞（ほう）が鮮黄色のキバナカイウ、ピンクでわい性のモモイロカイウなどがあります。

管理 やや乾き気味の土地を好みます。過湿に注意し、長雨を避けて育てます。霜の降りる前に球根を掘り上げ、室内で保存します。

カラー

1	2	3	4	5	6	7	8	9	10	11	12
				花期							
	植え付け								掘り上げ		

水少なめ　日なた　庭植え　鉢植え

Zantedeschia aethiopica
カラー（オランダカイウ）

耐寒性春、秋植え球根　　【サトイモ科】
別　名：オランダカイウ、ザンテデスキア
原産地：南アフリカ
花言葉：愛情

オランダカイウ

特徴 カラーは古い属名で、現在はザンテデスキア属に分類されています。日本へは江戸末期に伝わり、オランダ船が運んできたので、オランダカイウの別名があります。純白の仏炎苞（ぶつえんほう）と濃緑色の葉のコントラストが美しい、湿地性のカラーです。

管理 春か秋に、池の端など湿り気のある場所に植えます。鉢植えは、鉢底を常に水につけておきます。関東地方以西の暖地では、植えっぱなしにできますが、強い霜が降りる地域では、晩秋に掘り上げて貯蔵します。

1	2	3	4	5	6	7	8	9	10	11	12
				花期							
		植え付け						植え付け		掘り上げ	

水多め　日なた　半日陰　庭植え　鉢植え

143

Calamintha
カラミンサ

耐寒性多年草　　　　　　　　【シソ科】
別　名：カラミント
原産地：ヨーロッパ南部～中央アジア

カラミンサ・ネペタ

特徴 カラミンサの名前で流通するのは暑さに強いネペタ種です。全体にミントのような香りがあり、小さな唇形の花が茎に群がって咲きます。ほかに、花が一回り大きなグランディフローラ種とその斑入り品種もあります。

管理 半日陰でも育ちますが、倒れやすくなるので日なたに植えます。花後、草丈を半分ほどに切り戻します。こぼれダネでふえます。

カラミンサ・グランディフローラ'ピンク'

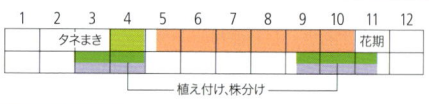

水普通　日なた　半日陰　庭植え　鉢植え

1	2	3	4	5	6	7	8	9	10	11	12
	タネまき									花期	
			← 植え付け、株分け →								

Layia elegans
カリフォルニア・デージー

耐寒性秋、春まき1年草　　　【キク科】
別　名：ライイア・エレガンス
原産地：アメリカ合衆国（カリフォルニア州）

カリフォルニア・デージー

特徴 15種ほどの仲間の中で、栽培されるのは主にエレガンス種で、カリフォルニア・デージーの名で流通します。草姿も花もマーガレットに似ています。よく分枝する枝の先に咲く黄色い花は、舌状花の周辺部に白い縁取りがあるやさしい花で、花壇を明るく彩ります。

管理 日当たりと水はけのよい場所で育てます。春と秋にタネまきができますが、高温多湿に弱いので、一般には秋まきのほうがしっかりした株に育ちます。寒冷地では春にポットにまき、本葉3～4枚で定植します。

水普通　日なた　庭植え　鉢植え

1	2	3	4	5	6	7	8	9	10	11	12
花期(秋まき)								花期(秋まき)			花期(春まき)
		タネまき					タネまき				

初夏の花

Calochortus
カロコルツス

半耐寒性秋植え球根　　　　　　　　【ユリ科】
別　名：バタフライ・チューリップ
原産地：北アメリカ西部～メキシコ

カロコルツス・ウエヌスツス

特徴 カロコルツスはギリシャ語で「美しい草」という意味。花弁の基部に模様が入り、名前通りの美しい花を咲かせます。花の感じがチューリップに似て、花弁が平らに開くとチョウの舞う姿のようになり、バタフライ・チューリップの英名があります。

管理 鉢に植え、日当たりのよい場所で観賞します。秋に4～5号鉢に3～4球植え、冬の間は室内の窓辺に置きます。花後、葉が枯れ始めたら水やりを止め、雨を避けて日陰に置きます。晩秋から再び水やりを始めます。

水普通　日なた　庭植え　鉢植え

1	2	3	4	5	6	7	8	9	10	11	12
		花期	花期	花期							
						掘り上げ	掘り上げ				
								植え付け、植え替え	植え付け、植え替え		

Dianthus superbus var. longicalycinus
カワラナデシコ

耐寒性多年草　　　　　　　　【ナデシコ科】
別　名：ナデシコ、ヤマトナデシコ
原産地：日本（本州～九州）、朝鮮半島、中国、台湾

カワラナデシコ

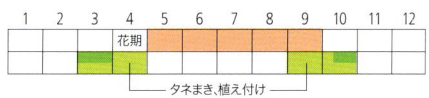

特徴 秋の七草の1つで、万葉時代から親しまれています。茎の先のほうに、花弁の先が糸状に細かく切れ込んだ繊細な花を咲かせます。たおやかな草姿から、大和撫子（やまとなでしこ）ともいい、後に日本女性の代名詞になりました。花色が白や濃紅色の園芸品種もあります。

管理 日当たりと風通し、水はけのよい場所で育てます。春または秋に、箱などにタネをまき、本葉2～4枚でポットに移植し、本葉6～8枚で定植します。過湿に弱いので、鉢植えは水はけのよい用土を用います。

水普通　日なた　庭植え　鉢植え

1	2	3	4	5	6	7	8	9	10	11	12
			花期	花期	花期	花期	花期	花期			
		タネまき、植え付け	タネまき、植え付け	タネまき、植え付け				タネまき、植え付け	タネまき、植え付け		

145

Anigozanthos
カンガルーポー

半耐寒性多年草　　【ハエモドルム科】
別　名：アニゴザントス
原産地：オーストラリア南西部
花言葉：いたずら好き、好意

特徴 細毛に覆われた花の形から、英名のカンガルーポー（カンガルーの足）で親しまれています。アヤメに似た硬い葉の中から花茎を伸ばして、筒状の花をつけます。花筒の上部が縦に裂けて、先端が6裂して開きます。

管理 鉢花は、春〜秋は日の当たる戸外に置き、夏は雨を避け、涼しい半日陰に移します。冬は室内に入れ、水を控えて管理します。

カンガルーポー 'ジョーイメルボルン'

水少なめ　日なた　鉢植え

	1	2	3	4	5	6	7	8	9	10	11	12
			花期									
							植え替え					

Filipendula purpurea
キョウガノコ

耐寒性多年草　　【バラ科】
原産地：園芸種

特徴 ヤツデに似た深く切れ込んだ大きな葉を茂らせ、小さな紅紫色の花が多数集まって、ふわふわした綿菓子のように咲きます。花序を京染めの鹿の子絞りに見立てて、キョウガノコといいます。庭木の下草にされるほか、ボーダー花壇にも向きます。

管理 日当たりでも半日陰でも育ちますが、強い西日を嫌います。西日の当たらない場所に株間を広めにとって植えると、4〜5年は植えっぱなしでよく育ちます。夏は乾いたら水を与え、花がらは付け根から切り取ります。

水普通　日なた　半日陰　庭植え　鉢植え

	1	2	3	4	5	6	7	8	9	10	11	12
						花期						
									植え付け、株分け			

初夏の花

Campanula
カンパヌラ

半耐寒性〜耐寒性多年草、1、2年草　　【キキョウ科】
別　　名：カンパニュラ
原産地：ヨーロッパ南部
花言葉：感謝

特徴　カンパヌラはラテン語で「小さな鐘」という意味で、多くの種類が釣り鐘形の愛らしい花をつけます。モモバギキョウや円錐状の大きな花穂をつけるラクティフローラ種などの高性種は花壇向き。ポシャルスキアーナ種のようなわい性種は、コンテナ向きです。

管理　冷涼な気候を好むものが多いので、西日を避け、夏に半日陰になるような涼しい場所で育てます。鉢花は日当たりのよい場所に置き、夏は涼しい半日陰に移します。多年草の植え替え、株分けは早春か秋に行います。

カンパヌラ・ステラ

水普通　日なた　半日陰　庭植え　鉢植え

	1	2	3	4	5	6	7	8	9	10	11	12
植え付け、株分け												
花期												
タネまき												
植え付け(1、2年草)												
植え付け、株分け(多年草)												

カンパヌラ'バーニス'

カンパヌラ・ラプンクロイデス

カンパヌラ・ラクティフローラ

モモバギキョウ

Gilia
ギリア

耐寒性秋まき1年草、多年草　　【ハナシノブ科】
別　名：ヒメハナシノブ
原産地：南北アメリカ

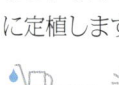

ギリア・カピタータ 'ブルー'

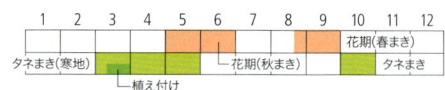

特徴 青紫色の小さな花が多数集まって、球状に咲くカピタータ種や、愛らしい鐘状の花が葉腋（ようえき）につくトリコロル種は1年草。緋色の長いラッパ形の花を穂状につけ、横向きに開くルブラ種は2年草または多年草です。

管理 日当たりが悪いと軟弱になり、花つきも悪くなります。一般に秋にポットにタネをまき、3月中旬〜下旬に定植します。

ギリア・ルブラ

水普通　日なた　庭植え　鉢植え

	1	2	3	4	5	6	7	8	9	10	11	12
										花期(春まき)		
タネまき(寒地)						花期(秋まき)				タネまき		
				植え付け								

Myrtus communis
ギンバイカ

半耐寒性常緑低木　　【フトモモ科】
別　名：ミルテ、マートル、イワイノキ
原産地：地中海沿岸地域

ギンバイカ

特徴 光沢のある緑の葉と5弁の白い花のコントラストが美しい花木。花には香りがあり、雄しべが突き出てよく目立ちます。愛の女神ヴィーナスに捧げられた花で知られ、美と貞節の象徴として、婚礼用の花輪に使うところから、「祝いの木」の別名もあります。

管理 日当たりと水はけのよい、冬の寒風を避ける場所で育てます。関東地方以西の暖地では庭木にできますが、寒冷地では鉢植えにし、冬は室内に置きます。鉢植えは、根がまわったら、春に植え替えます。

水普通　日なた　庭植え　鉢植え

	1	2	3	4	5	6	7	8	9	10	11	12
						花期						
植え付け				植え替え				植え付け				

初夏の花

Gardenia jasminoides
クチナシ

耐寒性常緑低木　　　　　　　　【アカネ科】
別　名：ガーデニア
原産地：中国、日本
花言葉：私は幸せもの

特徴　純白の花が枝先の葉腋に1つずつ咲き、甘い香りを放ちます。園芸種のオオヤエクチナシは大輪八重咲きで、属名のガーデニアでも呼ばれます。コクチナシは、丈が低く、葉は細長く花は小輪です。黄花種もあります。

管理　日光を好みますが、強い直射日光を嫌います。庭植えは半日以上日が当たる場所に植え、鉢花は夏は半日陰に移します。

クチナシ

オオヤエクチナシ

水普通　半日陰　庭植え　鉢植え

	1	2	3	4	5	6	7	8	9	10	11	12
						花期						
			植え付け					植え付け				

Cuphea × purpurea 'Tiny Mice'
クフェア'タイニーマイス'

半耐寒性常緑低木　　　　　　　【ミソハギ科】
原産地：園芸種

特徴　クフェアは、ギリシャ語で「曲がった」という意味で、萼の基部が隆起していることにちなんで名づけられました。園芸品種の'タイニーマイス'は、「とても小さなネズミたち」の意で、ネズミの顔に似たオレンジがかった赤い花をつけ、鉢物で出回ります。

管理　寒さにやや弱いのですが、霜の降りない暖地では、戸外で越冬できます。春～秋は午前中だけ日に当てますが、夏の強光を嫌うので、夏は半日陰に移します。樹形が乱れやすいので、適宜切り戻して形を整えます。

クフェア'タイニーマイス'

水普通　半日陰　鉢植え

	1	2	3	4	5	6	7	8	9	10	11	12
					花期							
				植え替え								

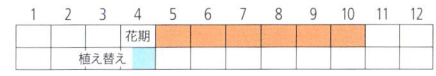

Craspedia globosa
クラスペディア・グロボサ

耐寒性秋まき1年草 　　　　　　　　【キク科】
別　名：ドラムスティック、ゴールドスティック、ビリーボタン
原産地：オーストラリア南東部

特徴 クラスペディアは、ギリシャ語で「房飾り」の意味。綿毛のついたタネの形から名づけられました。細くて堅い茎の先に多数の筒状花がかたまってつき、黄色い丸い形になります。その姿からドラムスティックの英名があります。ドライフラワーにもなります。

管理 高温多湿にやや弱いので1年草として扱います。一般に秋にタネをまき、本葉4～5枚でポットに移植し、霜除けをして冬越しさせます。春に、日当たりと水はけのよい場所に定植します。寒地では春まきにします。

クラスペディア・グロボサ

1	2	3	4	5	6	7	8	9	10	11	12
			花期							花期(春まき)	
タネまき(春まき)								タネまき			
		植え付け									

水普通　日なた　庭植え　鉢植え

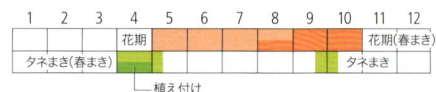

Primula japonica
クリンソウ

耐寒性多年草 　　　　　　　　【サクラソウ科】
別　名：クダンソウ、ナナカイソウ
原産地：日本（北海道、本州、四国）
花言葉：物思い、憂愁

特徴 日本産のサクラソウ類中、最も大型です。ヘラ状の軟らかな葉が株元に集まり、葉の中から伸ばした花茎に何段にも花をつけ、下から順に咲き上がります。幾重にも重なって咲くようすが、寺院の塔の上に立つ九輪を思わせるところから、クリンソウといいます。

管理 湿ったところを好み、夏の乾燥と高温を嫌うので、冬から春は日が当たり、夏は日陰になる落葉樹の下や池の縁などの水辺が適地です。鉢植えは、水切れさせないように注意します。株分けしてふやせます。

クリンソウ

1	2	3	4	5	6	7	8	9	10	11	12
				花期							
						タネまき					
		植え付け、株分け									

水多め　日なた　半日陰　庭植え　鉢植え

初夏の花

グロキシニア

Sinningia speciosa
グロキシニア

非耐寒性多年草または春植え球根　【イワタバコ科】

別　名：オオイワギリソウ、シンニンギア
原産地：ブラジル
花言葉：欲望

特徴　グロキシニアは古い属名で、現在はシンニンギア属に分類されています。大きな葉は肉厚で、表裏に毛が生えています。草丈のわりには大輪で、ビロードのような光沢のあるゴージャスな花を咲かせます。一重や八重咲きがあります。室内で楽しむ鉢花です。

管理　強い直射日光に当たると葉焼けを起こすので、レースのカーテン越しの日に当てます。水は葉や花にかからないようにして、株元にたっぷり与えます。冬は水を切り、5℃以上を保ちます。葉挿しでふやせます。

水普通　日なた　鉢植え

	1	2	3	4	5	6	7	8	9	10	11	12
						花期						
植え替え				葉挿し								

ゴデチア

Clarkia amoena
ゴデチア

耐寒性秋まき1年草　【アカバナ科】

別　名：イロマツヨイ、サテンフラワー
原産地：北アメリカ西部
花言葉：変わらぬ熱愛

特徴　ゴデチアは古い属名で、現在はクラーキア属です。光沢のある花弁がサテンのような風合いで、とても華やかですが、花弁が薄く、細かいしわがあり、水滴が当たると花が傷みます。花壇や鉢花に向くわい性の品種と、切花用の高性の品種があります。

管理　雨を避け、よく日の当たる場所で育てます。直根性で移植を嫌うため、秋にタネを直まきし、霜除けをします。ポット苗を購入したときは、3月に根鉢を崩さずに植えます。過湿にすると根ぐされを起こすので注意。

水普通　日なた　庭植え　鉢植え

	1	2	3	4	5	6	7	8	9	10	11	12
								花期				
植え付け				タネまき(寒地)					タネまき			

Geranium
ゲラニウム

耐寒性多年草、秋まき1年草　【フウロソウ科】
別　名：フウロソウ
原産地：ヨーロッパ、東アジアなど
花言葉：陽気、変わらぬ信頼

ゲラニウム

特徴 モミジのような切れ込みのある葉をつけてこんもりと茂り、細い茎の先に可憐な花を咲かせます。野草の雰囲気をもち、和洋いずれの庭にもあいます。冷涼地では育てやすく、長期間花が咲きます。サンギネウム種は耐暑性があり、暖地でもよく育ちます。

管理 高温多湿に弱いので、蒸れないように水はけをよくするのがポイントです。半日陰や西日を避けた日なたに植えます。花が一段落したら、梅雨前に草丈を半分くらい切り戻します。鉢植えは毎年植え替えます。

水普通　日なた　半日陰　庭植え　鉢植え

	1	2	3	4	5	6	7	8	9	10	11	12
	植え替え、株分け			花期						植え替え、株分け		
	植え付け						植え付け					

ゲラニウム・サンギネウム 'アルブム'

香りゲラニウム

ゲラニウム・マグニフィクム

ゲラニウム 'ジョンソンズ・ブルー'

初夏の花

コムギセンノウ

Lychnis coelirosa
コムギセンノウ

耐寒性秋まき1年草　【ナデシコ科】
別　名：ビスカリア、ウメナデシコ
原産地：地中海沿岸地域

特徴 細かく分枝した茎の先に、愛らしい5弁花を次々と開きます。花形がウメに似ているので、ウメナデシコともいいます。野草のような素朴な花で、花壇に群植して群れて咲かせるのに好適です。

管理 秋に、日当たりと水はけのよい場所にタネを直まきし、間引きながら育てます。寒冷地では春にまき、6～7月に開花させます。

水普通　日なた　庭植え　鉢植え

コムギセンノウ

1	2	3	4	5	6	7	8	9	10	11	12
			花期	花期	花期						
								タネまき	タネまき	タネまき	

Saponaria officinalis
サポナリア

耐寒性多年草　【ナデシコ科】
別　名：ソープワート、シャボンソウ
原産地：ヨーロッパ、西アジア

サポナリア・オフィキナリス

特徴 サポニンを含み、葉をつぶして水につけると、石けんのように泡立ちます。昔、ヨーロッパでは洗濯に使ったので、シャボンソウやソープワートの名もあります。2cmくらいの長い円筒形の萼の先に5枚の花びらが横を向いて開きます。八重咲きもあります。

管理 日当たりはもちろん、多少日陰になるような場所でも毎年花が咲きます。草丈が伸びて倒れやすくなるので、時々切り戻して姿を整えます。また、地下茎を伸ばして広がるため、春にはびこりすぎた根茎を整理します。

水普通　日なた　半日陰　庭植え

1	2	3	4	5	6	7	8	9	10	11	12
				花期	花期	花期	花期				
		植え付け・株分け							植え付け・株分け	植え付け・株分け	

153

Salpiglossis
サルピグロッシス

半耐寒性春まき1年草　　　　　　　　　【ナス科】
別　名：サルメンバナ、アサガオタバコ
原産地：ペルー、アルゼンチン

サルピグロッシス

特徴 ベルベッドのような光沢のある花に網目や羽毛状の模様が入ります。それが猿面を思わせることからサルメンバナともいいます。よく分枝する枝先にペチュニアに似た漏斗状の花が次々咲いていきます。花冠はほぼ5裂し、列片の先端が浅く切れ込みます。

管理 雨に当たると花が傷むので、鉢花は日当たりと風通しのよいベランダなどで楽しみます。春にタネをまき、本葉3～4枚でポットに移植します。ポットに根が回る頃に定植します。花がらや枯れ葉はこまめにとります。

水普通　日なた　鉢植え

	1	2	3	4	5	6	7	8	9	10	11	12
						花期						
タネまき								植え付け				

Digitalis
ジギタリス

耐寒性多年草、春まき2年草　　　　　【ゴマノハグサ科】
別　名：キツネノテブクロ、フォックス・グローブ
原産地：ヨーロッパ、北アフリカ～中央アジア
花言葉：不誠実

ジギタリス

特徴 ジギタリスは、ラテン語の「指」が語源で、袋状の花の形が指サックに似ていることからついた属名です。プルプレア種が代表で、長い花茎に釣り鐘形の花が穂状につきます。花の内側に大小の斑点模様があります。

管理 強い西日を避け、水はけのよい日当たりから半日陰で育てます。花後、花茎を切り取ると、側枝が伸びて2番花が咲きます。

ジギタリス・オブスクラ

水普通　日なた　半日陰　庭植え　鉢植え

	1	2	3	4	5	6	7	8	9	10	11	12
					花期							
植え付け											植え付け	

タネまき

初夏の花

Sidalcea
シダルケア

耐寒性多年草　【アオイ科】
別　名：ミニホリホック
原産地：北アメリカ

シダルケア 'エルシーフュー'

特徴　タチアオイを小型にしたような草姿で、ミニホリホックの別名があります。花径4cm内外の5弁花が穂になって下から咲いていきます。透き通るような花弁が、風にゆれ、花壇のよいアクセントになります。

管理　高温多湿と蒸れに弱いため、関東以西では鉢に植え、雨を避けて涼しい場所で育てます。ポット苗は根鉢を崩さずに植えます。

シダルケア・カンディダ

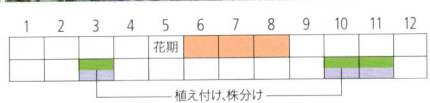

水普通　日なた　半日陰　庭植え　鉢植え

	1	2	3	4	5	6	7	8	9	10	11	12
						花期	花期	花期				

植え付け、株分け

Cynoglossum amabile
シノグロッサム

耐寒性秋まき1年草　【ムラサキ科】
別　名：シナワスレナグサ、オオルリソウ
原産地：中国南西部〜チベット

シノグロッサム・アマビレ

特徴　花色や雰囲気がワスレナグサに似ているところから、シナワスレナグサの和名がありますが、ワスレナグサより大きく、花色も鮮やかです。花は穂状（すいじょう）に咲きます。すくっと立ち上がり、株にボリュームがないので、花壇の後ろのほうに群植するよいでしょう。

管理　移植を嫌うので、日当たりと水はけのよい場所に、タネを直（じか）まきして間引きながら育てます。一般には秋にまきますが、寒冷地では春にまきます。冬に乾燥させると葉が傷むので注意します。

水普通　日なた　庭植え　鉢植え

	1	2	3	4	5	6	7	8	9	10	11	12
					花期	花期	花期					

タネまき（寒地）　　タネまき

Iris
ジャーマンアイリス

耐寒性多年草 【アヤメ科】
別　名：ドイツアヤメ
原産地：園芸種
花言葉：焔、情熱　　🌸🌸🌸🌸🌸🌸複

特徴 いろいろなアイリスを複雑に交配してつくられ、「虹の花」と称されるほど豊富な色彩の豪華な花を咲かせます。下花弁の元にブラシのようなヒゲ状の突起があるのが特徴で、欧米ではヒゲアイリスと呼んでいます。

管理 日当たりと風通しのよい場所に、あらかじめ苦土石灰をまいておき、根茎が半分くらい土の上に出るように浅植えにします。

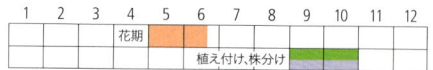

ジャーマンアイリス
ジャーマンアイリス'スリーピー'

💧水少なめ　☀日なた　🌱庭植え　🪴鉢植え

1	2	3	4	5	6	7	8	9	10	11	12
				花期	花期						
							植え付け、株分け	植え付け、株分け	植え付け、株分け		

Matricaria recutita
ジャーマンカモマイル

耐寒性秋まき1年草 【キク科】
別　名：カミツレ、カモミール
原産地：ヨーロッパ〜西アジア
花言葉：親交、仲直り　　🌸

特徴 薬用植物で、江戸時代にオランダから渡来しました。小菊に似た花はリンゴを思わせる甘い香りがあります。開花が進むにつれ白い舌状花が垂れ下がり、中心の黄色い部分が盛り上がります。花を乾燥させて、ハーブティーとして利用します。

管理 こぼれダネから毎年花が咲き、丈夫で、栽培は容易です。一般に、秋に日当たりと水はけのよい場所に直まきしますが、寒地では春まきにします。ポット苗は根鉢を崩さずに植えます。アブラムシに注意します。

ジャーマンカモマイル

💧水普通　☀日なた　🌱庭植え　🪴鉢植え

1	2	3	4	5	6	7	8	9	10	11	12
				花期	花期						
		タネまき、植え付け(寒地)	タネまき、植え付け(寒地)					タネまき、植え付け	タネまき、植え付け		

初夏の花

Paeonia lactiflora
シャクヤク

耐寒性多年草　　　　　　　　【ボタン科】
別　名：エビスグサ、カオヨグサ
原産地：中国北部、モンゴル、シベリア東南部、朝鮮半島北部
花言葉：恥じらい

シャクヤク '花筏'

特徴　ボタンに似ていますが、ボタンは木本で、シャクヤクは草本です。冬に地上部が枯れるところが異なります。一重や八重咲き、雄しべが花弁化した翁咲きなど花形が豊富。近年はボタンとの交配種も誕生しています。

管理　秋に、日当たりと水はけのよい場所に植えます。花後、タネをつけさせると株が弱るので、必ず花がらを切り取ります。

シャクヤク '新珠'

水普通　日なた　庭植え　鉢植え

1	2	3	4	5	6	7	8	9	10	11	12
				花期	花期						
								植え付け、株分け			

Leucanthemum×superbum
シャスターデージー

耐寒性多年草　　　　　　　　【キク科】
原産地：交配種
花言葉：万事忍耐

シャスターデージー

特徴　フランスギクに日本のハマギクを交配して、アメリカでつくられた園芸品種です。純白の花を咲かせるところから、万年雪に覆われたカリフォルニア州のシャスタ山にちなんで、シャスターデージーと名づけられました。一重、八重、丁字咲きなどの花形があります。

管理　日当たりと水はけのよい場所で育てます。大株になると蒸れて根ぐされを起こしやすくなるため、3年をめどに株分けをして植え替えます。高温多湿にやや弱いので、花後、半分くらいに切り戻し風通しをよくします。

水普通　日なた　庭植え　鉢植え

1	2	3	4	5	6	7	8	9	10	11	12
				花期	花期						
		植え付け、株分け						植え付け、株分け			

Linum perenne

シュッコンアマ

耐寒性多年草　　　　　　　　　【アマ科】
別　名：ペレニアルフラックス、リヌム
原産地：ヨーロッパ

特徴　繊維植物のアマの仲間で、明治時代に渡来しました。線形の葉をつけた細い茎を地際から多数直立させ、鮮やかなブルーの花を咲かせます。花は漏斗形で、5枚の花弁が互いに重なり合います。白花もあり、ナチュラルガーデンによくあいます。

管理　一般には、タネをまいて栽培します。初夏に、日当たりと水はけのよい場所に直まきにします。ポット苗を植えるときは、根鉢を崩さずに植えます。移植を嫌うので、株分けは避け、タネをまいてふやします。

シュッコンアマ

水普通　日なた　庭植え　鉢植え

	1	2	3	4	5	6	7	8	9	10	11	12
花期					■	■						
タネまき					■	■						

Cymbalaria muralis

シンバラリア・ムラリス

耐寒性多年草　　　　　　　【ゴマノハグサ科】
別　名：ツタガラクサ、コリセウムアイビー
原産地：地中海沿岸～西アジア

特徴　細い茎が地を這い、地面に接する節から根を出して広がります。葉腋に長い花柄を出し、リナリアに似た淡紫色の小さな花をつけ、霜の降りる頃まで、途切れずに咲き続けます。青桃色や白花の園芸品種もあります。

管理　半日陰でも育ちますが、日がよく当たり、あまり乾燥しない場所のほうが花がよく咲きます。鉢植えは水切れに注意します。

シンバラリア・ムラリス 'ホワイト'

シンバラリア・ムラリス

水普通　日なた　半日陰　庭植え　鉢植え

	1	2	3	4	5	6	7	8	9	10	11	12
花期				■	■	■	■	■	■	■	■	
植え替え、株分け			■									

初夏の花

Silene
シレネ

耐寒性多年草、秋まき1年草　　【ナデシコ科】
別　名：マンテマ
原産地：地中海沿岸など
花言葉：欺かれた人、偽りの愛

シレネ（シレネ・ディオイカの交配種）

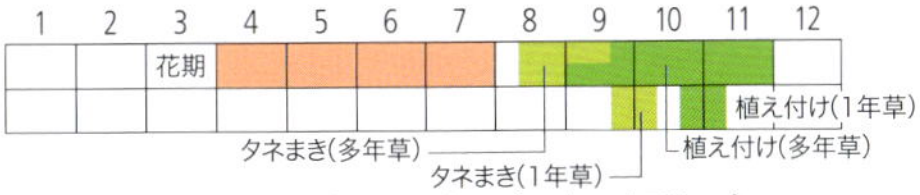

特徴 500種もの仲間があり、草姿や花形などそれぞれに個性があります。ムシトリナデシコやフクロナデシコは、サクラソウに似たピンクの花をたくさんつける1年草です。レッドキャンピオンの英名で知られるディオイカ種はハーブとしても利用される多年草。

管理 日当たりと水はけのよい場所で育てます。1年草は秋にタネをまき、本葉3～4枚で移植し、秋に定植します。多年草は、開花後、切り戻して風通しをよくします。タネまきや挿し芽で、株を更新します。

水普通　日なた　庭植え　鉢植え

1	2	3	4	5	6	7	8	9	10	11	12
			花期								

タネまき(多年草)
タネまき(1年草)
植え付け(1年草)
植え付け(多年草)

シレネ'スワンレイク'

シレネ・ユニフローラ

シレネ・ペンジュラ（フクロナデシコ）

ムシトリナデシコ

Lychnis coronaria
スイセンノウ

耐寒性秋まき1、2年草　　【ナデシコ科】
別　名：フランネルソウ
原産地：ヨーロッパ南部
花言葉：ウィット、機智

スイセンノウ

特徴 全体が柔らかい灰白色の綿毛に覆われて白っぽく見えます。しなやかな感じを、毛織物のフランネルにたとえて、フランネルソウともいいます。ビロード状のつやがある丸弁の花が次々と咲きます。本来は多年草ですが、日本では1、2年草として扱います。

管理 こぼれダネからも毎年花が咲くほど丈夫ですが、肥沃な土壌では根ぐされを起こしやすいので注意します。秋に、日当たりと水はけのよい場所にタネを直まきにし、間引きながら育てます。寒冷地では春まきにします。

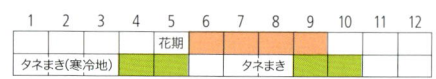

水普通　日なた　庭植え　鉢植え

1	2	3	4	5	6	7	8	9	10	11	12
					花期						
タネまき(寒冷地)							タネまき				

Sprekelia formosissima
スプレケリア

半耐寒性春植え球根　　【ヒガンバナ科】
別　名：ツバメズイセン
原産地：メキシコ、グアテマラ

スプレケリア・フォルモシッシマ

特徴 長さ25cm前後の花茎の先に、鮮やかな赤い花を1つつけます。6枚の花びらのうち2枚が左右に開き、ツバメが飛んでいる姿に似ているところから、ツバメズイセンの和名があります。広線形の葉は、花と同時かやや遅れて地上に出ます。

管理 日なたで育てます。暖地では花壇などに植えっぱなしにできますが、寒冷地では霜が降りる前に掘り上げます。鉢植えは4号鉢に1球、首が地表に出るくらいに浅く植え、葉が黄変したら鉢ごと乾燥させます。

水普通　日なた　庭植え　鉢植え

1	2	3	4	5	6	7	8	9	10	11	12
					花期						
			植え付け						掘り上げ		

初夏の花

Cotinus coggygria
スモークツリー

耐寒性落葉低木～小高木　　　　【ウルシ科】
別　名：ケムリノキ、カスミノキ、ハグマノキ
原産地：中国中部～ヒマラヤ地方、ヨーロッパ南部

スモークツリー

特徴 花後に花柄が糸状に伸び、花序全体がふわふわした羽毛状になり、煙のように見えます。雌雄異株で、煙が楽しめるのは雌木です。煙の色には赤っぽいものと白っぽいものがあり、葉色も緑や暗紫色のものがあります。

管理 日当たりと水はけがよい場所で育てると、花つきがよく、葉色も鮮やかになります。鉢植えは、3年ごとに植え替えます。

スモークツリー 'グレイス'

水普通　日なた　庭植え　鉢植え

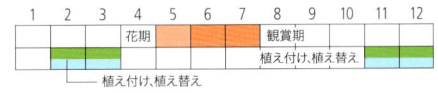

1	2	3	4	5	6	7	8	9	10	11	12
				花期			観賞期				
								植え付け、植え替え			
		植え付け、植え替え									

Thymus vulgaris
タイム

耐寒性常緑半低木　　　　【シソ科】
別　名：タチジャコウソウ、コモンタイム、ガーデンタイム
原産地：ヨーロッパ南部
花言葉：行動力、活動的

タイム

特徴 全草にきりっとしたすがすがしい香りがあり、薬用や香辛料として古くから有名です。茎が地面を這うように伸び、立ち上がった先端に小さな花をつけ、白や淡いピンクのじゅうたんを敷き詰めたように咲きます。

管理 日当たりと水はけのよい場所にタネを直まきしますが、苗を購入して定植すると簡単。花後に切り戻して風通しをよくします。

ロンギカリウスタイム

水普通　日なた　庭植え　鉢植え

1	2	3	4	5	6	7	8	9	10	11	12
				花期							
		植え付け					タネまき		植え付け		

Thymophylla tenuiloba
ダールベルグデージー

半耐寒性秋まき1年草　　　【キク科】
別　名：ティモフィラ、ディッソディア
原産地：アメリカ合衆国テキサス州～メキシコ

ダールベルグデージー

特徴　花径2cmほどの鮮黄色の花が株を覆うように咲きます。ほっそりとした茎に、細かく裂けた繊細な葉が密につき、分枝してこんもりと育ちます。マーガレットを小型にしたような雰囲気で、夏の日ざしに強いことから、花壇やコンテナで重宝する素材です。

管理　日当たりと水はけのよい場所で育てます。10月にタネをまき、本葉3～4枚でポットに移植し、10℃以上のフレームや室内で冬越しさせて4月に定植します。咲き終わった花は、こまめに切り戻します。

水普通　　日なた　　庭植え　　鉢植え

1	2	3	4	5	6	7	8	9	10	11	12
					花期						
タネまき(春まき)						植え付け(春まき)				タネまき	
					植え付け						

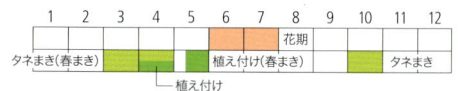

Allium schoenoprasum
チャイブ

耐寒性多年草　　　【ユリ科】
別　名：チャイブス、セイヨウアサツキ、エゾネギ
原産地：シベリア～ヨーロッパ

チャイブ（白花種）

特徴　香辛野菜の一種で、アサツキの仲間が栽培化されたものだといわれています。球根がなく、開花後も地上部が枯れないところがアサツキと異なります。ネギ坊主に似た花は乾燥しても色が残り、ドライフラワーに最適。

管理　夏の高温乾燥を嫌うので、水はけがよく夏に半日陰になるような場所に植えます。数年おきにタネをまいて株を更新します。

チャイブ

水普通　　半日陰　　庭植え　　鉢植え

1	2	3	4	5	6	7	8	9	10	11	12
					花期						
			タネまき、植え付け								

初夏の花

Dahlia
ダリア

非耐寒性春植え球根 【キク科】
- 別　名：テンジクボタン
- 原産地：メキシコ、グアテマラ
- 花言葉：移り気

特徴 豊富な花形と色彩、さまざまな大きさの華麗な花が魅力です。3万を超える園芸品種がつくられているといわれ、銅葉やわい性タイプの品種も多数登場しています。球根のほかにタネから育てるものもあり、わい性種や種子系の品種は鉢植えで楽しめます。

管理 西日を避けた日なたで育てます。一般に、4月に植えますが、夏の高温と乾燥を嫌うので、関東地方以西では夏に植えて、秋に咲かせるとよいでしょう。寒地では晩秋に掘り上げ、ピートモスなどに貯蔵します。

水普通 / 日なた / 庭植え / 鉢植え

ダリア 'ベル・オブ・パルメラ'（大輪種）

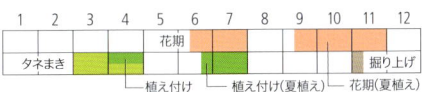

	1	2	3	4	5	6	7	8	9	10	11	12
花期						■	■		■	■		
タネまき			■	■								
植え付け				■	■							
植え付け（夏植え）						■	■					
掘り上げ											■	
花期（夏植え）									■	■		

ダリア '歌姫'（銅葉種）　ダリア 'ゴールデンスター'（オーキッド咲き）　皇帝ダリア

ダリア

Vinca major
ツルニチニチソウ

耐寒性つる性亜低木　　　　　【キョウチクトウ科】
別　名：ツルギキョウ、ビンカ
原産地：南ヨーロッパ～北アフリカ
花言葉：幼なじみ、朋友

特徴　株元からたくさんの茎を出し、地を這うように広がり、先端が5裂して星形に開く薄紫色の花をつけます。霜に当たると葉が傷みますが、近縁種のミノール種は、耐寒性が強く、寒冷地での栽培にも向く小型種です。

管理　水はけのよい、日なたか半日陰で育てます。春先、傷んだ古いつるを株元から切り取ると、新芽が出て花つきがよくなります。

ヒメツルニチニチソウ（ビンカ・ミノール）

ツルニチニチソウ

水普通　日なた　半日陰　庭植え　鉢植え

	1	2	3	4	5	6	7	8	9	10	11	12
			剪定			花期						
		植え付け										

Dicentra formosa
ディセントラ・フォルモサ

耐寒性多年草　　　　　【ケシ科】
別　名：ハナケマンソウ
原産地：北アメリカ西部

特徴　コマクサやケマンソウの仲間です。中国原産のケマンソウより小型で、細かく切れ込んだ青緑色の繊細な葉がこんもりと茂ります。ベル形の花は、ケマンソウのように1列に並ばず、花茎の先に数輪が集まって咲きます。園芸品種も多数あります。

管理　半日陰で適度に湿り気のある場所を好むので、落葉樹の下が適地です。数年間は植えっぱなしにできますが、大株になり生育が劣ってきたら秋に株分けをして植え替えます。鉢植えは乾きすぎないように注意します。

ディセントラ・フォルモサ

水多め　半日陰　庭植え　鉢植え

	1	2	3	4	5	6	7	8	9	10	11	12
		タネまき						花期				
	植え付け・株分け						植え付け・株分け					

タネまき（採りまき）

初夏の花

Lilium longiflorum
テッポウユリ

| 耐寒性秋植え球根 | 【ユリ科】 |

- 別　名：イースターリリー、チャーチリリー
- 原産地：日本（奄美、沖縄諸島）
- 花言葉：純潔、淑女

特徴　純白の筒状の花が横向きに開き、花の形が昔のラッパ銃に似ているので、テッポウユリといいます。世界中で最も人気が高く、欧米ではキリストの復活を祝うイースターや冠婚葬祭に欠かせない花になっています。

管理　日当たりと水はけのよい場所で育てます。球根を深めに植え、表土が乾燥しないように腐葉土などでマルチングします。

テッポウユリ  
テッポウユリ 'プリンス・プロミス'

	1	2	3	4	5	6	7	8	9	10	11	12
					花期			植え付け				
									植え付け(寒地)			

水普通　日なた　庭植え　鉢植え

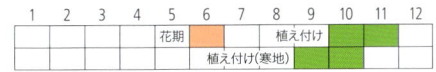

Triteleia laxa
トリテレイア・ラクサ

| 耐寒性秋植え球根 | 【ユリ科】 |

- 別　名：ブローディア・ラクサ
- 原産地：北アメリカ西部

特徴　旧属名のブローディアで流通することがありますが、現在はトリテレイア属に分類されています。長く伸びた花茎に、10輪以上の星形の花を上向きに咲かせます。アガパンサスを小型にしたような花姿で、花を咲かせると、間もなく休眠します。

管理　日当たりと水はけのよい場所に植えれば、植えっぱなしでも花が咲きます。花壇には、10〜20球まとめて植えると引き立ちます。鉢植えは、5号鉢に10球を目安に植え、地上部が枯れたら、鉢ごと乾燥させます。

トリテレイア・ラクサ

	1	2	3	4	5	6	7	8	9	10	11	12
					花期							
									植え付け			

水普通　日なた　庭植え　鉢植え

Eustoma grandiflorum
トルコギキョウ

非耐寒性秋まき1、2年草　　　　【リンドウ科】
別　名：ユーストマ、リシアンサス
原産地：北アメリカ中部
花言葉：希望(白)、優美(桃)　🌼🌼🌼🌼🌼 複

特徴 灰緑色の葉をつけた茎が直立し、カップ状の美しい花を開きます。暑い時期に咲く花としては花もちがよいので、主に切り花として利用されます。近年はわい性品種がつくられ、鉢花としても人気があります。

管理 雨に弱いので、鉢植えで楽しみます。直接雨の当たらない風通しのよい日なたで育てます。花がらは早めに摘み取ります。

トルコギキョウ'ロジーナローズピンク'

水普通　日なた　鉢植え

	1	2	3	4	5	6	7	8	9	10	11	12
			タネまき(寒地)							花期		
							植え付け					タネまき

Cerastium tomentosum
ナツユキソウ

耐寒性多年草　　　　【ナデシコ科】
別　名：シロミミナグサ、セラスチウム
原産地：イタリア　　🌼

特徴 匍匐(ほふく)性でマット状に広がり、グラウンドカバーや花壇の縁取りなどに利用されます。茎も葉も白い毛で覆われ、全体が灰緑色に見え、白い花と調和して涼しげです。花は5弁花ですが、花弁の先端がハート形に切れ込んでいるので、10弁のように見えます。

管理 暑さにやや弱いため、関東以北では宿根しますが、暖地では秋まき1年草として育てるのがよいでしょう。日当たりと水はけのよい場所で、乾かし気味に育てます。花後、草丈を1/3に切り戻し、風通しをよくします。

水普通　日なた　庭植え　鉢植え

	1	2	3	4	5	6	7	8	9	10	11	12
					花期					タネまき		
			植え付け、株分け									

初夏の花

Impatiens New Guinea hybrids

ニューギニアインパチェンス

非耐寒性多年草　　　　　　【ツリフネソウ科】
原産地：ニューギニア

ニューギニアインパチェンス 'レッド'

特徴 戦後ニューギニアで発見された原種をもとに品種改良されたインパチェンスの仲間です。ギフト用の鉢花として普及しました。赤や黄色などの斑が入る美しい斑入り葉のものや、八重咲きの品種も出回ります。

管理 冷涼な気候を好むため、夏の高温は苦手です。春と秋は風通しのよい日なたに、夏は半日陰に、冬は室内で10℃以上保ちます。

ニューギニアインパチェンス

水普通　日なた　半日陰　鉢植え

1	2	3	4	5	6	7	8	9	10	11	12
			花期								
		植え替え									

Hesperis matronalis

ハナダイコン

耐寒性多年草　　　　　　【アブラナ科】
別　名：ヘスペリス・マトロナリス、スイート・ロケット
原産地：ヨーロッパ、アジア

ハナダイコン

特徴 属名のヘスペリスはギリシャ語で「夕方」の意味です。花の香りが夕方に強まることにちなんだものです。野生化しているムラサキハナナもハナダイコンと呼ばれていますが、別の種類です。茎の上のほうにダイコンの花に似た4弁花を多数咲かせます。

管理 日当たりと水はけのよい場所で育てます。こぼれダネからも発芽するほど丈夫ですが、高温多湿に弱いため、春まきの2年草として扱います。植え付け後、摘心してわき芽を出させると、花数がふえて見事です。

水普通　日なた　庭植え

1	2	3	4	5	6	7	8	9	10	11	12
			花期						植え付け		
						タネまき			タネまき(秋まき)		

Verbena

バーベナ

耐寒性多年草、秋まき1年草　　【クマツヅラ科】
別　名：ビジョザクラ（1年草）、ヒメビジョザクラ（多年草）
原産地：中央・南アメリカ
花言葉：魔力、家庭の和合

バーベナ（ビジョザクラ）

特徴 5弁のサクラに似た花が茎の先に半球状にまとまって咲き、花壇を華やかに演出します。いくつかの原種の交雑でつくり出され、タネから育てる1年草と、多年草があります。テネラ種を中心に交配された'タピアン'は多年草の代表で、夏も花が休まずに咲きます。

管理 日当たりと水はけのよい場所で育てます。タネは春か秋にまきます。匍匐性の品種は、草姿が乱れたら適宜切り戻し、風通しよく育てます。高性種は放任しても育ちますが、花がらが目立つ頃に軽く切り戻します。

水普通　日なた　庭植え　鉢植え

	1	2	3	4	5	6	7	8	9	10	11	12
											花期	
タネまき、植え付け												
							タネまき					

バーベナ・リギダ'ポラリス' 　　バーベナ'はなび' 　　サンジャクバーベナ

バーベナ'タピアン'

初夏の花

ハイドランジア
Hydrangea

耐寒性落葉低木　【ユキノシタ科】
別　名：西洋アジサイ
原産地：日本
花言葉：自慢家

特徴 ハイドランジアは「水の容器」という意味。19世紀に日本のアジサイが欧州に渡って品種改良され、学名のハイドランジアで逆輸入されてから、広く親しまれるようになりました。花が紅葉するもの、八重咲きや覆輪（ふくりん）など、今までにない色の変化が楽しめます。

管理 日照不足だと花つきが悪くなりますから、1日に数時間は日に当て、水切れしないように育てます。従来のアジサイに比べて耐寒性がやや劣るため、寒冷地では11月以降、翌年の3月までは室内で越冬させます。

水多め　日なた　半日陰　庭植え　鉢植え

1	2	3	4	5	6	7	8	9	10	11	12
							花期				

植え替え

ハイドランジア 'アナベル'

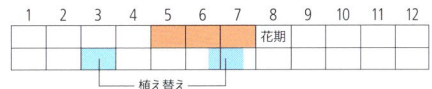

ハイドランジア 'ミミ'

ハイドランジア 'シーアン'

ハイドランジア 'ゴールドラッシュ'

ハイドランジア 'はるな'

Iris ensata var. ensata
ハナショウブ

耐寒性多年草　　　　　　　　【アヤメ科】
別　名：ジャパニーズアイリス
原産地：園芸種
花言葉：伝言、優しさ

特徴 日本に自生するノハナショウブから改良された、日本独自の園芸植物です。江戸時代から多くの品種が誕生し、育成地ごとに、江戸系、肥後系、伊勢系に大別されます。ほかに、海外で育成された品種もあります。

管理 日当たりと水はけのよい場所で育てます。鉢植えは、花どきだけ水に浸かるようにすると、水の中で咲く風情が楽しめます。

ハナショウブ

ハナショウブ'キンケイ'（黄花）と、'モモカスミ'

水多め　日なた　庭植え　鉢植え

	1	2	3	4	5	6	7	8	9	10	11	12
					花期							
								植え付け、植え替え				

Nicotiana×sanderae
ハナタバコ

非耐寒性春まき1年草　　　　　【ナス科】
別　名：ニコチアナ、フラワリングタバコ
原産地：南アメリカ
花言葉：私は孤独が好き

特徴 喫煙用のタバコの仲間で、花を観賞するために改良されたので、ハナタバコの名前で呼ばれています。筒を長く伸ばした独得の花が枝先に穂状につき、次々と星形に開きます。夜間に芳香を放つものもあります。

管理 こぼれダネからも発芽するほど丈夫です。花に水滴がつくと傷むので、鉢に植え、雨の当たらないベランダなどで育てましょう。

ハナタバコ（ニコチアナ・ラングストルフィー）

ニコチアナ

水普通　日なた　庭植え　鉢植え

	1	2	3	4	5	6	7	8	9	10	11	12
						花期						
		タネまき				植え付け						

初夏の花

Eschscholzia californica
ハナビシソウ

耐寒性秋まき1年草　　【ケシ科】
別　　名：カリフォルニアポピー
原産地：北アメリカ西部
花言葉：私を拒絶しないで

特徴　くちばし状のつぼみをたくさんつけ、先端の緑色の帽子が脱げると中から4枚の光沢のある花びらが盃状に開きます。花は日差し受けて開き、夕方には閉じます。近縁種のヒメハナビシソウはわい性種です。

管理　直根性で移植を嫌うため、日当たりと水はけのよい場所にタネを直まきします。霜柱の強いところでは、早春に苗を植えます。

ハナビシソウ

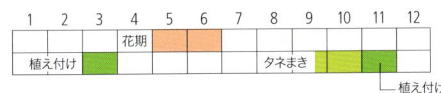

ヒメハナビシソウ

水普通　日なた　庭植え　鉢植え

1	2	3	4	5	6	7	8	9	10	11	12
				花期							
		植え付け					タネまき				

└ 植え付け

Hyacinthoides
ヒアシントイデス

耐寒性秋植え球根　　【ヒアシンス科（ユリ科）】
別　　名：シラー・カンパニュラタ、ツリガネズイセン
原産地：ポルトガル、スペイン、北アフリカ、
　　　　ヨーロッパ西部

特徴　ヒスパニカ種はシラー・カンパニュラタの名でも流通しますが、現在はヒアシントイデス属です。やや太い花茎にベル形の花を房状につけます。花弁の先がカーブして咲きます。よく似たノンスクリプタ種は、花の先がくるりと巻き、ほっそりとした草姿です。

管理　夏に直射日光の当たらない、落葉樹の下などに植えると、植えっぱなしで楽しめます。鉢植えは、5号鉢に5球を目安に植えます。葉が黄変し始めたら、涼しい日陰に置いて鉢ごと乾燥させます。

ヒアシントイデス・ヒスパニカ

水普通　日なた　半日陰　庭植え　鉢植え

1	2	3	4	5	6	7	8	9	10	11	12
				花期							
					掘り上げ				植え付け		

Tanacetum
ピレスラム

耐寒性多年草 【キク科】
別　名：ジョチュウギク
原産地：旧ユーゴスラビア、西南アジア

特徴 花にピレトリンという殺虫成分を含んでいます。蚊取り線香などに利用していたのはシロバナムシヨケギク。花径7cmほどもある美しい花を咲かせるアカバナムシヨケギクは、薬用より花壇や切り花に利用されます。

管理 日当たりと水はけのよい場所で育てます。秋から出回る苗を求め、晩秋に植えます。暖地では春まき2年草として扱います。

ピレスラム（アカバナムシヨケギク）

ピレスラム（シロバナムシヨケギク）

水普通　日なた　庭植え　鉢植え

1	2	3	4	5	6	7	8	9	10	11	12
			花期	花期	花期	花期					
	タネまき							植え付け、植え替え	植え付け、植え替え	植え付け、植え替え	

Oenothera speciosa
ヒルザキツキミソウ

耐寒性多年草 【アカバナ科】
別　名：エノテラ・スペシオサ
原産地：北アメリカ中西部
花言葉：物言わぬ恋、自由な心

特徴 日が沈んでから咲くマツヨイグサの仲間ですが、本種は昼間に咲きます。ピンクの4弁花がカップ状に開き、中心のしべが長く伸びます。つぼみのときは下を向いていますが、開花時は上を向きます。花は1日でしぼみますが、次々と賑やかに咲いていきます。

管理 日陰では姿が乱れ、花つきも悪いため、日当たりと水はけのよい場所で育てます。市販のポット苗を購入して春か秋に植えます。1度植えれば放任しても毎年よく花が咲くほど丈夫です。鉢植えは過湿に注意します。

ヒルザキツキミソウ

水普通　日なた　庭植え　鉢植え

1	2	3	4	5	6	7	8	9	10	11	12
				花期	花期	花期	花期				
植え付け	植え付け						植え付け、株分け	植え付け、株分け	植え付け、株分け		

初夏の花

Phacelia campanularia
ファセリア・カンパニュラリア

耐寒性秋まき1年草　　【ハゼリソウ科】
別　名：カリフォリニアン・ブルーベル
原産地：アメリカ合衆国（カリフォルニア）

ファセリア・カンパニュラリア

特徴　草丈は20～30cmほどで、茎葉に細かい毛があり、触れるとちょっとねばねばします。赤みを帯びた茎が地際から分枝して、釣り鐘状の花を上向きに咲かせます。濃紫青色で、雄しべの先の白い葯がよく目立つ美しい花です。コンパクトに育ち、吊り鉢に最適。

管理　日当たりと水はけのよい場所で育てます。高温多湿を嫌うので、秋にポットにタネをまき、フレームなどで冬越しさせます。移植を嫌うので、定植時は根鉢を崩さずに植えます。寒冷地では春にタネをまきます。

水普通　日なた　鉢植え

1	2	3	4	5	6	7	8	9	10	11	12
植え付け						花期					
			タネまき(寒冷地)						タネまき		

Bracteantha bracteata
ブラクテアンサ・ブラクテアタ

半耐寒性秋まき1年草または多年草　　【キク科】
別　名：ムギワラギク、テイオウカイザイク
原産地：オーストラリア
花言葉：常に記憶せよ

ブラクテアンサ・ブラクテアタ

特徴　麦わら細工のような花で、中心の筒状花を囲んで、花弁のように見えるのは総苞片です。さわるとカサカサと音を立てます。晴天のときは開きますが、曇天になると閉じる性質があります。以前はヘリクリサム属でしたが、現在はブラクテアンサ属です。

管理　日当たりと水はけのよい場所で育てます。暖地では秋まき、寒地では春まきにしますが、花壇に直まきするときは、おそ霜の心配がなくなる5月にタネをまきます。水切れに弱いので、特に鉢植えは注意します。

水普通　日なた　庭植え　鉢植え

1	2	3	4	5	6	7	8	9	10	11	12
植え付け(秋まき)						花期(秋まき)			タネまき(秋まき)		
タネまき(春まき)									花期(春まき)		
			植え付け(春まき)								

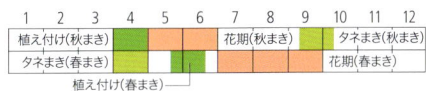

Phlox stolonifera
フロックス・ストロニフェラ

耐寒性多年草　　　　　　　　【ハナシノブ科】
別　名：ツルハナシノブ
原産地：アメリカ中部

フロックス・ストロニフェラ

特徴　茎が地面を這い、節から根を出して横に広がっていきます。10〜15cmに立ち上がった茎に、花筒の先が5裂して平らに開く花を咲かせます。よく似た近縁のディバリカタ種はやや大型で、40cm前後の草丈になります。

管理　真夏の直射日光を避け、明るい半日陰や午前中だけ日が当たるような場所で育てます。3年を目安に株分けをして植え替えます。

フロックス・ディバリカタ

水普通　半日陰　庭植え　鉢植え

1	2	3	4	5	6	7	8	9	10	11	12
				花期							
								植え付け、植え替え			

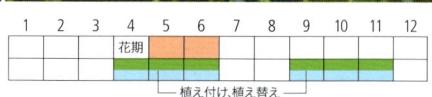

Carthamus tinctorius
ベニバナ

耐寒性秋まき1年草　　　　　　【キク科】
別　名：スエツムハナ、クレノアイ
原産地：中央アジア山岳地帯、地中海沿岸地域、エジプト、エチオピア
花言葉：区別

ベニバナ

特徴　万葉集や源氏物語などにも登場し、古くから染料植物や薬用植物として利用されてきました。茎や側枝の先端にアザミに似た花をつけます。花は咲きはじめは黄色で、咲き進むと紅色に変わります。葉に鋭いトゲがありますが、トゲのない園芸品種もあります。

管理　酸性土を嫌うので、栽培場所はあらかじめ苦土石灰をまいて、土を中和しておきます。直根性で移植を嫌うため、日当たりと水はけのよい場所にタネを直まきにします。ポット苗は根鉢を崩さないように植えます。

水普通　日なた　庭植え

1	2	3	4	5	6	7	8	9	10	11	12
					花期						
							タネまき			植え付け	

初夏の花

Petunia
ペチュニア

非耐寒性春まき1年草、多年草　　　【ナス科】
別　名：ツクバネアサガオ
原産地：ブラジル南部、アルゼンチン、ウルグアイ
花言葉：心がなごむ

アナベル 'オパークピンク'

特徴 アクシラリス種やビオラケア種などをを親にして誕生した園芸品種です。小輪の花をたくさんつけるタイプと大輪の花を咲かせるタイプがあり、一重のほか八重咲きもあります。雨で花びらが傷みやすいという欠点も、改良が進んで雨に強い品種も出回ります。

管理 タネから育てることもできますが、微粒種子で扱いが難しいこともあり、市販のポット苗を利用すると簡単です。花がらは早めに摘み取り、月に1、2回液肥を施します。伸びすぎた茎は切り戻して草姿を整えます。

1	2	3	4	5	6	7	8	9	10	11	12
			花期								
		タネまき				植え付け					

水普通　日なた　庭植え　鉢植え

ペチュニア 'パッション'

ペチュニア 'ライムライト'

ミリオンベル

ペチュニア

Linum grandiflorum
ベニバナアマ

耐寒性秋まき1年草　　　　　　　　【アマ科】
別　名：リナム、アカバナアマ、スカーレットフラッグ
原産地：北アフリカ

ベニバナアマ

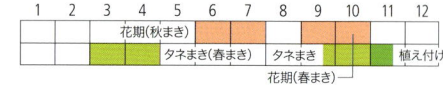

特徴 細い茎が株元からよく分枝し、やや幅広の線形の葉を交互につけます。細い花柄の先に、光沢のある鮮やかな紅色の花が皿状に開きます。花の中心部は暗紅色に染まり、ピンクや白花の品種もあります。1日で散りますが、毎日次々と咲いていきます。

管理 日当たりと水はけのよい、乾き気味の場所でよく育ちます。移植を嫌うので、タネは直まきにします。春にまくより、秋まきのほうが根張りのよいしっかりした株に育ちます。ポット苗は根鉢を崩さないように植えます。

水普通　日なた　庭植え　鉢植え

1	2	3	4	5	6	7	8	9	10	11	12
				花期（秋まき）							
					タネまき（春まき）			タネまき		植え付け	
							花期（春まき）				

Hemerocallis
ヘメロカリス

耐寒性多年草　　　　　　　　【ユリ科】
別　名：デイリリー
原産地：東アジア
花言葉：媚態、コケットリー

ヘメロカリス

特徴 日本や中国原産のキスゲやカンゾウの仲間を交配してつくった園芸種で、花径20cmの巨大輪から5cm程度の極小輪まで変化に富んでいます。ユリに似た花が夏中咲き続けますが、1つの花は1日しか咲きません。

管理 半日陰でも育ちますが、日陰では花つきが悪いので、日当たりと水はけのよい場所が理想的。花がらをこまめに摘みます。

ヘメロカリス 'ブルーベリークリーム'

水普通　日なた　半日陰　庭植え　鉢植え

1	2	3	4	5	6	7	8	9	10	11	12
					花期						
		植え付け、株分け									

初夏の花

Heliotropium arborescens
ヘリオトロープ

半耐寒性常緑低木　　　　　　　　【ムラサキ科】
別　名：ニオイムラサキ、キダチルリソウ
原産地：エクアドル、ペルー
花言葉：献身的な愛

ヘリオトロープ

特徴 ヘリオトロープはギリシャ語で「太陽に向く」という意味。ギリシャ神話にアポロンを慕ってヘリオトロープになった娘の話があります。小さな濃紫色の花が密集して大きな花房をつくります。花にバニラに似た特有の芳香があり、ハーブとしても利用されます。

管理 主に鉢植えで楽しみます。春〜秋までは日当たりと風通しのよい戸外に置きます。冬は室内に取り入れ、水やりを控えて5℃以上を保ちます。花後に切り戻すと、再び花が咲きます。2〜3年に1回植え替えます。

水普通　日なた　鉢植え

1	2	3	4	5	6	7	8	9	10	11	12
				花期	花期	花期	花期	花期	花期	花期	
			植え付け、植え替え								

Veronica spicata
ベロニカ・スピカータ

耐寒性多年草　　　　　　　　【ゴマノハグサ科】
別　名：ヒメトラノオ
原産地：ヨーロッパ、北アジア
花言葉：堅固

ベロニカ・スピカータ 'ロイヤルキャンドル'

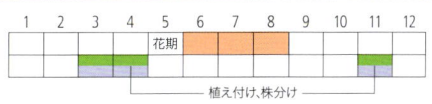

特徴 まっすぐに伸びた茎の先に穂状に花をつけます。人気の品種'ロイヤルキャンドル'は、高さ20cm前後のわい性種です。鮮やかな青紫色の美しい花穂が次々と立ち上がります。咲き終わった花穂をこまめに切り取ると、初秋頃まで花を楽しめます。

管理 日当たりと水はけがよく、夏の強光を避けられる場所で育てます。春に出回る鉢花を購入し、根鉢を崩さずに植えるのが簡単です。地上部が枯れ始める晩秋か春先に株分けをしてふやします。

水普通　日なた　庭植え　鉢植え

1	2	3	4	5	6	7	8	9	10	11	12
					花期	花期	花期				
		植え付け、株分け								植え付け、株分け	

177

Campanula punctata

ホタルブクロ

耐寒性多年草　　　　　　　　　　　　【キキョウ科】
別　名：チョウチンバナ、カンパニュラ・プンクタータ
原産地：日本、朝鮮半島、中国、シベリア東部
花言葉：安定、正義、忠実

ホタルブクロ

特徴 日本の山野でも普通に見られ、夏の到来を告げる可憐な野草です。弓なりの茎に白や淡紅色の釣り鐘形の花が数輪下向きに咲きます。花の内側に紫色の斑点があります。青花ホタルブクロの通称で出回る大輪咲きの交雑種は、花つきもよく人気があります。

管理 地下のランナーでよくふえ、栽培は容易です。日なたから半日陰で育ちますが、夏に日陰になるような、水はけのよい落葉樹の下などが適地です。

水普通　日なた　半日陰　庭植え　鉢植え

	1	2	3	4	5	6	7	8	9	10	11	12
花期						■	■					
植え付け、株分け			■							■		

ホタルブクロ（二重咲き種）

ホタルブクロ '白糸の滝'

石立てホタルブクロ

青花ホタルブクロ

初夏の花

ボリジ
Borago officinalis

耐寒性秋まき1年草　【ムラサキ科】
別　名：ルリヂシャ、スターフラワー
原産地：地中海沿岸地域

特徴 古くからハーブとして親しまれています。葉や茎に銀白色の硬い毛が生え、星形の青い花をうつむき加減に咲かせます。若い葉はキュウリに似た香りがあり、野菜のように利用したり、花を砂糖菓子などにします。

管理 移植を嫌うので、日当たりと水はけのよい場所にタネを直まきにします。寒冷地を除いて、秋まきのほうが大株に育ちます。

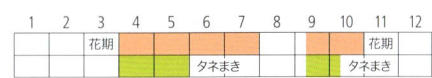

ボリジ（白花種）

水普通　日なた　庭植え　鉢植え

1	2	3	4	5	6	7	8	9	10	11	12
			花期	花期	花期	花期		花期	花期	花期	
				タネまき	タネまき			タネまき	タネまき		

マツバギク
Lampranthus

半耐寒性～耐寒性多年草　【ツルナ科】
別　名：ランプランサス
原産地：南アフリカ
花言葉：無為、なまけもの、怠惰

特徴 多肉質の茎葉が這うように広がり、金属光沢のある花が株を覆うように咲きます。花は日が当たると開き、夜間は閉じます。近縁のデロスペルマ属は耐寒マツバギクと呼ばれ、グラウンドカバーに利用されます。

管理 日当たりと水はけのよい場所で育てますが、石垣の上など乾きやすいところに適します。6～9月に挿し芽でふやします。

デロスペルマ・クーベリー（麗光）

水少なめ　日なた　庭植え　鉢植え

1	2	3	4	5	6	7	8	9	10	11	12
			花期	花期	花期	花期	花期	花期	花期		
			植え付け	植え付け							

← 花期（デロスペルマ属）

Tanacetum parthenium
マトリカリア

耐寒性多年草または秋まき1年草　　【キク科】

- 別　名：ナツシロギク、フィーバーフュー
- 原産地：ヨーロッパ、カフカス
- 花言葉：楽しむ

特徴　マトリカリアは古い名前で、現在はタナセツム属です。全体に強い独特の匂いがあり、ハーブとしても利用されます。小ギクに似た花がいっせいに開花するので、花どきは見事です。葉色を楽しむ品種もあります。

管理　日当たりと水はけのよい場所で育てます。秋にタネをまき、霜除けをして冬越しさせ春先に定植します。花後に切り戻します。

マトリカリア

水普通　日なた　庭植え　鉢植え

1	2	3	4	5	6	7	8	9	10	11	12
				花期	花期	花期					
		植え付け	植え付け					タネまき	タネまき		

Miyamayomena savatieri
ミヤコワスレ

耐寒性多年草　　【キク科】

- 別　名：ミヤマヨメナ
- 原産地：日本（本州の箱根以西、四国、九州）
- 花言葉：別れ、強い意志

特徴　日本原産のミヤマヨメナを改良した園芸種で、花形はヨメナに似ています。簡素な美しさが好まれ、徳川時代から栽培されてきました。花色は濃紫色が一般的ですが、白やピンクなどもあります。

管理　夏に半日陰になるような場所で育てます。庭植えは3～4年を目安に、鉢植えは毎年、花後か秋に株分けをして植え替えます。

ミヤコワスレ '浜乙女'

水普通　半日陰　庭植え　鉢植え

1	2	3	4	5	6	7	8	9	10	11	12
			花期	花期	花期						
		植え付け・株分け						植え付け・株分け	植え付け・株分け		

初夏の花

Crepis rubra
モモイロタンポポ

耐寒性秋まき1年草　【キク科】
別　名：クレピス・ルブラ、センボンタンポポ
原産地：南イタリア、バルカン半島

特徴　葉がロゼットを形成して冬を越します。春になるとその中から細い茎を数本立ち上げ、ピンクや白の花を咲かせます。花は舌状花が集まったもので、タンポポに似ています。茎や葉を傷つけると乳汁が出ます。

管理　移植を嫌うので、日当たりと水はけのよい場所にタネを直まきします。また、強い寒さを嫌うので霜除けをして育てます。

モモイロタンポポ

クレピス・ルブラ 'アルバ'

水普通　日なた　庭植え　鉢植え

1	2	3	4	5	6	7	8	9	10	11	12
				花期	花期	花期					
		植え付け					タネまき				

Hydrangea serrata
ヤマアジサイ

耐寒性落葉低木　【ユキノシタ科】
別　名：コガク、サワアジサイ
原産地：日本、朝鮮半島

特徴　湿った林の中や沢沿いなどで見られ、サワアジサイの別名があります。細い枝に、先が尖った光沢のない薄い葉をつけ、全体に小ぶりです。花の色は変化に富んでいますが、花房が小さいのも特徴です。

管理　強光と乾燥に弱いので、午前中だけ日が当たる場所や、木もれ日がさすような場所で育てます。鉢花も夏は半日陰に移します。

ヤマアジサイ 'くれない'

ヤマアジサイ '藍姫'

水多め　半日陰　庭植え　鉢植え

1	2	3	4	5	6	7	8	9	10	11	12
				花期	花期	花期					
	植え付け	植え付け	植え付け				植え付け	植え付け	植え付け		

Euphorbia
ユーフォルビア

耐寒性〜半耐寒性多年草　　【トウダイグサ科】
原産地：ヨーロッパ、地中海沿岸地域など

ユーフォルビア・キパリッシアス

特徴 世界各地に2000種以上の仲間があるといわれ、ポインセチアやハナキリンもこの仲間です。近年、草姿や葉の色、形がユニークで、花壇にアクセントをつけるときに重宝する多年草が多く出回り、人気を得ています。総苞（そうほう）が色づき、長く観賞できます。

管理 乾燥や寒さには強いのですが、高温多湿時の蒸れに弱いため、日当たりと水はけ、風通しのよい場所で育てます。鉢植えは多肉植物用の用土で植え、過湿に注意します。切り口から出る白い液は有毒なので注意。

1	2	3	4	5	6	7	8	9	10	11	12
		花期	花期	花期	花期	花期					
	植え付け	植え付け				植え付け	植え付け	植え付け			

水少なめ　日なた　庭植え　鉢植え

ユーフォルビア・アミグダロイデス

ユーフォルビア・キャラシアス

ユーフォルビア・マルテイニー

ユーフォルビア

初夏の花

Lilium Asiatic hybrids
ユリ(アジアティック・ハイブリッド)

耐寒性秋植え球根　【ユリ科】
別　名：スカシユリ系交配種
原産地：交配種

ユリ'コブラ'

特徴 アジア原産のオニユリやスカシユリなどを交配してつくられた園芸品種群です。花は杯形で、多くは上向きに咲きます。花色は豊富ですが、花に香りはありません。日当たりを好み、丈夫で育てやすいのが特徴です。

管理 日当たりと水はけのよい場所で育てます。庭植えは頻繁に植え替えませんが、鉢植えは葉が枯れる頃に掘り上げて植え替えます。

ユリ'ドット・コム'

水普通／日なた／庭植え／鉢植え

1	2	3	4	5	6	7	8	9	10	11	12
				花期	花期	花期					
							植え付け	植え付け	植え付け	植え付け	
									掘り上げ	掘り上げ	

Lilium Oriental hybrids
ユリ(オリエンタル・ハイブリッド)

耐寒性秋植え球根　【ユリ科】
別　名：ジャパニーズハイブリッド
原産地：交配種

ユリ'ロージードーン'

特徴 日本にしか自生していないヤマユリやカノコユリ、ササユリなどを交配してつくられた園芸品種群です。'カサブランカ'に代表されるように、香りの強い華やかな大輪花が特徴です。半日陰を好みます。

管理 強い直射日光を嫌うので、風通しのよい半日陰で育てます。鉢植えも半日陰で管理します。花がらは早めに摘み取ります。

ユリ'カサブランカ'

水普通／半日陰／庭植え／鉢植え

1	2	3	4	5	6	7	8	9	10	11	12
					花期	花期					
							植え付け	植え付け	植え付け	植え付け	
									掘り上げ	掘り上げ	

Lilium Trumpet hybrids

ユリ(トランペット・ハイブリッド)

耐寒性秋植え球根　　　　　　　　　【ユリ科】
別　名：オーレリアンハイブリッド、キカノコユリ系交配種
原産地：交配種

✹✹✹✹✺

特徴 リーガルリリーやキカノコユリ、ハカタユリなど、中国原産のユリを中心にして交配した園芸品種のグループです。筒状の花を咲かせ、性質が強く、長年植えっぱなしにしても育ちます。日当たりを好みます。

管理 球根は上下に根を張るため、養分を吸収する「上根」が十分に張れるように深植えし、マルチングして株元を乾燥から守ります。

ユリ'アフリカン・クイーン'

ユリ'ワイレカ'

💧 水普通　☀ 日なた　🌱 庭植え　🪴 鉢植え

1	2	3	4	5	6	7	8	9	10	11	12
				花期	花期	花期			植え付け	植え付け	
							掘り上げ	掘り上げ	掘り上げ		

Lilium longiflorum hybrids

ユリ(ロンギフローラム・ハイブリッド)

耐寒性秋植え球根　　　　　　　　　【ユリ科】
原産地：交配種

✺

特徴 日本産のテッポウユリや台湾産のタカサゴユリなどを交配してつくられた園芸品種のグループです。新テッポウユリとも呼ばれ、香りのある細長い筒状の花を横向きに咲かせます。日当たりを好みます。

管理 日当たりと水はけのよい場所で育てます。球根に外皮がないため乾燥に弱いです。購入したらできるだけ早く植えましょう。

新テッポウユリ'ひのもと'

長太郎ユリ

💧 水普通　☀ 日なた　🌱 庭植え　🪴 鉢植え

1	2	3	4	5	6	7	8	9	10	11	12
					花期	花期					
							植え付け	植え付け	植え付け		
								掘り上げ	掘り上げ		

初夏の花

Lilium
ユリ（日本の野生ユリ）

耐寒性秋植え球根　　　　　　　　【ユリ科】
原産地：日本
花言葉：あなたは偽れない

ヒメユリ

特徴 すらりと伸びた茎に大輪の花をつけて、風に揺れやすいので「揺れる」がユリの語源という説があります。万葉の昔から詠われたササユリをはじめ、大きな花を開き、強烈な香りを放つユリの王者ヤマユリなど、日本各地で美しい野生のユリが咲き競います。

管理 植える場所は、堆肥などをすき込んであらかじめ深く耕しておきます。球根の高さの3～4倍の深さに植え付けます。鉢植えは深鉢を用いて2～3倍の深さに植えます。生育中は水切れさせないように注意しましょう。

1	2	3	4	5	6	7	8	9	10	11	12
				花期							植え付け
							掘り上げ				

水普通　　日なた　　半日陰　　庭植え　　鉢植え

エゾスカシユリ

オトメユリ

ササユリ

ヤマユリ

Consolida ambigua
ラークスパー

半耐寒性～耐寒性秋まき1年草　【キンポウゲ科】
別　名：チドリソウ、ヒエンソウ
原産地：ヨーロッパ南部
花言葉：高貴、尊大

ラークスパー

特徴 細かく切れ込んだ葉をつけた茎が直立し、長い花穂をつけます。花壇や切り花に向く高性種と、コンテナに向くわい性種があります。花の後ろに突き出た角状の距を鳥の脚にあるけづめに見立てて、英名は「ヒバリのけづめ」の意味のラークスパーです。

管理 秋まきの1年草ですが、高温化では発芽しないので10月にタネをまきます。移植を嫌うので、日当たりと水はけのよい場所に直まきします。寒さには強いのですが、霜除けをすると安心です。寒冷地では春まきに。

水普通／日なた／庭植え／鉢植え

1	2	3	4	5	6	7	8	9	10	11	12
				花期							
						タネまき(寒冷地)			タネまき		

Lagurus ovatus
ラグルス・オバタス

耐寒性秋まき1年草　【イネ科】
別　名：ウサギノオ
原産地：地中海沿岸地域

ラグルス・オバタス

特徴 ラグルスはギリシャ語で「ノウサギの尾」の意味。ウサギのしっぽのようなふわふわした花穂を楽しむ植物です。アワ粒のような小さな花が咲いた後に、美しい羊毛状の毛に覆われます。グラウンドカバーに利用できるわい性種'バニーテール'もあります。

管理 秋に、日当たりと水はけのよい場所にタネを直まきし、間引きをしながら育てます。ポット苗は早春に根鉢を崩さないように植えます。ドライフラワーは、花後に地際から刈り取り、風通しのよい日陰で干します。

水普通／日なた／庭植え／鉢植え

1	2	3	4	5	6	7	8	9	10	11	12
				花期							
	植え付け							タネまき			

初夏の花

Ratibida pinnata
ラティビダ

耐寒性1、2年草または多年草　【キク科】
別　名：メキシカンハット
原産地：カナダ南西部〜アメリカ中部、西部

ラティビダ・ピンナタ

特徴　黄色と褐色の対比が美しく、個性的な花形で、花壇や切り花で利用されています。羽状に細かく切れ込んだ葉は、軟毛が生えて灰緑色です。花の中心が円筒状に盛り上がり、周辺の舌状花が垂れ下がり、その姿からメキシカンハットと呼ばれています。

管理　日当たりと水はけのよい場所で育てます。本来は多年草ですが、春まきの2年草、または秋まきの1年草として扱われています。茎が細く、高く伸びるので支柱を立て、花がらをこまめに摘むと、花が長く楽しめます。

水少なめ　日なた　庭植え

1	2	3	4	5	6	7	8	9	10	11	12
					花期	花期	花期				
植え替え、株分け				タネまき					タネまき		

Dorotheanthus bellidiformis
リビングストンデージー

半耐寒性秋まき1年草　【ツルナ科】
別　名：ドロテアンツス、ベニハリ
原産地：南アフリカ

リビングストンデージー

特徴　這うように広がり、デージーに似た鮮やかな花が株を覆ってたくさん咲きます。花に蛇の目の入る品種と入らない品種があり、混合品種を用いれば、金属光沢のある花が花壇を賑やかに演出します。花径4cmほどで、日を浴びていっせいに開き、夕方に閉じます。

管理　低温や日陰では花が開かないので、何よりも日当たりと水はけのよい、暖かい場所で育てます。秋にタネをまき、フレームや室内で育苗します。苗は十分に日に当て、おそ霜の心配がなくなったら定植します。

水普通　日なた　庭植え　鉢植え

1	2	3	4	5	6	7	8	9	10	11	12
		花期	花期	花期	花期						
		植え付け					タネまき	タネまき			

Lysimachia
リシマキア

耐寒性多年草　【サクラソウ科】
別　名：ヨウシュコナスビ（ヌンムラリア種）
原産地：ヨーロッパ、北アメリカ、中国、日本など

リシマキア・ヌンムラリア

特徴　茎が立ち上がるもの、這うものなどさまざまな系統があり、星形の花をつけます。全体が赤紫色を帯びるキリアタ種'ファイアークラッカー'や黄金葉のヌンムラリア種'オーレア'などは、花のない時期も美しい。いずれも強健種で半日陰でもよく生育します。

管理　半日くらい日が当たる場所で育てます。植えっぱなしにすると、密植になり、蒸れて弱ることがありますから、1～2年に1回は植え替えます。地下茎を伸ばしてふえる種類は、不要な株を抜き取ります。

水普通／日なた／半日陰／庭植え／鉢植え

	1	2	3	4	5	6	7	8	9	10	11	12
花期					花期							
植え付け、株分け				植え付け、株分け				植え付け、株分け				

リシマキア・キリアタ'ファイアークラッカー'　リシマキア・コンゲスティフロラ'アウトバック' 　オカトラノオ

リシマキア・アトロプルプレア'ボージョレー'

初夏の花

Limnanthes douglasii
リムナンテス・ダグラシー

耐寒性秋まき1年草　　　【リムナンテス科】
別　名：ポーチド・エッグ・プランツ
原産地：アメリカ合衆国(カリフォルニア州、オレゴン州)
　　　　　　　　　　　　　　　　　　複

リムナンテス・ダグラシー

特徴 株元から多数の枝を分枝し、横に広がります。羽状に裂けた葉のわきから細い花柄を出して、芳香のある花を1つ開きます。花弁は5枚で先端がへこみ、日がかげると閉じる性質があります。花の中心が黄色で外側が白のため、目玉焼きのような花形です。

管理 日当たりと水はけのよい場所で育てます。栽培は容易で、1度植えるとこぼれダネで翌年も芽が出ます。移植に弱いのでタネは直まきにします。開花中は花がらをこまめに摘むと、花が長く楽しめます。

水普通　　日なた　　庭植え　　鉢植え

	1	2	3	4	5	6	7	8	9	10	11	12
	花期(秋まき)										花期(春まき)	
			タネまき(寒地)								タネまき	

Limonium
リモニウム

耐寒性〜非耐寒性秋まき1年草、多年草　【イソマツ科】
別　名：スターチス、宿根スターチス
原産地：主にヨーロッパ、地中海沿岸地域
花言葉：驚き

リモニウム・シヌアツム

特徴 最も普及しているのは、1年草のシヌアツム種です。色のついたカサカサした部分は萼で、生の花でもドライな質感です。細い茎がよく分枝し、細かい花を密につける宿根リモニウムは大型で、花壇に向きます。

管理 日当たりと水はけのよい場所で育てます。乾燥地の植物で、雨に直接当たると病気が出やすいので、雨を避ける工夫をします。

リモニウム・スウオロウィー

水少なめ　　日なた　　庭植え　　鉢植え

	1	2	3	4	5	6	7	8	9	10	11	12
			花期(1年草)								タネまき	
	植え付け、株分け										植え付け、株分け	
					花期(多年草)							

Lupinus
ルピナス

耐寒性多年草、秋まき1、2年草 　　　　　【マメ科】
別　名：ノボリフジ、タチフジ
原産地：地中海沿岸地域、南北アメリカなど
花言葉：貪欲、空想

特徴 ルピナスはラテン語で「狼」の意味。土地を選ばず荒地でもはびこるさまを、狼の貪欲さにたとえたといわれています。手のひら状の葉の間から花穂が直立して、蝶形花を上向きにつけます。雄大な穂が特徴のラッセル種には、わい性のミナレット系もあります。

管理 ラッセル種は暖地では夏越しが無理なので、毎年タネをまいて1、2年草として育てます。タネは一晩水につけ、移植を嫌うので日当たりと水はけのよい場所に直まきします。春に流通する苗を利用すると簡単です。

ラッセルルピナス

水普通　日なた　庭植え　鉢植え

1	2	3	4	5	6	7	8	9	10	11	12
			花期						タネまき(1年草)		
植え付け											
			タネまき(多年草)		植え付け(多年草)						

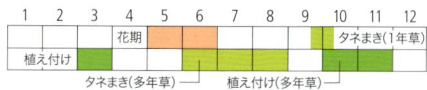

カササギルピナス

ルピナス・エレガンス

キバナルピナス

ミナレットルピナス

初夏の花

レウココリネ

Leucocoryne
レウココリネ

半耐寒性秋植え球根　　　【ヒガンバナ科（ユリ科）】
別　名：リューココリネ
原産地：チリのアンデス
花言葉：温かい心

特徴　レウココリネは、ギリシャ語で「白い棍棒」の意味。花の中心に、3本の角のような仮雄しべが突き出ていることに由来した名です。細く硬い花茎の先に、星形の優美な花を数輪つけます。花は美しいだけでなく、香りもあり、色も豊富で人気があります。

管理　日当たりと水はけのよい場所で育てます。寒冷地では鉢植えにし、冬は室内の明るい窓辺に置きます。鉢植えは4号鉢に5球を目安に植え、葉が枯れたら鉢のまま乾燥し、地植えは掘り上げ、秋まで乾燥貯蔵します。

水普通　日なた　庭植え　鉢植え

	1	2	3	4	5	6	7	8	9	10	11	12
					花期							
							掘り上げ			植え付け		

Linanthus androsaceus subsp. *Luteus*
レプトシフォン

耐寒性秋まき1年草　　　【ハナシノブ科】
別　名：ギリア・ルテア、リナンツス
原産地：アメリカ合衆国（カリフォルニア州）

特徴　古い名のレプトシフォンで流通していますが、現在はリナンツス属です。株元から分枝した茎に、針状に細く裂けた葉が輪生するようにつき、カラフルな小花がたくさん咲きます。花は、花茎のように見える細長い花筒部の先に、花冠が5裂して平らに開きます。

管理　日当たりが悪いと軟弱に育ち、花も咲きませんから、よく日が当たる水はけのよい場所で育てます。タネは秋に直まきし、防寒すると安全です。開花中は花がらを摘みますが、一部採種用に残すとよいでしょう。

水普通　日なた　庭植え　鉢植え

	1	2	3	4	5	6	7	8	9	10	11	12
					花期							
		タネまき（寒冷地）					花期（春まき）				タネまき	

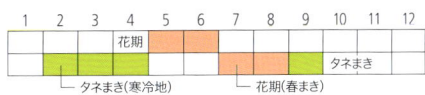

Rhodanthemum
ローダンセマム

耐寒性多年草または亜低木　　　【キク科】
原産地：北アフリカの山岳地

ローダンセマム・ホスマリエンセ

特徴 細かく裂けた銀色に輝く葉の上に、マーガレットに似た白い大きな花を開くホスマリエンセ種がよく見られます。ほかに、ピンクの花をつけるマウイ種、花の中心がブラウンの'アフリカンアイズ'などもあります。

管理 鉢花は、梅雨の長雨に当てないように軒下などに移します。寒冷地では冬は室内に置きます。春先か秋に植え替えます。

ローダンセマム'アフリカンアイズ'

水普通　日なた　鉢植え

1	2	3	4	5	6	7	8	9	10	11	12
				花期					花期		
植え替え							植え替え				

Lobelia
ロベリア

耐寒性〜半耐寒性多年草、秋まき1年草　　【キキョウ科】
別　名：ルリチョウチョウ、ルリミゾカクシ
原産地：南アフリカ
花言葉：貞淑

ロベリア・エリヌス

特徴 一般にこの名前で出回っているのは、エリヌス種から改良されたものです。半球状に茂り、小さな蝶形の花が群がって株を覆いつくすほど咲きます。バリダ種はさわやかな青色の花を咲かせる立ち性の多年草です。

管理 日当たりど水はけ、風通しのよい肥沃な場所で育てます。花が終わったら株を半分くらい切り戻すと、秋に再び花が咲きます。

ロベリア・バリダ

水普通　日なた　庭植え　鉢植え

1	2	3	4	5	6	7	8	9	10	11	12
			花期						花期(バリダ種)		
		植え付け		タネまき(バリダ種)							

タネまき

PART
4

夏の花
flower of summer

Achimenes
アキメネス

非耐寒性春植え球根　　　　【イワタバコ科】
別　名：ハナギリソウ
原産地：メキシコ南部〜中央アメリカ
花言葉：珍品

アキメネス 'ストロベリーリップル'

特徴 エレクタやグランディフロラなどの原種をもとに多くの園芸品種がつくられています。葉のわきに1〜数輪の花をつけ、茎が生長するとともに、咲き上がっていくので、長期間花が楽しめます。花は細長い花筒の先が5裂して大きく開きます。

管理 寒さと高温に弱いため、鉢で育てます。強い直射日光を嫌うので、春から初夏は室内の日の当たる窓辺に置き、夏は戸外の涼しい半日陰に置きます。花後、葉が黄変したら鉢ごと乾燥させ、凍らない室内で保存します。

水普通　　半日陰　　鉢植え

	1	2	3	4	5	6	7	8	9	10	11	12
					花期							
植え付け												

Ageratum
アゲラタム

非耐寒性春まき1年草　　　　【キク科】
別　名：アゲラツム、カッコウアザミ
原産地：メキシコ、ペルー
花言葉：信頼

アゲラタム

特徴 アゲラタムはギリシャ語で、「年をとらない、不老」の意味。長期間新鮮な色を保つことから名づけられました。草丈15cm前後のわい性種から60cmにもなる高性種があります。よく分枝した茎の先に、アザミを小さくしたような花を半球状につけます。

管理 寒さに弱いため、春まき1年草として扱い、日当たりと水はけのよい場所で育てます。春にタネをまき、本葉4枚の頃にポットに移植して初夏に定植します。密植を避けて風通しをよくすると花つきがよくなります。

水普通　　日なた　　庭植え　　鉢植え

	1	2	3	4	5	6	7	8	9	10	11	12
											花期	
		タネまき			植え付け							

夏の花

Ipomoea nil（Ipomoea tricolor）
アサガオ、セイヨウアサガオ

非耐寒性春まき1年草　【ヒルガオ科】
原産地：アジア
花言葉：はかない恋、平静、結びつき

アサガオ 'アーリーコール'

特徴 古くに薬用として中国から渡来しました。江戸時代から園芸植物として栽培され、大輪アサガオや変化咲きアサガオなど、たくさんの園芸種がつくられてきました。花は1日花ですが、曜白系やセイヨウアサガオのように午後遅くまで咲くものもあります。

管理 種皮が硬いため、一晩水に浸してふくらんだタネをポットにまきます。本葉3～4枚で、日当たりと水はけのよい場所に定植します。鉢植えは、あんどん仕立てにし、薄めの液肥を週1回水やり代わりに与えます。

水普通　日なた　庭植え　鉢植え

1	2	3	4	5	6	7	8	9	10	11	12
						花期	花期	花期	花期		
		タネまき	タネまき	タネまき							

アサガオ '浜の錦'（大輪咲き種）

リュウキュウアサガオ

変化アサガオ（キキョウ咲き）

セイヨウアサガオ 'ヘブンリーブルー'

Asclepias
アスクレピアス

耐寒性多年草　　　　　　　　　　　【ガガイモ科】
別　名：トウワタ、宿根パンヤ
原産地：北アメリカ、アフリカ
花言葉：行かせてください

アスクレピアス（ヤナギトウワタ）

特徴　1m前後に直立する茎の先に、星形に開くユニークな花がたくさんつきます。緋色と黄色のコントラストが美しいトウワタや、橙色の花をつけるヤナギトウワタなどが栽培されます。茎葉を切ると白い乳液が出ます。

管理　トウワタは1年草として扱い、ヤナギトウワタは関東地方以西では露地で越冬します。春にタネをまき、初夏に定植します。

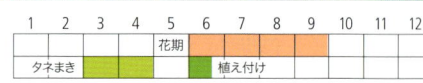

トウワタ

水普通　日なた　庭植え　鉢植え

1	2	3	4	5	6	7	8	9	10	11	12
					花期	花期	花期	花期			
	タネまき	タネまき	タネまき		植え付け						

Astilbe
アスチルベ

耐寒性多年草　　　　　　　　　　　【ユキノシタ科】
別　名：ショウマ、アケボノショウマ
原産地：東アジア、中央アジア
花言葉：恋の訪れ、自由

アスチルベ

特徴　日本産のアワモリショウマやヒトツバショウマ、中国産のオオチダケサシなどを交配した園芸種です。円錐形の花穂（えんすいけい）に小さな花が無数について、開くとふんわりと泡だつような優しい雰囲気になり、群植すると見事です。梅雨の長雨でも花が傷みません。

管理　日当たりから半日陰まで適応しますが、水はけがよく肥沃な土壌を好みます。夏に乾燥すると株が弱るため、高温が続くときは庭植えも水やりします。花がらがいつまでも残るので、色があせたら株元で切り取ります。

水普通　日なた　半日陰　庭植え　鉢植え

1	2	3	4	5	6	7	8	9	10	11	12
			花期	花期	花期	花期					
		植え付け、株分け							植え付け、株分け	植え付け、株分け	

夏の花

Astrantia major
アストランティア

耐寒性多年草　　　　　　　　　　【セリ科】
別　名：アストランチア
原産地：中央〜東ヨーロッパ
花言葉：愛の渇き

特徴　アストランティアはギリシャ語で「星に似る」という意味。花形から名づけられました。一般的なのは花色の豊富なマヨール種です。花弁のように見える苞の中にたくさんの小さな花が包まれて咲き、1輪の花のように見えます。斑入り葉の園芸品種もあります。

管理　高温多湿に弱いため、落葉樹の東側など地温の上がらない場所が適地です。暖地では鉢に植え、夏は涼しい日陰に置いて株を休ませ、涼しくなってから日に当てます。早春か秋に、株分けして植え替えます。

水普通　半日陰　庭植え　鉢植え

アストランティア

1	2	3	4	5	6	7	8	9	10	11	12
					花期	花期					

植え付け、株分け

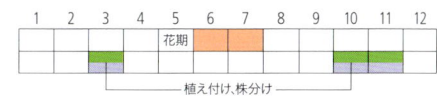

Adenium obesum
アデニウム

非耐寒性多肉植物　　　　　　　【キョウチクトウ科】
別　名：デザートローズ
原産地：アフリカ北東部〜南部

特徴　熱帯の砂漠地帯の岩場などに生育し、「砂漠のバラ」という英名があります。光沢のある楕円形の葉をつけ、漏斗状の花が茎の先端に数花集まって咲きます。花径5cm前後で、先が5裂して平らに開きます。多肉質の枝を傷つけると有毒の乳汁が出ます。

管理　水はけのよいサボテン用土を用いて鉢植えにします。春〜秋までは直射日光の当たる戸外に置き、鉢土の表面が乾いてからたっぷり水をやります。冬は、日当たりのよい室内で、水を控えて8℃以上に保ちます。

水普通　日なた　鉢植え

アデニウム・オベスム

1	2	3	4	5	6	7	8	9	10	11	12
				花期	花期	花期	花期	花期			
			植え替え								

Abutilon×hybridum
アブチロン

非耐寒性常緑低木　　　【アオイ科】
別　名：フラワリング・メイプル、ウキツリボク
原産地：世界の熱帯〜亜熱帯地方
花言葉：尊敬

特徴　花色の豊富な交雑種のヒブリドゥムは木立ち性で、薄紙でつくられたような広鐘形（こうしょうけい）の花を下向きに開きます。赤い萼（がく）の中から黄色の花弁をのぞかせて下垂（かすい）するウキツリボクは、つる性種であんどん仕立てにされます。

管理　鉢花は、春〜秋は日の当たる戸外に置き、晩秋に室内に取り込みます。ウキツリボクは暖地の無霜地帯では戸外で越冬できます。

アブチロン'ドワーフレッド'

ウキツリボク

水普通　日なた　庭植え　鉢植え

	1	2	3	4	5	6	7	8	9	10	11	12
花期												
植え付け、植え替え												

Hibiscus moscheutos
アメリカフヨウ

耐寒性多年草　　　【アオイ科】
別　名：クサフヨウ、ローズマロー
原産地：北アメリカ

特徴　花の直径が25cm以上にもなり、草花の園芸種の中では最も大きな花を咲かせるので有名です。花は朝に開き、夕べに閉じる1日花ですが、毎日新しいつぼみが開いてくるので、1か月以上楽しめます。高性種のほか、鉢植えもできるわい性種もあります。

管理　日当たりのよい、やや湿った肥沃な土地を好みます。気温が上がる頃に植え付け、しぼんだ花がらをこまめに摘み取ります。ハマキムシが発生するので、見つけ次第捕殺するか、殺虫剤で早めに防除しましょう。

アメリカフヨウ'ディスコベルピンクバイカラー'

水普通　日なた　庭植え　鉢植え

	1	2	3	4	5	6	7	8	9	10	11	12
植え付け、株分け												
花期												
タネまき												

夏の花

Evolvulus pilosus American Blue
アメリカン・ブルー

非耐寒性多年草　【ヒルガオ科】
別　名：エボルブルス
原産地：中央アメリカ

アメリカン・ブルー（エボルブルス・ピロスス）

特徴 アサガオを小さくしたような涼しげな青い花が夏の間中、次々と咲き続けます。地を這って四方に伸びてゆく、半つる性の植物なので、吊り鉢に最適です。また、寒さには弱いのですが、夏の間はよく生育するので、夏の花壇で楽しむこともできます。

管理 日がかげると花を閉じるので、十分に日が当たる場所で育てます。姿が乱れたら、ときどき刈り込んで形を整えます。寒さは苦手ですから、冬は日当たりのよい室内の窓辺に置いて管理し、春に植え替えます。

水普通　日なた　庭植え　鉢植え

1	2	3	4	5	6	7	8	9	10	11	12
					花期						
				植え付け、植え替え							

Allamanda
アラマンダ

半耐寒性つる性低木　【キョウチクトウ科】
別　名：アリアケカズラ、ゴールデントランペット
原産地：熱帯アメリカ

アラマンダ

特徴 細くしなる茎の先端付近に鮮黄色の花を次々と咲かせます。花はラッパ形で、先端が5裂して開き、ゴールデントランペットの別名があります。オオバナアリアケカズラは、つぼみの外側が赤褐色に色づき、花の直径が10cmにもなる大輪種です。

管理 日当たりを好みますから、1年を通してよく日が当たる場所で育てます。暖地の無霜地帯では庭植えもできますが、一般的には鉢植えで楽しみます。10月に室内に取り込み、冬は水を控えて5℃以上に保ちます。

水普通　日なた　庭植え　鉢植え

1	2	3	4	5	6	7	8	9	10	11	12
					花期						
				植え付け							

Angelonia
アンゲロニア

非耐寒性多年草　　【ゴマノハグサ科】
原産地：中米、西インド諸島

アンゲロニア・サリカリーフォリア

特徴 株元からたくさんの茎を立ち上げ、ヤナギのような葉が向かい合ってついた葉腋（ようえき）に次々と花を咲かせます。盛夏でも休まず花を開いていくので、花の少なくなる夏の花壇に最適です。直立して、草丈も高めですから花壇の後方に植えるとよいでしょう。

管理 日当たりのよい場所で、花期が長いことから肥料も水も切らさないように育てます。咲き終わった花茎は切り戻すとわき芽が伸びて再び開花します。寒さには弱いので、鉢上げし、冬は室内の日当たりで管理します。

水普通　日なた　庭植え　鉢植え

1	2	3	4	5	6	7	8	9	10	11	12
					花期	花期	花期	花期	花期		
				植え付け							

Isotoma axillaris
イソトマ

半耐寒性多年草、春まき1年草　　【キキョウ科】
別　名：ローレンチア
原産地：オーストラリア

イソトマ・アクシラリス

特徴 主に栽培されるのはアクシラリス種です。暑さに強く、羽状に裂けた細い葉のわきに、星形に開く涼しげなブルーの花を次々と咲かせます。茎を切ると出る白い液は有毒ですから、取り扱いに注意しましょう。

管理 本来は多年草ですが、1年草として育てます。春にタネをまき、日当たりと水はけのよい場所に定植し、過湿に注意します。

イソトマ・アクシラリス

水普通　日なた　庭植え　鉢植え

1	2	3	4	5	6	7	8	9	10	11	12
					花期	花期	花期	花期	花期	花期	
		タネまき			植え付け						

夏の花

Exacum
エキザカム

非耐寒性春まき1年草　　　　【リンドウ科】
別　名：ベニヒメリンドウ
原産地：イエメンのソコトラ島

エキザカム 'ブルー・ロココ'

特徴 芳香のある梅花形の小花が株を覆って次々と咲きます。青紫の花弁に雄しべの黄色い葯(やく)が映え、アクセントになっています。白花や八重咲き種、斑入り葉種、全体に大型の品種 'ベンガルブルー' などがあります。

管理 一般に鉢花で楽しみます。春と秋は日なたに置きますが、夏は風通しのよい半日陰に移します。花がらはこまめに摘みます。

大輪エキザカム 'ベンガルブルー'

水少なめ　日なた　半日陰　鉢植え

	1	2	3	4	5	6	7	8	9	10	11	12
花期						●	●	●	●	●		
タネまき			●	●								
植え付け						●						

Echinacea purpurea
エキナセア

耐寒性多年草　　　　【キク科】
別　名：ムラサキバレンギク、エキナケア
原産地：北アメリカ

エキナセア・プルプレア

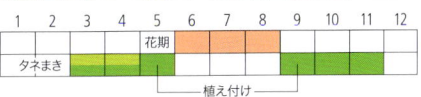

特徴 エキナセアはギリシャ語で「ハリネズミ」の意味。花芯がいがぐりのように盛り上がり、満開になると紫紅色の舌状花が垂れ下がります。その形が纏(まとい)の周りについている細長い馬簾(ばれん)のように見えるので、ムラサキバレンギクともいいます。白花もあります。

管理 日当たりと水はけ、風通しのよい場所で、株間を十分にとって育てると、植えっぱなしでも毎年よく花が咲きます。花弁が落ちた後はドライフラワーになるので、花弁が落ち始めたら早めに切って、陰干しします。

水普通　日なた　庭植え　鉢植え

	1	2	3	4	5	6	7	8	9	10	11	12
花期						●	●	●				
タネまき			●	●	●			●	●	●		
植え付け									●	●	●	

Phlox paniculata
オイランソウ

耐寒性多年草　　　　　　　　　【ハナシノブ科】
別　名：クサキョウチクトウ、宿根フロックス
原産地：北アメリカ
花言葉：強調、合意

特徴 まっすぐに伸びた茎の先に、てまり形やピラミッド形にたくさんの花をつけます。園芸品種が多く、花色も豊富で、葉に斑が入る品種もあります。暑さに負けず花を咲かせるので、夏の花壇に欠かせません。

管理 日当たりと水はけ、風通しのよい場所で育て、花が一段落したら花穂のすぐ下で切り戻すと、側枝が伸びて再び開花します。

オイランソウ

オイランソウ 'クレムデマート'

水普通　日なた　庭植え　鉢植え

1	2	3	4	5	6	7	8	9	10	11	12
					花期	花期	花期	花期			
		植え付け、株分け									

Sollya heterophylla
オーストラリアン・ブルーベル

半耐寒性つる性木本　　　　　　【トベラ科】
別　名：ヒメツリガネ、ソリア・ヘテロフィラ
原産地：オーストラリア西部

特徴 常緑性で、つるを他物に巻き付けながら生育します。コバルトブルーのベル形の5弁花が下向きにつき、その姿から、オーストラリアン・ブルーベルの英名で流通しています。花は夏中次々と咲きます。

管理 一般に鉢に植え、冬は霜に当てないように管理します。夏は木漏れ日がさすような涼しい半日陰に置き、水切れに注意します。

オーストラリアン・ブルーベル

ソリア・ヘテロフィラ 'ビーチベルズ'

水多め　日なた　半日陰　庭植え　鉢植え

1	2	3	4	5	6	7	8	9	10	11	12
					花期	花期	花期	花期	花期		
植え替え	植え替え										
			タネまき	タネまき	タネまき						
									結実期		

夏の花

Mimosa pudica
オジギソウ

非耐寒性多年草、春まき1年草　　【マメ科】
別　名：ネムリグサ、ミモザ
原産地：ブラジル
花言葉：感じやすい心、感受性

オジギソウ

特徴 手で触れると葉を閉じて、葉柄がおじぎをするように下向きに垂れ下がります。夕方になると眠ったように葉を閉じるので、ネムリグサの別名もあります。葉の付け根に、ピンクの小さな花が球状に集まったかわいい花を、秋まで次々と咲かせます。

管理 寒さに弱いので、日本では1年草として扱います。気温が上がってからタネをまきますが、5月に出回るポット苗を利用すると手軽です。花壇に植えると茂りすぎるため、鉢に植えて、身近に置いて楽しみましょう。

水普通　日なた　庭植え　鉢植え

	1	2	3	4	5	6	7	8	9	10	11	12
							花期					
				タネまき			植え付け					

Mirabilis jalapa
オシロイバナ

非耐寒性春まき1年草　　【オシロイバナ科】
別　名：ユウゲショウ、フォーオクロック
原産地：熱帯アメリカ
花言葉：臆病

オシロイバナ

特徴 コロンブスのアメリカ発見後にヨーロッパに渡った植物の1つ。黒い種子の中身がおしろいのような粉なので、オシロイバナといい、夕方にほのかに香る花を開くので、ユウゲショウともいいます。花からは5本の雄しべと1本の雌しべが飛び出ています。

管理 暖地では宿根草になりますが、寒さに弱いので一般には1年草として扱います。丈夫でこぼれダネでもふえます。移植を嫌うので、水はけのよい場所にタネを直まきにします。大株に育つので、支柱を立てます。

水少なめ　日なた　庭植え　鉢植え

	1	2	3	4	5	6	7	8	9	10	11	12
						花期						
		タネまき										

Acmella oleracea（*Spilanthes oleracea*）
オランダセンニチ

非耐寒性春まき1年草　　　　　　　　【キク科】
別　名：エッグボール、タマゴボール、パラクレス、スピランテス
原産地：熱帯東南アジア

オランダセンニチ

特徴 花びらのない筒状花ばかりのユニークな花が小さな卵のようなので、エッグボールとも呼ばれています。円柱状の頭花は周辺の開いた部分が緑黄色で、先端のまだ若い部分は紫褐色です。近縁のキバナオランダセンニチは、ハーブとして栽培されます。

管理 病害虫の発生もほとんどなく、栽培は容易です。春に、日当たりと水はけのよい場所にタネを直まきし、間引きして育てます。咲き終えた花がらをこまめに摘み、結実させないようにすると花が長く楽しめます。

水普通　日なた　庭植え　鉢植え

	1	2	3	4	5	6	7	8	9	10	11	12
						花期						
		タネまき										

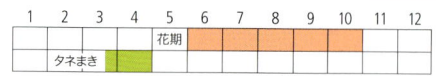

Gaura lindheimeri
ガウラ・リンドヘイメリ

耐寒性多年草　　　　　　　　　　　【アカバナ科】
別　名：ハクチョウソウ、ヤマモモソウ
原産地：北アメリカ

ガウラ・リンドヘイメリ

特徴 ガウラはギリシャ語で「堂々たる、華麗な」という意味。美しい花が目立つことからついた名です。白い小さな蝶が羽を広げて舞っているような花形から、ハクチョウソウともいい、風にゆれる姿が涼しげです。

管理 ほっそりとした草姿ですが、性質は丈夫で、日当たりと風通しがよければよく育ちます。花後、1/3くらいまで切り戻します。

ガウラ・リンドヘイメリ（紅花種）

水普通　日なた　庭植え　鉢植え

	1	2	3	4	5	6	7	8	9	10	11	12
			タネまき								花期	
							植え付け、株分け					

夏の花

Senna corymbosa (*Cassia corymbosa*)
カッシア・コリンボサ

半耐寒性常緑低木　　　　　　　　【マメ科】
別　名：ハナセンナ、アンデスノオトメ
原産地：ブラジル、ウルグアイ、アルゼンチン

カッシア・コリンボサ

特徴 ハナセンナともいい、暖地では庭に植えられています。鉢花の多くはアンデスノオトメの名前で出回ります。夏〜秋に、枝の先端や葉のわきに鮮黄色の5弁花をお椀のように開きます。1つの花房(かぼう)に10〜20輪の小花がつき、夜になると葉を閉じて眠ります。

管理 半耐寒性なので、寒冷地では鉢植えにして、冬は室内に取り込みます。植え付けは十分暖かくなってから行い、春〜秋は十分に日に当てて育てます。花後に伸びすぎた枝を切り戻し、樹形を整えます。

水普通　日なた　庭植え　鉢植え

	1	2	3	4	5	6	7	8	9	10	11	12
			タネまき				花期					
						植え付け、植え替え						

Gerbera
ガーベラ

半耐寒性多年草　　　　　　　　【キク科】
別　名：ハナグルマ、オオセンボンヤリ、アフリカセンボンヤリ
原産地：南アフリカ
花言葉：神秘、光に満ちた

特徴 花茎が短く、コンテナ栽培に適したポットガーベラと呼ばれるコンパクトな品種が日本でつくられてから、より人気を得ています。花弁が細く尖るスパイダー咲きや、幅広の丸弁など花形も多彩です。

管理 鉢花は、半日以上日が当たる場所で、雨に当てないように育てます。寒冷地では冬は室内の日当たりのよい窓辺で管理します。

ガーベラ 'ミュウ'

水普通　日なた　庭植え　鉢植え

	1	2	3	4	5	6	7	8	9	10	11	12
											花期	
	植え付け、株分け				タネまき							

Galtonia candicans
ガルトニア・カンディカンス

耐寒性春植え球根　　　　【ヒアシンス科(ユリ科)】
別　名：サマーヒアシンス、ツリガネオモト
原産地：南アフリカ

ガルトニア・カンディカンス

特徴　夏に花を咲かせるのでサマーヒアシンスの英名があります。太い花茎の上部に、ふっくらとした釣り鐘状の白い花が、数十個うつむいてつきます。花は長さ4cmほどで、かすかに芳香があり、下から咲き上がります。花壇の後方に植えるとよく映えます。

管理　日当たりと水はけのよい場所を選び、4月に植え付けます。関東地方以西の暖地では、マルチングなど簡単な防寒をすれば露地で越冬します。鉢植えは、5号鉢に1球植え、地上部が枯れたら鉢のまま乾燥させます。

水普通　日なた　庭植え　鉢植え

1	2	3	4	5	6	7	8	9	10	11	12
					花期	花期	花期				
		植え付け							掘り上げ		

Canna
カンナ

半耐寒性春植え球根　　　　【カンナ科】
別　名：ハナカンナ、ダンドク
原産地：熱帯アメリカ
花言葉：尊敬

カンナ'ビューイエロー'

特徴　出回るのはすべて園芸種。高性種やわい性種、葉色を楽しむものがあります。花弁に見えるのは、雄しべが変形したもので、本当の花弁は、萼の内側にある先の尖った細長い形のもの。3枚寄り添ってついています。

管理　日当たりと水はけのよい場所で育てます。関東以西では植えっぱなしにできますが、寒冷地では秋に掘り上げ、貯蔵します。

カンナ'ビューブラック'

水普通　日なた　庭植え　鉢植え

1	2	3	4	5	6	7	8	9	10	11	12
					花期	花期	花期				
				植え付け					掘り上げ		

夏の花

Platycodon grandiflorus
キキョウ

耐寒性多年草 【キキョウ科】
- 別　名：キチコウ、オカトトキ、バルーンフラワー
- 原産地：東アジア
- 花言葉：変わらぬ愛、誠実

キキョウ

【特徴】日本の山野に自生し、野趣を楽しむ花として庭などにも植えられています。鐘形で、先が浅く5裂して星形に開く花を咲かせます。つぼみがふくらんだ形が風船のようなので、英名はバルーンフラワーです。

【管理】風通しのよい、半日以上日が当たる場所で育てます。一通り花が終わったら、半分くらいに切り戻すと、2番花が見られます。

キキョウ(二重咲き)

水普通　日なた　庭植え　鉢植え

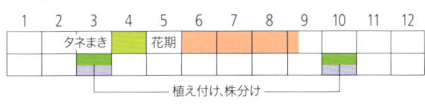

1	2	3	4	5	6	7	8	9	10	11	12
		タネまき		花期							

植え付け、株分け

Xeranthemum annuum
キセランセマム

半耐寒性秋まき、または春まき1年草 【キク科】
- 別　名：クセランセマム、トキワバナ
- 原産地：南ヨーロッパ

キセランセマム

【特徴】キセランセマムは、ギリシャ語で「乾いた花」という意味で、細くしなやかな茎の先に、名前通りのカサカサした花を咲かせます。色づいて花弁のように見えるのは、総苞片で、本来の花は中心の筒状花だけです。ドライフラワーとしても利用できます。

【管理】日当たりと水はけのよい場所で育てます。秋にポットにタネをまき、フレームなどで育苗します。春に定植し、支柱を立てます。春まきもできます。過湿に弱いので、鉢植えでは受け皿に水をためないように注意します。

水少なめ　日なた　庭植え　鉢植え

1	2	3	4	5	6	7	8	9	10	11	12
タネまき(春まき)	植え付け				花期				タネまき(秋まき)		

Cosmos sulphureus
キバナコスモス

非耐寒性春まき1年草　　　【キク科】
別　名：キバナノコスモス
原産地：メキシコ
花言葉：野性美

特徴　草丈が低く、秋咲きのコスモスとは異なる花色で、半八重咲きが多く見られます。花期が長く、真夏の暑さに負けずに咲き続ける強健種です。秋に涼しくなると花色がいっそう鮮やかになります。

管理　日当たりが悪いと花が咲きませんから、日当たりと水はけのよい場所で育てます。梅雨入りの頃にタネを直まきします。

キバナコスモス'オレンジロード'

キバナコスモス'サニーイエロー'

水普通／日なた／庭植え／鉢植え

	1	2	3	4	5	6	7	8	9	10	11	12
花期						■	■	■	■	■		
タネまき					■	■	■					

Hosta
ギボウシ

耐寒性多年草　　　【ユリ科】
別　名：ホスタ、ギボシ
原産地：東アジア
花言葉：沈静

特徴　東アジア特産で、仲間の大部分は日本に自生しています。欧米でも人気で、多くの園芸品種がつくられています。覆輪や斑入り葉、黄金葉、青みを帯びた葉など美しい葉が魅力で、半日陰や日陰の庭に欠かせません。

管理　強光に当たると葉焼けを起こすので、梅雨明け後は半日陰になる場所が適地です。早春か秋に、株分けをしてふやします。

ギボウシ'ゴールデンスタンダード'

ギボウシ'サガエ'

水多め／半日陰／庭植え／鉢植え

	1	2	3	4	5	6	7	8	9	10	11	12
花期						■	■	■	■			
植え付け、株分け			■	■						■	■	

夏の花

Cosmos peucedanifolius（Bidens peucedanifolia）
キャンディーコスモス

半耐寒性多年草、または耐寒性球根植物　【キク科】
原産地：アンデス山脈

キャンディーコスモス

特徴　チョコレートコスモスの近縁の植物。細いしなやかな花茎の先に、ピンクの大きな花を開き、微かに甘い香りがします。株が充実するとチョコレートコスモス同様、地下茎が肥大してダリアのような球根ができますが、タネが採れるところが違います。

管理　日当たりと水はけのよい場所で育てます。水切れに弱いので、特に夏場は注意し、乾きすぎるときは花壇植えも水やりします。花後に切り戻すとわき芽が伸びて、また花が咲きます。花がらを残して自家採種します。

水多め　日なた　庭植え　鉢植え

	1	2	3	4	5	6	7	8	9	10	11	12
			タネまき		花期							
		植え替え										

Begonia×tuberhybrida
球根ベゴニア

非耐寒性春植え球根　【シュウカイドウ科】
原産地：南アメリカのアンデス山地

球根ベゴニア

特徴　アンデスに分布するいくつかの原種を交配してつくった園芸品種です。花色、花形が多彩で、ベゴニアの仲間の中では群を抜く華やかさで人気があります。茎が直立するタイプと垂れ下がるタイプがあります。

管理　鉢花は、春と秋は日当たりのよい場所に、夏は風通しのよい日陰に置きます。11月に球根を掘り上げ、凍らない場所で貯蔵。

球根ベゴニア'ピンクスパイヤー'

水普通　日なた　半日陰　鉢植え

	1	2	3	4	5	6	7	8	9	10	11	12
						花期						
		植え付け							掘り上げ			

Nierembergia repens
ギンパイソウ

耐寒性多年草 【ナス科】
別　名：ニーレンベルギア・レペンス
原産地：アルゼンチン、チリ

ギンパイソウ

(特徴) 純白の花が銀の杯のように見えることから、ギンパイともいいます。へら形の葉をたくさんつけた細い茎が、節から根をおろして地面を覆うように広がります。葉のわきに漏斗状の花が上を向いて次々と咲きます。芳香のある花で、底が黄色を帯びます。

(管理) 乾燥と暑さに弱く、夏に西日の当たらない、風通しのよい場所を好みます。春に苗を植えます。適度な湿り気を好みますから、乾燥する真夏には、特に鉢植えは夕方も水やりをします。春に株分けをしてふやします。

水普通　日なた　半日陰　庭植え　鉢植え

	1	2	3	4	5	6	7	8	9	10	11	12
								花期				
			植え付け、株分け									

Tropaeolum majus
キンレンカ

半耐寒性春まき1年草または多年草 【ノウゼンハレン科】
別　名：ナスタチウム、ノウゼンハレン
原産地：コロンビア、ペルーなど
花言葉：愛国心、勝利

キンレンカ

(特徴) 一般にはナスタチウムの英名で親しまれています。葉をかむとピリッとした辛味と香気があり、花とともにサラダなどに使います。秋の頃までラッパ状の花が、次々と咲きます。葉に斑が入る品種もあります。

(管理) おそ霜の心配がなくなってから日当たりのよい場所に定植します。鉢植えは、真夏は半日陰に置き、水切れに注意します。

キンレンカ'エンジェルブレス'

水普通　日なた　庭植え　鉢植え

	1	2	3	4	5	6	7	8	9	10	11	12
											花期	
		タネまき		植え付け								

夏の花

Knautia macedonica
クナウティア・マケドニカ

耐寒性多年草　　【マツムシソウ科】
別　名：アカバナマツムシソウ
原産地：バルカン半島中部、ルーマニア東南部

クナウティア・マケドニカ

特徴　マツムシソウの仲間に似た濃赤色の花を咲かせることから、アカバナマツムシソウの流通名で呼ばれています。よく分枝した細い茎の先に花をつけた、野趣のある風情はナチュラルガーデンに似合います。花期が長く、植えっぱなしでよく育ちます。

管理　こぼれダネでふえるほど丈夫で、栽培は容易です。日当たりと水はけ、風通しのよい場所で育てます。春先に伸びた芽を摘むと、草丈が低くおさえられ、花数も多くなります。摘んだ芽は挿し芽に利用できます。

水普通　日なた　庭植え　鉢植え

1	2	3	4	5	6	7	8	9	10	11	12
					花期						
		植え付け					植え付け				

Gladiolus
グラジオラス

半耐寒性春植え球根　　【アヤメ科】
別　名：トウショウブ、オランダアヤメ、スウォード・リリー
原産地：南アフリカ
花言葉：用心

特徴　ほとんどの色がそろっているといわれるほど、豊富な花色が魅力。太い花茎に、ずらりと並んで花が咲く姿は豪華です。植え付ける時期を遅らせると、開花時期も遅くなる性質があり、秋に咲かせることもできます。

管理　日当たりと水はけのよい場所で育てます。地上部が半分枯れる頃に球根を掘り上げて陰干し後、冬は凍らない場所で保存。

グラジオラス 'ウィンドソング'

水普通　日なた　庭植え　鉢植え

1	2	3	4	5	6	7	8	9	10	11	12
					花期						
		植え付け						掘り上げ			

Curcuma
クルクマ

非耐寒性春植え球根　　　　　　　　　　【ショウガ科】
原産地：熱帯アジア、アフリカ、オーストラリア
花言葉：因縁

クルクマ・アリスマティフォリア'サワン・チェンマイ'

特徴 カンナに似た葉の中から、花びらのような美しい苞が幾重にもついた花茎を立ち上げます。香辛料や薬用として栽培されるウコンもこの仲間です。アリスマティフォリア種は大きな苞が美しく、鉢花でも人気です。

管理 日光と高温多湿を好みます。鉢花は戸外の直射日光の当たる場所に置きます。地上部が枯れたら掘り上げ、暖かい場所で保存。

クルクマ・ペティオラータ

水多め　日なた　庭植え　鉢植え

1	2	3	4	5	6	7	8	9	10	11	12
						花期	花期	花期	花期		
	植え付け	植え付け	植え付け	植え付け					掘り上げ	掘り上げ	

Cleome spinosa
クレオメ

非耐寒性春まき1年草　　　　　　　　　　【フウチョウソウ科】
別　名：フウチョウソウ、スイチョウカ
原産地：カリブ海沿岸地域
花言葉：思ったほど悪くない

クレオメ

特徴 長い爪のある4枚の花弁と長く突き出た6本の雄しべのある花が、夕方に開き、翌日の昼過ぎにはしぼみます。花には芳香があり、夜行性の蛾が集まります。花の色がピンクから白に変わる園芸品種があります。

管理 水はけのよい場所なら日なたでも半日陰でも、こぼれダネでふえるほどよく育ちます。移植を嫌うのでタネは直まきします。

クレオメ'ハミング'(わい性種)

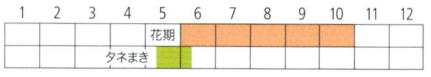

水普通　日なた　半日陰　庭植え　鉢植え

1	2	3	4	5	6	7	8	9	10	11	12
					花期	花期	花期	花期	花期		
			タネまき	タネまき	タネまき						

夏の花

Clerodendrum
クレロデンドルム

非耐寒性常緑低木またはつる性木本　　【クマツヅラ科】
別　名：ゲンペイクサギ、ゲンペイカズラ
原産地：多くは熱帯アフリカ、熱帯アジア

クレロデンドルム・ウガンデンセ 'ブルーエルフィン'

特徴 花の美しい品種が鉢花として出回ります。赤い花弁が白い萼に包まれるように咲くゲンペイカズラや、青い花が羽を広げたチョウのように見えるウガンデンセ種の'ブルーエルフィン'などがあります。

管理 日光と高温を好みますが、真夏の強光は避けます。晩秋〜春は、10℃以上を保てる暖かい室内の日の当たる窓辺に置きます。

ゲンペイカズラ

水普通　日なた　鉢植え

1	2	3	4	5	6	7	8	9	10	11	12
					花期						
	植え替え										

Crossandra infundibuliformis
クロッサンドラ・インフンディブリフォルミス

非耐寒性常緑低木　　【キツネノマゴ科】
別　名：ジョウゴバナ、ヘリトリオシベ
原産地：インド南部〜スリランカ
花言葉：仲良し

クロッサンドラ・インフンディブリフォルミス 'イエローバタフライ'

特徴 クロッサンドラはギリシャ語で「房飾りのある雄しべ」の意味で、4本の雄しべの葯の形が名前の由来です。重なった緑の苞の中から漏斗状の花が突き出て咲きます。花は、花弁の先が5裂して片側に開きます。

管理 鉢花で楽しみます。直射日光を嫌うので、年間を通して明るい日陰に置きます。冬場は室内で水を控えて8℃以上に保ちます。

クロッサンドラ 'リフレブルー'

水普通　半日陰　鉢植え

1	2	3	4	5	6	7	8	9	10	11	12
					花期						
				植え付け							

Gloriosa
グロリオサ

非耐寒性春植え球根　　　　【イヌサフラン科（ユリ科）】
別　名：キツネユリ、クライミングリリー
原産地：アフリカ、熱帯アジア
花言葉：上流へのあこがれ　　　🌸🌸🌸🌸 複

グロリオサ 'ロスチャイルディアナ'

特徴　グロリオサは、ラテン語で「立派な、見事な」という意味です。巻きひげをもつ半つる性の植物です。花びらが波打って反り返り、燃え上がる炎を思わせるユニークな花形と花もちのよさで人気です。最近はピンクの花を咲かせるものもあります。

管理　主にあんどん仕立ての鉢花で観賞します。春〜秋は戸外の日当たりのよい場所に置き、乾燥に注意します。花が終わって地上部が枯れたら球根を掘り上げて乾燥させ、室内で保存します。春に植え付けます。

水普通　日なた　鉢植え

1	2	3	4	5	6	7	8	9	10	11	12
					花期	花期	花期				
		植え付け	植え付け	植え付け							

Celosia argentea var.cristata
ケイトウ

非耐寒性春まき1年草　　　　【ヒユ科】
別　名：セロシア、カラアイ、コックコウム
原産地：熱帯アジア
花言葉：色あせぬ愛　　　🌸🌸🌸🌸

ケイトウ

特徴　古い時代に中国から渡来し、『万葉集』に韓藍の名で登場します。花のように見える部分は茎が変形したもので、実際の花はその下に密生していますが、小さくて目立ちません。高性種から極わい性種まであります。

管理　直根性のため、日当たりと水はけのよい場所にタネを直まきします。市販の苗は、根鉢を崩さないように植え付けます。

セロシア 'ベネズエラ'

水普通　日なた　庭植え　鉢植え

1	2	3	4	5	6	7	8	9	10	11	12
					花期	花期	花期	花期	花期		
			タネまき	タネまき	タネまき		植え付け	植え付け			

夏の花

Cestrum elegans
ケストルム・エレガンス

半耐寒性常緑低木　　　　　【ナス科】
別　名：ベニチョウジ
原産地：メキシコ

特徴 赤色の花をつけるので、ベニチョウジの和名があります。大きく育つと、ユキヤナギのような樹形になり、弓なりに枝垂れる枝先に房状に花をつけ、垂れ下がって咲きます。花筒の頂部はやや太くなってくびれ、先端が浅く5裂して星形に開きます。

管理 鉢花は、初夏～初秋は風通しのよい日なたに置き、盛夏は直射日光を避けて半日陰に移します。花が終わったら軽く切り戻し、10月に室内に取り込み、春までは室内に置きます。冬は水やりを控えて5℃以上に保ちます。

水普通　日なた　鉢植え

ケストルム・エレガンス

1	2	3	4	5	6	7	8	9	10	11	12
					花期						
		植え替え									

Capsicum annuum
ゴシキトウガラシ

非耐寒性春まき1年草　　　　【ナス科】
別　名：観賞用トウガラシ
原産地：熱帯アメリカ
花言葉：悪事が覚めた　　●赤、黄、橙、紫、白

特徴 観賞用に改良されたトウガラシで、花よりも果実の形と色を楽しみます。形は細長いもの、丸いもの、三角のものなどさまざまで、赤、橙、黄、紫、白などに色づきます。葉が黒いものや斑入り葉の品種もあります。

管理 日当たりと水はけのよい場所で育てます。花が咲いているきに、上から水を与えると、実つきが悪くなるので注意します。

観賞用トウガラシ'ブラックプリンス'

観賞用トウガラシ'メドゥーサ'

水普通　日なた　庭植え　鉢植え

1	2	3	4	5	6	7	8	9	10	11	12
					花期						
		タネまき						結実期			
				植え付け							

Collinsia heterophylla
コリンジア・ヘテロフィラ

耐寒性秋まき1年草　　【ゴマノハグサ科】
別　名：チャイニーズハウス
原産地：北アメリカ（カリフォルニア）

複

コリンジア・ヘテロフィラ

特徴　葉のわきに輪生するように、花が幾段にもつきます。その姿が中国の塔のように見えるので、チャイニーズハウスの英名があります。花は唇形花で、下唇弁は先が浅く2裂し紅紫色、上唇弁は白と、コントラストの美しい印象的な花です。

管理　日当たりと水はけ、風通しのよい場所で育てます。春まきより、秋まきのほうがしっかりと育ち、花も早く咲きます。鉢植えは、常時受け皿に水をためないように注意。結実したら翌年用に採種するとよいでしょう。

水普通　日なた　庭植え　鉢植え

1	2	3	4	5	6	7	8	9	10	11	12
				花期							
								タネまき			

Convolvulus sabatius
コンボルブルス

非耐寒性多年草、亜低木　　【ヒルガオ科】
原産地：地中海沿岸地域

✿❁

コンボルブルス・サバティウス

特徴　多く出回るのはサバティウス種の園芸品種で、細い茎が地面を這うように広がり、明るい紫色の小花を次々と咲かせます。近縁のクネオルム種は銀緑色の葉をつけ、分枝した茎が立ち上がって白い花を開きます。

管理　日当たりと水はけ、風通しのよい場所で育てます。暖地では戸外で越冬しますが、寒地では鉢上げして、冬は室内で育てます。

コンボルブルス・クネオルム

水普通　日なた　庭植え　鉢植え

1	2	3	4	5	6	7	8	9	10	11	12
				花期							
					植え付け、株分け						

夏の花

Sandersonia aurantiaca
サンダーソニア

半耐寒性春植え球根　　【イヌサフラン科】
- 別　名：チャイニーズランタン
- 原産地：南アフリカ
- 花言葉：共感

サンダーソニア

特徴 葉の先端が巻きひげになり、ほかのものに巻きついてよじ登り、草丈は80cm前後になります。上部の各葉腋に壺形の花を吊り下げます。1つの花は1週間くらい咲いており、下から上に次々と咲いていくので、1か月くらいは楽しめます。

管理 日当たりと水はけのよい場所で育てます。過湿に弱いので、鉢植えは水を控えて管理し、盛夏は、西日の当たらない半日陰に置きます。花後、葉が枯れてきたら、鉢ごと乾燥させ、冬は暖かい室内で保管します。

水普通　日なた　鉢植え

1	2	3	4	5	6	7	8	9	10	11	12
					花期	花期					
		植え付け	植え付け					掘り上げ	掘り上げ		

Ixora
サンタンカ

非耐寒性常緑小低木　　【アカネ科】
- 別　名：イクソラ、サンダンカ
- 原産地：東南アジア〜インド

サンタンカ（イクソラ'スーパー・キング'）

特徴 鉢花が出回ります。九州南部や沖縄では古くから栽培されています。濃緑色の葉をつけた枝の先に、赤い小花が集まって手まり状に咲きます。花はつぼみの頃から色づき、細長い花筒の先が4裂して平らに開きます。白花をつける園芸品種もあります。

管理 鉢花で楽しみます。日なたと高温多湿を好むので、初夏〜秋はよく日が当たる戸外に置き、水切れに注意します。冬は室内の窓辺に置き、水を控えて10℃以上に保ちます。春か秋に植え替えます。

水普通　日なた　庭植え　鉢植え

1	2	3	4	5	6	7	8	9	10	11	12
				花期	花期	花期	花期	花期	花期		
				植え替え				植え替え			

Coreopsis
コレオプシス

耐寒性多年草、1年草　　　　　　【キク科】
別　名：キンケイギク、オオキンケイギク
原産地：熱帯アフリカ、ハワイ、南・北アメリカ
花言葉：上機嫌
＊コレオプシス属のオオキンケイギクは特定外来生物のため栽培できません 🌼🌼🌼

コレオプシス 'ライムロック・ルビー'

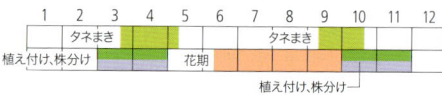

特徴 100種くらいの仲間があり、コスモスに似た花が咲き乱れます。八重咲きのグランディフローラ種、糸状に切れ込んだ葉をもつイトバハルシャギク、ローズピンクなどのカラフルな花色をもつライムロックシリーズ、1年草のハルシャギクなどが栽培されます。

管理 日当たりと水はけのよい場所で育てます。いずれも丈夫ですが、風通しが悪いと株の中が蒸れて腐りやすくなるため、間引いたり刈り込んで、風通しをよくします。

水普通　日なた　庭植え　鉢植え

	1	2	3	4	5	6	7	8	9	10	11	12
			タネまき					タネまき				
	植え付け、株分け				花期					植え付け、株分け		

ハルシャギク 　　　　コレオプシス 　　　　イトバハルシャギク

コレオプシス・グランディフローラ

夏の花

Salvia
サルビア

非耐寒性〜耐寒性1、2年草、多年草、木本 【シソ科】
原産地：世界の熱帯〜温帯地方
花言葉：燃える思い、知恵、尊重

サルビア・スプレンデンス

特徴 最もポピュラーな燃えるような緋赤色の花をつけるスプレンデンス種、ブルーサルビアと呼ばれるファリナセア種、野性味があるコクシネア種などは1年草として扱います。'ホット・リップス'のように多年草で夏〜秋に咲くものなどもあります。

管理 十分に気温が上がってからポットなどにタネをまき、本葉が7〜8枚になったら日当たりと水はけのよい場所に定植します。多年草は、寒冷地では初夏か秋に挿し芽をして室内で越冬させます。

水普通　日なた　庭植え　鉢植え

1	2	3	4	5	6	7	8	9	10	11	12
										花期	
		植え付け			タネまき						

サルビア・コクシネア

サルビア・アズレア

サルビア・ミクロフィラ 'ホット・リップス'

サルビア・ファリナセア

Sanbitaria procumbens
サンビタリア

耐寒性春まき1年草　　　　　　【キク科】
別　名：メキシカンジニア、ジャノメギク
原産地：メキシコ

サンビタリア・プロクンベンス

特徴 茎がよく分枝して横に広がりながら生育し、ヒマワリを小さくしたような花が株いっぱいに無数につきます。黄色い花の中心が暗紫色で、大きな黒い目のように見え、色の対比が鮮やかです。グリーンの目をもつものや半八重咲きの品種も出回ります。

管理 気温が上がってから、日当たりと水はけのよい場所にタネを直まきし、間引いて育てます。大苗は移植を嫌うので、ポットにまいたときは早めに定植します。鉢植えは、雨の時期は、雨の当たらない場所で管理します。

水普通　日なた　庭植え　鉢植え

	1	2	3	4	5	6	7	8	9	10	11	12
花期							●	●	●	●	●	
タネまき				●	●							

Hedychium
ジンジャー

非耐寒性～半耐寒性多年草　　　【ショウガ科】
別　名：シュクシャ、ヘディキウム
原産地：マダガスカル、インド、東南アジア
花言葉：無駄なこと

ジンジャー（ヘディキウム・コロナリウム）

特徴 ジンジャーは英名のジンジャーリリーが省略されたもので、甘い香りを放つ白い蝶のような花を咲かせます。ほかに、数十輪の花が同時に開くので見応えのある、ヘディキウム属の交配種などがよく栽培されます。

管理 十分に暖かくなってから、西日が避けられる日当たりのよい場所に植えます。関東以西では株元を保護すると越冬できます。

ヘディキウム '夕映え'

水多め　日なた　庭植え　鉢植え

	1	2	3	4	5	6	7	8	9	10	11	12
花期							●	●	●			
植え付け			●	●	●							

夏の花

Nymphaea
スイレン

非耐寒性〜耐寒性多年草　　【スイレン科】
別　名：ヒツジグサ
原産地：世界の熱帯〜温帯、寒帯地方
花言葉：やさしさ

特徴 水面に丸い葉を浮かべ、根茎から伸ばした花茎の先に美しい花を咲かせます。一般に栽培されるのは、耐寒性のある温帯スイレンですが、最近は鉢で育てられる熱帯スイレンが出回り、人気を得ています。

管理 日当たりが悪いと花が咲かないので、できるだけ日の当たる場所で育てます。熱帯スイレンは、冬は室内に入れ越冬させます。

スイレン

熱帯スイレン 'エベリン・ランディング'

日なた　鉢植え（水鉢）

	1	2	3	4	5	6	7	8	9	10	11	12
				花期								
			植え付け									

Scabiosa
スカビオサ

耐寒性多年草、1年草　　【マツムシソウ科】
別　名：セイヨウマツムシソウ
原産地：アフリカ、ヨーロッパ西部、カフカス地方、中国
花言葉：不幸な恋

特徴 日本の山野に自生しているマツムシソウの仲間です。外側の花弁が大きく、さわやかな色彩のコーカサスマツムシソウ、暖地でも夏越しが可能なキバナマツムシソウなどのほか、わい性種の鉢ものが出回ります。

管理 日当たりと水はけのよい場所で育てます。乾燥に弱いので、夏は株元をマルチングし、鉢植えは涼しい半日陰に置きます。

スカビオサ・コーカシカ（コーカサスマツムシソウ）

キバナマツムシソウ

水普通　日なた　庭植え　鉢植え

	1	2	3	4	5	6	7	8	9	10	11	12
				花期								
		植え付け					植え付け					

Scutellaria
スクテラリア

非耐寒性常緑亜低木　　　　　　　　【シソ科】
原産地：コスタリカ、ブラジル、コロンビア、ベネズエラ

スクテラリア・コスタリカナ 'スカーレット'

特徴　熱帯産のタツナミソウの仲間です。筒状花を横向きに開くコスタリカナ種や小花が1方向に並んで穂状に咲き乱れるもの、茎が這うように横に伸びて、先端が立ち上がって花をつけるものなど、いろいろあります。

管理　春〜秋は明るい日陰に置き、冬は室内で最低でも10℃以上に保ちます。花を咲かせた茎を1/3ほど切り戻すと再び開花します。

スクテラリア・コスタリカナ 'フラミンゴ'

水普通　半日陰　鉢植え

	1	2	3	4	5	6	7	8	9	10	11	12
						花期						
		植え替え										

Srokesia leavis
ストケシア

耐寒性多年草　　　　　　　　　　　【キク科】
別　名：ルリギク
原産地：アメリカ合衆国南東部
花言葉：追想、清楚

ストケシア

特徴　1属1種の植物で、間もなく梅雨入りという頃に、細い花弁が重なった青紫色の花を咲かせます。基本種の花色は青紫で、ルリギクともいいますが、ピンクやクリーム色、藤色などの園芸品種もつくられています。

管理　日当たりと水はけのよい場所で育てます。花がらを摘み取ると初秋の頃まで楽しめます。3年に1回株分けして植え替えます。

ストケシア(白花種)

水普通　日なた　庭植え　鉢植え

	1	2	3	4	5	6	7	8	9	10	11	12
						花期						
			植え付け、株分け									

夏の花

Strelitzia reginae
ストレリチア・レギネ

半耐寒性多年草　　　　　　　　【バショウ科】
別　名：ゴクラクチョウカ
原産地：南アフリカ
花言葉：恋の伊達者　　　　　　　　　複

特徴 英名のバードオブパラダイスフラワーを訳して「極楽鳥花」とも。オレンジと紫青色のコントラストが鮮やかな花は、いかにも極楽からきた鳥のようです。花は、横に伸びる苞の中から立ち上がり、オレンジの3枚の萼片と青色の花弁で構成されています。

管理 暖地の無霜地帯では庭植えも可能ですが、一般的には大鉢に植えて栽培します。できるだけ直射日光に当て、乾かし気味に管理します。冬は室内に取り込んで、水やりを極力控えます。ナメクジの食害に注意。

水少なめ　日なた　庭植え　鉢植え

ストレリチア・レギネ

1	2	3	4	5	6	7	8	9	10	11	12
	花期										
		植え付け				株分け					

Wrightia antidysenterica
セイロンライティア

非耐寒性常緑低木　　　　　　　【キョウチクトウ科】
別　名：ライティア
原産地：スリランカ

特徴 よく分枝して育つ小型の熱帯花木で、夏の花木として鉢花が出回ります。ライティアはイギリスの植物学者W.ライトにちなんだ名です。初夏の頃から、花径3cmほどの白い花が次々と咲きます。花の真ん中に副花冠が飛び出ているのが特徴です。

管理 鉢花は、屋外で日光に当て、乾燥に弱いので水を切らさないように育てます。盛夏は直射日光を避け、半日陰に移します。寒さに弱いので、冬は明るい室内に置き、水やりを控えて10℃以上に保ちます。

水多め　日なた　鉢植え

セイロンライティア

1	2	3	4	5	6	7	8	9	10	11	12
					花期						
		植え替え					植え替え				

Salvia officinalis
セージ

耐寒性常緑小低木　　　　　　　　　　　【シソ科】
別　名：ヤクヨウサルビア、コモンセージ
原産地：南ヨーロッパ
花言葉：家庭的

特徴 サルビアの仲間で、古代ギリシャ・ローマ時代から薬草として用いられてきました。灰緑色の葉は触れるとざらつき、樟脳に似た芳香があります。斑入り葉や新葉が紫色を帯びるものもあり、花壇でも利用できます。

管理 日当たりと水はけのよい場所で、乾燥気味に育てます。高温多湿を嫌うので、茂りすぎたら梅雨前に枝を間引きます。

セージ

ゴールデンセージ

水普通　日なた　庭植え　鉢植え

1	2	3	4	5	6	7	8	9	10	11	12
				花期							
タネまき、植え付け						植え付け					

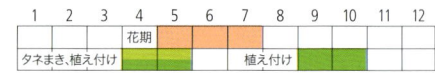

Zephyranthes
ゼフィランサス

半耐寒性～耐寒性春植え球根　　　　　【ヒガンバナ科】
別　名：レインリリー
原産地：中南米など
花言葉：清い愛

特徴 丈夫で、花壇の縁取りなどに利用されています。タマスダレの名で知られるキャンディダ種やピンクの大きな花を咲かせ、サフランモドキと呼ばれるグランディフローラ種、黄花のシトリナ種などが出回ります。

管理 タマスダレは庭で植えっぱなしにできますが、桃花や黄花の寒さに弱いものは、秋に球根を掘り上げて室内で保存します。

ゼフィランサス・キャンディダ

ゼフィランサス・グランディフローラ

水普通　日なた　庭植え　鉢植え

1	2	3	4	5	6	7	8	9	10	11	12
					花期						
植え付け									掘り上げ		

夏の花

Solanum rantonnetii
ソラナム・ラントネッティー

半耐寒性常緑低木　　　　　　　　　　【ナス科】
別　名：ブルーポテトブッシュ
原産地：南米のアルゼンチン〜パラグアイ

ソラナム・ラントネッティー

特徴 高さ1〜2mになる低木で、よく分枝する枝先に青紫色の花が数輪つき、次々と咲きます。ナスやジャガイモの仲間で、美しい花をつけることから、英名をブルーポテトブッシュといいます。斑入り葉の品種もあり、鉢花が流通しています。

管理 鉢花はできるだけ日当たりと風通しのよい場所で育て、冬は室内に取り込んで7℃以上に保ちます。花がら摘みを兼ねて、枝を切り戻すとわき枝が伸びて再び花をつけます。毎年春先に植え替えます。

水普通　　日なた　　鉢植え

	1	2	3	4	5	6	7	8	9	10	11	12
花期						■	■	■	■	■		
植え替え				■								

Dalechampia
ダレシャンピア

非耐寒性つる性植物または低木　　【トウダイグサ科】
別　名：コスタリカン・バタフライ・バイン、パープルウィング
原産地：中南米

ダレシャンピア・ディオスコレイフォリア

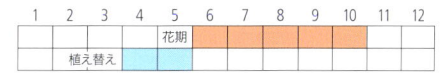

特徴 細いしなやかなつるがよく伸び、あんどん仕立ての鉢物で出回るのは、ディオスコレイフォリア種です。花弁のように色づく2枚の大きな苞が特徴で、実際の花は花弁がなく目立ちません。よく似たケショウボクは、低木に育つレーツリアナ種です。

管理 夏だけ庭に植えることもできます。鉢花は、春〜秋は明るい半日陰に置きますが、盛夏は強光を避けます。高温時は特につるが旺盛に伸びるので、頻繁に誘引します。冬は室内に取り込み、10℃以上に保ちます。

水普通　　半日陰　　鉢植え

	1	2	3	4	5	6	7	8	9	10	11	12
花期						■	■	■	■	■		
植え替え				■								

225

Caryopteris incana
ダンギク

半耐寒性多年草　　　【クマツヅラ科】
別　名：ランギク
原産地：日本（九州西部）、朝鮮半島、中国、台湾
花言葉：悩み

特徴 日本では対馬と九州西部海岸の日当たりのよい岩場などに自生しています。花が葉の付け根に集まって、茎を囲むように開き、下から上の段に順々に咲いていくので、ダンギクといいます。花に芳香があり、雄しべと雌しべがまっすぐに突き出ています。

管理 日当たりと水はけのよい場所で育てます。暖地では戸外で越冬できますが、寒冷地では冬越しができないので、春まき1年草として扱います。乾燥に弱いので、乾燥が続く真夏は庭植えも水やりが必要です。

水普通　日なた　庭植え　鉢植え

ダンギク

1	2	3	4	5	6	7	8	9	10	11	12
			植え付け						花期		
			タネまき								

Tanacetum vulgare
タンジー

耐寒性多年草　　　【キク科】
別　名：エゾヨモギギク、ゴールデンボタン
原産地：ヨーロッパ

特徴 全草に樟脳（しょうのう）に似た強い香りがあり、衣類の虫除けに使われるハーブです。羽状に深く切れ込んだ葉をもち、黄色い小さなボタンのような花をつけます。花は、乾燥しても色があせないので、ドライフラワーに利用するほか、夏の花壇材料としても重宝します。

管理 半日陰でも育ちますが、茎が倒れやすくなるので、水はけのよい日なたで育てます。地下茎が伸びて大株になるため、茂りすぎたときは株分けをし、不要な株は処分します。鉢植えは、水切れに注意します。

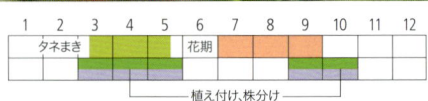

水普通　日なた　庭植え　鉢植え

タンジー

1	2	3	4	5	6	7	8	9	10	11	12
	タネまき				花期						
		植え付け、株分け									

夏の花

Chelone lyonii
チェロネ

耐寒性多年草 　　　　　　　　　　【ゴマノハグサ科】
別　名：リオン、ケロネ、ジャコウソウモドキ
原産地：北アメリカ
花言葉：田園の憧れ

特徴　チェロネは、ギリシャ語で「カメ」の意味です。つぼみの形がカメの頭に似ていることが名の由来です。株元から多数の茎を立ち上げ、先端にキンギョソウに似た筒状の花を数個つけます。スピードリオンと呼ばれる、早咲き系の品種もよく栽培されます。

管理　葉焼けをするので、夏の強光を避けた半日陰で育てます。植えっぱなしにできますが、年々大株に育つので、4～5年に1度、株分けをして植え替えます。鉢植えは、水切れに注意し、毎年植え替えます。

水半分　半日陰　庭植え　鉢植え

チェロネ・リオニー

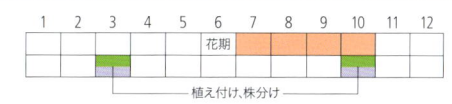

1	2	3	4	5	6	7	8	9	10	11	12
						花期					

植え付け、株分け

Tigridia
チグリディア

非耐寒性春植え球根 　　　　　　　【アヤメ科】
別　名：トラフユリ、タイガーリリー
原産地：メキシコ、ペルー、チリ

特徴　チグリディアは、ラテン語で「虎」の意味。花の中心部に虎斑が入るユニークな花から名づけられました。6枚ある花弁のうち、外側の3枚が大きく、内側の3枚が小さく、受け皿状に開きます。花は1日花ですが、1茎に4輪くらいが次々咲きます。

管理　日当たりと水はけのよい場所で育てます。鉢植えは、5号鉢に3球を植え、日当たりのよい場所に置き、夏は雨が避けられる涼しい場所に移します。地上部が枯れたら球根を掘り上げ、冬は10℃以上で乾燥貯蔵します。

水普通　日なた　庭植え　鉢植え

チグリディア

1	2	3	4	5	6	7	8	9	10	11	12
					花期						
		植え付け						掘り上げ			

Tithonia rotundifolia
チトニア

半耐寒性春まき1年草　　　　【キク科】
別　名：メキシコヒマワリ
原産地：メキシコ、中央アメリカ

特徴　古代アステカ帝国の国花だったといわれています。チトニアの名は、ギリシャ神話の暁の女神オーロラに愛された若者チトヌスにちなんだものです。長い花柄の先にヒマワリに似た花を1つずつつけます。表面は濃いオレンジ色で、裏面は黄色の美しい花です。

管理　丈夫で育てやすい花壇向きの花です。十分に暖かくなったら、日当たりと水はけのよい場所にタネを直まきします。1m以上に伸び、風で倒れやすいのでしっかり支柱を立てます。摘心すると花数が多くなります。

水普通　日なた　庭植え

チトニア

1	2	3	4	5	6	7	8	9	10	11	12
						花期	花期	花期			
			タネまき	タネまき							

Cosmos atrosanguineus
チョコレートコスモス

耐寒性多年草　　　　【キク科】
原産地：メキシコ

特徴　チョコレートに似た花色と香りがあり人気です。冷涼地では夏も花を咲かせ続けますが、関東以西の暖地では初夏と秋に咲き、盛夏は休みます。最近は、赤花で暑さに強い交雑種が出回り、育てやすくなりました。

管理　日当たりと水はけのよい場所で育てます。夏は西日を避け、冬はマルチングして防寒します。寒冷地では室内で越冬させます。

チョコレートコスモス（赤花種）

水普通　日なた　庭植え　鉢植え

チョコレートコスモス

1	2	3	4	5	6	7	8	9	10	11	12
						花期	花期	花期			
			植え付け	植え付け							

夏の花

Lonicera sempervirens
ツキヌキニンドウ

半常緑つる性木本　【スイカズラ科】
別　　名：ロニセラ
原産地：北アメリカ

ツキヌキニンドウ

特徴 日本にも自生しているスイカズラの仲間です。向かい合った葉がくっつき、茎が葉を突き抜いているので、ツキヌキニンドウの名があります。トランペット形の赤い小花が次々と咲き、花期が長いのが特徴です。トレリスやアーチなどに絡ませて楽しみます。

管理 水はけがよく、日が十分に当たる場所で育てます。鉢植えは、春〜秋の生育期は水を切らさないように管理します。寒さには強いのですが、寒冷地では寒風を避ける工夫をしないと、枝枯れを起こすので注意します。

水普通　日なた　庭植え　鉢植え

	1	2	3	4	5	6	7	8	9	10	11	12
花期						●	●	●	●	●		
植え付け・植え替え				●	●							

Tulbaghia violacea
ツルバギア

耐寒性春植え球根　【ネギ科(ユリ科)】
別　　名：ワイルドガーリック
原産地：南アフリカ
花言葉：小さな背信

ツルバギア・ビオラケア

特徴 すらりと立ち上がった花茎の先端に、星形の小花をいくつも開きます。花の中央には舌状の小さな副花冠(ふくかかん)があります。茎や葉を傷つけるとニンニク臭がありますが、白やライラック色の花には芳香があります。斑入り葉の品種もあります。

管理 日当たりと水はけのよい場所で育てます。関東以西の暖地では、庭で数年間植えっぱなしにできますが、寒冷地では鉢植えにして、冬は室内に取り込みます。数年に1回、株分けをして植え替えます。

水少なめ　日なた　庭植え　鉢植え

	1	2	3	4	5	6	7	8	9	10	11	12
花期					●	●	●	●				
植え付け・植え替え				●	●							

Solanum laxum（＝*S.jasminoides*）
ツルハナナス

半耐寒性常緑つる性木本　【ナス科】
別　名：ソケイモドキ
原産地：ブラジル

特徴 細い枝の先に星形の花が房状につき、下を向いて開きます。咲き始めは淡い紫色を帯び、次第に白くなるので2色の花が咲いているように見えます。ポテト・バインという英名があるように、ジャガイモに似た花で、芳香があります。斑入り品種もあります。

管理 日なたで、夏の西日を避けられる場所で育てます。鉢植えも盛夏の強光は避け、生育中は水切れに注意します。東京以西の暖地では戸外で越冬しますが、寒冷地では鉢や挿し木苗を室内に取り込んで越冬させます。

水普通　日なた　庭植え　鉢植え

ツルハナナス

	1	2	3	4	5	6	7	8	9	10	11	12
花期						●	●	●	●			
植え付け				●								

Thunbergia
ツンベルギア

非耐寒性常緑つる性木本、春まき1年草　【キツネノマゴ科】
別　名：ヤハズカズラ
原産地：アジア、アフリカの熱帯～亜熱帯地帯

特徴 よく栽培されるアラタ種は、葉のわきから長い花柄を出し、中心の黒い目がよく目立つ白や黄色の花を開きます。寒さに弱いので日本では1年草として扱います。そのほか、紫色の漏斗状の花を咲かせる種もあります。

管理 日当たりと水はけのよい場所で育てます。鉢花は水切れしないように注意します。冬は室内の暖かいところで管理します。

ツンベルギア・アラタ 'サニー'

ツンベルギア・フォーゲリアーナ

水普通　日なた　庭植え　鉢植え

	1	2	3	4	5	6	7	8	9	10	11	12
花期											●	●
タネまき			●	●	●							
植え付け						●	●	●	●			

夏の花

Diascia barberae
ディアスキア

耐寒性多年草　　【ゴマノハグサ科】
原産地：南アフリカ

ディアスキア 'ジェンタ'

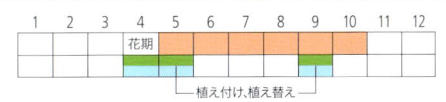

特徴 ディアスキアは、ギリシャ語で「2つの袋」という意味で、花の後ろに袋状の突起が2つあることが名前の由来です。地際からよく分枝してこんもりと茂り、株を覆うように花をつけて、次々と長期間咲き続けます。多少の日陰でも花が見られます。

管理 寒さに弱く、高温多湿時に蒸れやすいので鉢植えにします。夏は半日陰に置きます。花が少なくなってきたら半分に切り戻します。暖地では軒下で越冬しますが、寒冷地では挿し芽で小苗をつくり、室内に置きます。

水普通　日なた　半日陰　鉢植え

1	2	3	4	5	6	7	8	9	10	11	12
			花期								

植え付け、植え替え

Rhynchospora colorata (=*Dichromena colorata*)
ディクロメナ・コロラタ

半耐寒性多年草　　【カヤツリグサ科】
別　名：シューティングスター、シラサギカヤツリ、
　　　　シラサギノマイ
原産地：北アメリカ南東部

ディクロメナ・コロラタ（リンコスポラ・コロラタ）

特徴 ディクロメナは古い名で、現在はリンコスポラ属です。湿地に育つ植物で、花茎の先が星形に開いてよく目立ち、自生地ではスターグラスと呼ばれています。白い花びらのように見えるのは総苞で、先が長く垂れ下がります。実際の花は中心の部分で目立ちません。

管理 日当たりのよい場所で育てます。鉢に植え、水槽や水鉢に鉢ごと沈めるか、水をためた鉢皿に鉢を置き、鉢皿の水を切らさないようにして育てます。凍らなければ越冬できますが、寒冷地では室内で管理します。

水多め　日なた　鉢植え

1	2	3	4	5	6	7	8	9	10	11	12
			花期								

植え替え、株分け

Dischidia pectenoides
ディスキディア

非耐寒性多年草　　　　　　　　【ガガイモ科】
別　名：フクロカズラ、カンガルーポケット
原産地：フィリピン

ディスキディア・ペクテノイデス

特徴　つるを伸ばし岩や樹上などに着生して育つ植物です。小さな葉のほかに、中に根が出ている袋状の葉をつけます。この葉は風船のようにふくらんで、水を蓄える貯水袋の働きをして乾燥期には根を守ります。葉のわきに赤い小さな花がたくさんつきます。

管理　明るい日陰を好むので、鉢植えにして室内で楽しみます。春から秋は窓辺に置き、レースのカーテン越しの光を当てます。冬は、ガラス越しの光線に当て、乾燥気味に管理し、10℃以上を保ちます。

水普通　　半日陰　　鉢植え

	1	2	3	4	5	6	7	8	9	10	11	12
花期						●	●	●				
植え替え				●								

Delphinium
デルフィニウム

耐寒性多年草、秋まき1年草　　　【キンポウゲ科】
別　名：オオヒエンソウ
原産地：北半球の温帯
花言葉：気まぐれ、移り気（桃）

デルフィニウム（エラーツム系）

特徴　デルフィニウムはギリシャ語で「イルカ」の意味。花の形が似ているからだといわれています。華やかな長い花穂（かすい）が魅力のエラーツム系と華奢（きゃしゃ）で繊細なシネンセ系があります。関東以西では1年草として扱います。

管理　日当たりと水はけのよい場所で育てます。市販される苗を利用すると楽です。根鉢を崩さないように注意して定植します。

デルフィニウム（シネンセ系）'ミントブルー'

水普通　　日なた　　庭植え　　鉢植え

	1	2	3	4	5	6	7	8	9	10	11	12
花期(暖地)			●	●	●	●						
花期(冷涼地)							●	●	●	●		
植え付け	●	●									●	●
タネまき								●	●			

夏の花

Gaillardia
テンニンギク

耐寒性多年草、1年草 【キク科】
別　名：ガイラルディア
原産地：北アメリカ〜南アメリカ
花言葉：協力、団結

テンニンギク 'レッドブルーム' と 'イエローブルーム'

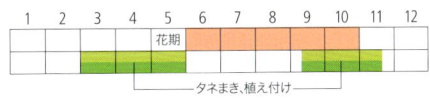

特徴 テンニンギクは1年草で、ふつう花の外側に並ぶ舌状花は、先端が黄色、基部が紅紫色に染まります。ほかに、八重咲き種で単色品種もあります。大輪種の多年草タイプをオオテンニンギクと呼んで区別しています。

管理 日当たりと水はけのよい場所にタネを直まきします。花がらはこまめに摘み取り、草姿が乱れたら半分くらい切り戻します。

オオテンニンギク

水普通　日なた　庭植え　鉢植え

1	2	3	4	5	6	7	8	9	10	11	12
					花期	花期	花期	花期	花期		

タネまき、植え付け

Veronica ornata
トウテイラン

耐寒性多年草 【ゴマノハグサ科】
原産地：日本（京都府〜鳥取県、隠岐の海岸）

トウテイラン

特徴 ベロニカの仲間です。トウテイランは美しい青紫色の花の色を、中国の洞庭湖の水の色に見立てた名前で、「洞庭藍」と書きます。茎や葉の裏面、花序が白い綿毛で覆われ、全体が緑白色に見えます。茎の先に小さな花が穂状に多数つき、下から順に咲きます。

管理 日当たりと水はけ、風通しのよい場所で育てます。花がらが目立つようになったら、早めに花穂を切り取るとすぐ下のわき芽が伸びて、次々花をつけます。伸びすぎたら花後に切り戻して姿を整えます。

水普通　日なた　庭植え　鉢植え

1	2	3	4	5	6	7	8	9	10	11	12
							花期	花期			

植え付け、株分け

Passiflora
トケイソウ

非耐寒性常緑つる性木本　　【トケイソウ科】
別　名：パッシフローラ、パッションフラワー
原産地：熱帯アメリカ
花言葉：神聖な愛、宗教、信仰

特徴 花を時計の文字盤に、雄しべと雌しべを針に見立ててトケイソウといいます。交雑種で育てやすい青紫色の'アメシスト'やパッションフルーツが収穫できるクダモノトケイソウ、紅花種なども栽培されています。

管理 1年中日に当てて育てます。暖地の無霜地帯なら庭植えもできますが、寒冷地では鉢に植え、冬は室内で5℃以上を保ちます。

トケイソウ
トケイソウ'アメシスト'

水普通　日なた　庭植え　鉢植え

	1	2	3	4	5	6	7	8	9	10	11	12
花期						●	●	●	●	●			
植え付け				●	●								

Aconitum
トリカブト

耐寒性多年草　　【キンポウゲ科】
別　名：アコニツム、ハナトリカブト、カブトギク
原産地：北半球の温帯
花言葉：騎士道

特徴 猛毒のアルカロイドを含む毒草として知られています。青紫の花弁のように見えるのは5枚の萼（がく）です。栽培されるのはハナトリカブトや洋種トリカブト。白花や白い花弁に紫の縁取りがあるものなどもあります。

管理 高温、乾燥を嫌うので、夏に西日が避けられる涼しい場所で育てます。作業のとき、汁が皮膚につかないように注意します。

洋種トリカブト
ハナトリカブト

水普通　半日陰　庭植え　鉢植え

	1	2	3	4	5	6	7	8	9	10	11	12
花期							●	●	●	●		
植え替え、株分け			●							●	●	

夏の花

Kniphofia
トリトマ

耐寒性多年草　　　　　　　　　　　　【ユリ科】
別　名：トーチリリー、シャグマユリ
原産地：南アフリカ
花言葉：切実な思い

ヒメトリトマ

特徴　長い花茎の先に筒状の花が下向きにつき、穂になって咲きます。オオトリトマはつぼみのときは赤く、開花すると黄色になり、2色に見えます。ヒメトリトマはつぼみのときはオレンジで、開くと黄色になります。

管理　日当たりと水はけのよい場所で育てます。植えっぱなしにできますが、3〜4年に1度植え替えると花立ちがよくなります。

オオトリトマ

水普通　日なた　庭植え　鉢植え

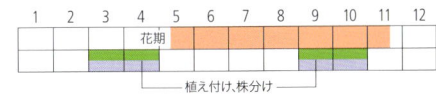

1	2	3	4	5	6	7	8	9	10	11	12
					花期						

植え付け、株分け

Torenia fournieri
トレニア

非耐寒性1年草　　　　　　　　　　　【ゴマノハグサ科】
別　名：ナツスミレ、ハナウリクサ
原産地：インドシナ
花言葉：可憐な欲望、温和

トレニア

特徴　よく分枝してこんもりとした株に、一見スミレに似た愛嬌のある唇形花をつけます。サラダの彩りなど、食用花としても利用されています。冷気にあうと葉が赤紫に色づき、夏の花時とは違った風情が楽しめます。

管理　極端に乾燥すると生育が衰えるので、こまめに水やりをします。夏の終わりに枝先を摘むと、秋にたくさん花が咲きます。

トレニア'イエロームーン'

水普通　日なた　庭植え　鉢植え

1	2	3	4	5	6	7	8	9	10	11	12
										花期	

タネまき　　植え付け

235

Trollius
トロリウス

耐寒性多年草　　　　　　　　　【キンポウゲ科】
別　名：キンバイソウ
原産地：北半球

トロリウス（カンムリキンバイ）

特徴　日本の山地に自生するキンバイソウの仲間で、黄金色の花をつけます。花の中央に、尖った花弁が王冠のように並んで立ち上がるカンムリキンバイや、花が平開せず、カップ咲きになるセイヨウキンバイなどが栽培されます。花弁のように見えるのは萼片（がくへん）です。

管理　寒冷地では栽培しやすいのですが、高温と乾燥に弱いので、暖地では夏に半日陰になる落葉樹の下などに植えます。鉢植えも、夏は涼しい半日陰に置きます。高性種はつぼみが見えたら、支柱を立てます。

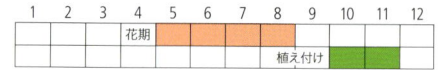

水普通　日なた　半日陰　庭植え　鉢植え

1	2	3	4	5	6	7	8	9	10	11	12
			花期								
									植え付け		

Abelmoschus manihot
トロロアオイ

半耐寒性多年草、春まき1年草　　【アオイ科】
別　名：オウショッキ
原産地：中国
花言葉：あなたを信じます

トロロアオイ

特徴　野菜のオクラの仲間です。まっすぐに伸びた茎の上部に、淡い黄色の大きな花をやや下向きに咲かせます。花は朝開いて夕方にしぼむ1日花です。根にとろとろした粘液を多く含むところから、トロロアオイといいます。寒さに弱いので1年草として扱います。

管理　丈夫で栽培は容易です。十分に暖かくなってから、日当たりと水はけのよい場所にタネを直（じか）まきします。晩秋に株を掘り上げ、凍らない場所で保存します。花がらを少し残しておくと、10月に採種できます。

水普通　日なた　庭植え

1	2	3	4	5	6	7	8	9	10	11	12
							花期				
		タネまき									

夏の花

ニチニチソウ

Catharanthus roseus
ニチニチソウ

非耐寒性春まき1年草　　【キョウチクトウ科】
別　名：ビンカ
原産地：マダガスカル
花言葉：友情、思い出

特徴 暑さと乾燥に強く、炎天下に愛らしい5弁花を開きます。名前の通り、毎日新しい花が咲き、夏の間花が絶えません。高性種、わい性種のほか、匍匐性の品種もあります。寒さに弱く日本では1年草として扱います。

管理 暖かくなってから、日当たりと水はけのよい場所にタネを直まきします。花期が長いので、月に1回薄い液肥を施します。

ニチニチソウ'エンヂェルチュチュ'

水普通　日なた　庭植え　鉢植え

1	2	3	4	5	6	7	8	9	10	11	12
										花期	
		タネまき			植え付け						

Orthosiphon aristatus
ネコノヒゲ

非耐寒性多年草　　【シソ科】
別　名：キャットウィスカー、クミスクチン
原産地：インド～マレー半島

特徴 唇形の花が下から咲きます。ぴんと長く伸びたネコのひげのような雄しべと雌しべが魅力です。マレーシアではクミスクチン、英名はキャットウィスカー。いずれもネコのひげを思わせる花形に由来した名です。

管理 風通しのよい日なたで育てます。花後に切り戻すとわき芽が伸び、秋にまた開花します。冬は室内に置き、10℃以上に保ちます。

ネコノヒゲ（青花種）

水普通　日なた　庭植え　鉢植え

1	2	3	4	5	6	7	8	9	10	11	12
				花期							
植え付け、株分け											

Verbascum
バーバスカム

耐寒性2年草または多年草　　【ゴマノハグサ科】
別　名：ムレイン、モウズイカ
原産地：ヨーロッパ、北アフリカの地中海沿岸地域〜
　　　　西・中央アジア

特徴　バーバスカムはラテン語で「ヒゲのある」という意味で、植物全体が毛で覆われていることからついた名です。高く茎を伸ばし、穂状（すいじょう）に花をつけ下から咲いていきます。フォエニケウム種を中心に改良された、花色が豊富な園芸品種が出回ります。

管理　日当たりと水はけ、風通しのよい場所で育てますが、夏の西日が避けられるところが理想です。フェルト状の葉は雨に弱いので、鉢植えは、梅雨時は軒下などに置きます。花がらを摘み、結実させないようにします。

水普通　日なた　庭植え

バーバスカム

	1	2	3	4	5	6	7	8	9	10	11	12
									花期			
	植え付け				タネまき		植え付け					

Hibiscus rosa-sinensis
ハイビスカス

非耐寒性常緑低木　　【アオイ科】
別　名：ハワイアンハイビスカス、ブッソウゲ
原産地：熱帯アジア
花言葉：繊細な美しさ

特徴　雄しべを途中につけた雌しべが長く突き出して咲く、トロピカルムードいっぱいの熱帯花木です。一般にハワイアンハイビスカスと呼ばれる大輪で、色彩に富んだ華やかなものが多く出回ります。

管理　沖縄や奄美諸島、南九州など暖地以外では、鉢に植え冬は室内に入れます。直射日光に当てて育てると花つきがよくなります。

ハイビスカス

ハイビスカス'コーラルホワイト'

水普通　日なた　庭植え　鉢植え

	1	2	3	4	5	6	7	8	9	10	11	12
					花期							
					植え替え							

夏の花

Aristolochia
パイプカズラ

非耐寒性常緑つる性木本　　【ウマノスズクサ科】
別　名：アリストロキア
原産地：ブラジル、パナマ

複

アリストロキア・ギガンテア

特徴 花姿がマドロスパイプに似ているので、パイプカズラといいます。脈状の網目模様が入る大きな花が垂れ下がって咲きます。独得の花形と色彩で、花弁のように見える部分は萼が変形したものです。

管理 つるがよく伸びるので大鉢に植え、日なたで管理します。冬は室内に取り込み、水やりを控えて8℃以上に保ちます。

パイプカズラ

水普通　日なた　鉢植え

1	2	3	4	5	6	7	8	9	10	11	12
					花期						
	植え替え					挿し木					

Euphorbia marginata
ハツユキソウ

非耐寒性春まき1年草　　【トウダイグサ科】
別　名：ユーフォルビア・マルギナタ
原産地：北アメリカ
花言葉：祝福

ハツユキソウ

特徴 ポインセチアの仲間ですが、寒さに弱いので1年草として扱います。ふだんは灰緑色をしている葉が夏の頃になると、上部にある葉の縁が白く彩られます。まるで雪をかぶったような涼しげな色合いになるようすから、ハツユキソウの名があります。

管理 日当たりと風通しのよい場所で育てます。十分に暖かくなってから、移植を嫌うのでタネを直まきして間引きながら育てます。茎や葉を切ると白い汁が出ます。肌につくと、かぶれることがあるので注意しましょう。

水普通　日なた　庭植え　鉢植え

1	2	3	4	5	6	7	8	9	10	11	12
						花期					
		タネまき			植え付け						

239

Portulaca oleracea
ハナスベリヒユ

非耐寒性多年草 　　　　　　　【スベリヒユ科】
別　名：ポーチュラカ
原産地：園芸種
花言葉：無邪気

特徴 マツバボタンの仲間で、ドイツで改良された園芸種。多肉質のへら状の葉や茎に水分を蓄えていて、乾燥に強いのが特徴です。一重と八重咲きがあり、1日花ですが、昼過ぎまで咲き続けます。

管理 日当たりと水はけのよい場所で育てます。花が終わったら、枝を切り詰めて室内に取り込み、冬は水を控えて管理します。

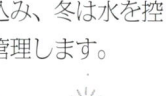

ハナスベリヒユ

ハナスベリヒユ

水少なめ　日なた　庭植え　鉢植え

	1	2	3	4	5	6	7	8	9	10	11	12
花期						花期						
植え付け					植え付け							

Aptenia cordifolia
ハナヅルソウ

半耐寒性多肉性多年草 　　　　【ツルナ科】
別　名：アプテニア・コーディフォリア、
　　　　ベイビー・サン・ローズ
原産地：南アフリカ東部

特徴 「花蔓草」と書きます。多肉質の卵形の葉をたくさんつけた茎がつるのように伸びます。マツバギクに似た鮮やかな赤紫色の花を各枝の先につけ、生育するにつれて次々と咲いていきます。葉が白く縁取りされた斑入り品種 'バリエガタ' もあります。

管理 乾燥にはとても強いのですが、過湿に弱いので雨を避け、日によく当てて育てます。関東以西の無霜地帯では戸外で越冬できますが、一般には鉢植えにして、冬は室内に取り込み、水を控えて10℃以上に保ちます。

ハナヅルソウ

水少なめ　日なた　庭植え　鉢植え

	1	2	3	4	5	6	7	8	9	10	11	12
花期						花期		花期			花期	
植え替え			植え替え									

夏の花

Physostegia virginiana
ハナトラノオ

耐寒性多年草 　　　　　　　　　　【シソ科】
別　名：カクトラノオ、フィソステギア
原産地：北アメリカ
花言葉：達成

特徴 四角い茎が直立して、先端に大きな花穂(すい)をつけます。筒形の小花が四方に整然と並んで、下から上に咲いていきます。茎が四角なことと花穂の形が虎の尾を連想させることから、カクトラノオともいいます。

管理 暑さ、寒さに強く栽培は容易。放任しても花が咲くが、夏に乾燥が続くときは、庭植えも水やりして適度な湿り気を与えます。

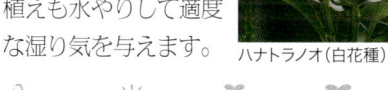

ハナトラノオ
ハナトラノオ(白花種)

水普通　日なた　庭植え　鉢植え

1	2	3	4	5	6	7	8	9	10	11	12
						花期	花期	花期			
		植え付け、株分け						植え付け、株分け			

Habranthus
ハブランサス

半耐寒性〜耐寒性春植え球根 　　【ヒガンバナ科】
別　名：レインリリー
原産地：中南米など

特徴 乾燥と高温の後に、雨が降ると開花するので、ゼフィランサス同様レインリリーと呼ばれています。ゼフィランサスは直立して咲きますが、本種は漏斗(ろうと)状の花を斜め上向きに開きます。1日花ですが、1つの球根から2〜3本の花茎を立ち上げて咲きます。

管理 日当たりと水はけのよい場所で育てます。庭植えも鉢植えもやや密植気味に植えると、開花したときに見応えがあります。関東以西では盛り土をして冬越しできますが、寒冷地では、掘り上げて貯蔵します。

ハブランサス 'チェリーピンク'

水普通　日なた　庭植え　鉢植え

1	2	3	4	5	6	7	8	9	10	11	12
					花期	花期	花期	花期			
植え付け	植え付け	植え付け	植え付け						掘り上げ		

Byblis filifolia
ビブリス・フィリフォリア

半耐寒性秋まきまたは春まき1年草　【ビブリス科】
原産地：オーストラリア南西部

ビブリス・フィリフォリア

特徴 ピンクや白の美しい5弁の花を開く食虫植物です。細い線形の葉の表面に密生した腺毛からねばねばした液を出し、ハエなどの小さな虫を捕らえます。粘液は水滴のようなもので、光に当たると輝くように見えます。寒さに弱いので1年草として扱います。

管理 初夏に出回る鉢物を購入し、日なたで管理します。湿原の植物なので、受け皿に水をため水切れしないように栽培しますが、上から水を与えると粘液が流されてしまうので、注意します。雨も避けます。

水多め　日なた　半日陰　鉢植え

	1	2	3	4	5	6	7	8	9	10	11	12
					花期							
								植え付け				

Belamcanda chinensis
ヒオウギ

耐寒性多年草　【アヤメ科】
別　名：ヌバタマ、カラスオウギ、ヒオウギアヤメ
原産地：日本、中国
花言葉：誠意

ヒオウギ 'キャンディリリー'

特徴 分枝した茎の先に、オレンジに暗紅色の斑点がある6弁花を平らに開きます。わい性種で葉幅の広いダルマヒオウギやヒオウギとアイリスとの交配種で、花色が豊富な'キャンディリリー'などがあります。

管理 春か秋に市販の苗を求め、日当たりと水はけのよい場所に植えます。3〜4年に1回、株分けをして植え替えます。

ダルマヒオウギ

水普通　日なた　庭植え　鉢植え

	1	2	3	4	5	6	7	8	9	10	11	12
	株分け				タネまき				花期		タネまき	
	植え付け								植え付け			

夏の花

Hymenocallis(Ismene)
ヒメノカリス

非耐寒性春植え球根　　【ヒガンバナ科】
別　名：イスメネ、スパイダーリリー
原産地：西インド諸島を含む中南米

ヒメノカリス 'アドヴァンス'

特徴　旧属名のイスメネの名でも出回ります。クモかヒトデのような個性的な花形と、よい香りを漂わせることで知られています。ラッパズイセンのような花をつけるもの、細い花被片が垂れ下がるものなどがあり、いずれも美しい膜状の副花冠があります。

管理　寒さに弱いので鉢植えにします。十分に暖かくなってから植え、日なたで育てます。盛夏は半日陰に移し、冬は室内で10℃以上に保ちます。庭植えは、霜が降りる前に球根を掘り上げ、凍らないところで貯蔵します。

水普通　日なた　庭植え　鉢植え

1	2	3	4	5	6	7	8	9	10	11	12
					花期	花期	花期				
		植え付け	植え付け	植え付け					掘り上げ	掘り上げ	

Phygelius
フィゲリウス

半耐寒性常緑亜低木　　【ゴマノハグサ科】
別　名：ケープフクシア
原産地：南アフリカ

フィゲリウス

特徴　フィゲリウスは、ギリシャ語で「太陽を避ける」という意味です。日陰で育つのではないかと想像して名づけられましたが、実際には日なたを好みます。まっすぐに立ち上がった茎に、長い筒状の花を下向きにたくさんつけます。花の先端は浅く5裂します。

管理　夏の高温多湿と寒さにやや弱いので、主に鉢植えにします。夏は午後の日ざしを避け、冬は室内で管理します。花後に切り戻すとわき枝が伸びて、再び花が咲きます。暖地では庭植えもでき、防寒すると越冬します。

水普通　日なた　庭植え　鉢植え

1	2	3	4	5	6	7	8	9	10	11	12
				花期	花期	花期	花期	花期	花期		
		植え替え									

243

Helianthus annuus

ヒマワリ

非耐寒性春まき1年草　　【キク科】
別　名：ニチリンソウ
原産地：北アメリカ
花言葉：憧れ、あなたは素晴らしい

特徴 夏の代名詞ともいえるヒマワリは、草丈2mを超える大型種から草丈30cmほどのミニ種まで、さまざまな品種があります。花色は、黒に近い赤やクリーム色、蛇の目模様などもあり、八重咲きなど咲き方もさまざまです。花粉の出ないものもあります。

管理 日当たりと水はけのよい場所で育てます。移植を嫌うので、暖かくなってからタネを直まきし、間引いて育てます。吸肥力が旺盛なので、特に鉢植えは、水や肥料を切らさないように管理します。

水普通 / 日なた / 庭植え / 鉢植え

ヒマワリ'モネ'

1	2	3	4	5	6	7	8	9	10	11	12
						花期	花期	花期			
		タネまき	タネまき	タネまき	タネまき						

ヒマワリ'ココア'

ヒマワリ'太陽'

ヒマワリ'テディベアー'

シロタエヒマワリ

夏の花

Zinnia elegans
ヒャクニチソウ

非耐寒性春まき1年草 【キク科】
別　名：ジニア
原産地：メキシコ
花言葉：別れた友を思う

ヒャクニチソウ（ジニア・エレガンス）

特徴 真夏の炎天下から秋の頃まで長期間咲き続け、「長命の花」という意味の浦島草の名もあります。青以外のほとんどの花色があり、豪華な大輪から素朴な小輪まで、咲き方もさまざまです。よく分枝して、たくさんの花を咲かせる'プロフュージョン'もあります。

管理 春に市販される花つきの苗を購入して植えると手軽ですが、変わった品種を育てるときはタネを直まきします。日光不足では軟弱になるので、直射日光に十分当て、花がらをこまめに摘み取ります。

水普通　日なた　庭植え　鉢植え

	1	2	3	4	5	6	7	8	9	10	11	12
花期												
タネまき												
植え付け												

ジニア・エレガンス

ジニア・ソルチート

ジニア・ハーゲアナ

ジニア'プロフュージョン'

Bougainvillea
ブーゲンビレア

非耐寒性常緑つる性木本　　【オシロイバナ科】
別　名：イタビカズラ
原産地：中南米
花言葉：情熱

特徴　ハイビスカスとともに熱帯花木の代表です。枝いっぱいに華麗な花を咲かせます。花弁のように見えるのは3枚の苞葉で、その中に筒状の3個の花があります。花がしおれた後も苞葉は美しい色を保っています。

管理　できるだけ日当たりのよい場所で育てます。一般的には鉢に植え、冬は暖かい室内に置き、水を控えて5℃以上に保ちます。

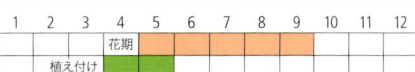

ブーゲンビレア 'サンセット'

ブーゲンビレア

水普通　日なた　庭植え（沖縄、奄美諸島など）　鉢植え

	1	2	3	4	5	6	7	8	9	10	11	12
				花期								
				植え付け								

Cardiospermum halicacabum
フウセンカズラ

非耐寒性つる性春まき1年草　　【ムクロジ科】
別　名：バルーンバイン、ハートピー
原産地：北アメリカ南部
花言葉：多忙、あなたと飛びたい

特徴　白い小さな花よりも風船のようにふくらんだ果実を楽しみます。切れ込みのある葉も長い柄にぶら下がって風に揺れる果実も涼しげです。ハート形の模様がある大きなタネもユニークです。鉢に植えあんどん仕立てにしたり、フェンスに絡ませたりします。

管理　日当たりと水はけのよい場所で育てます。おそ霜の心配がなくなってから、タネを直まきし、間引いて育てます。生育旺盛なので、特に鉢植えは水切れしないように注意し、月に1回、液肥を施します。

フウセンカズラ

水普通　日なた　庭植え　鉢植え

	1	2	3	4	5	6	7	8	9	10	11	12
					花・実の観賞期							
				タネまき		植え付け						

夏の花

Fuchsia
フクシア

非耐寒性常緑低木 　　　　　　　　【アカバナ科】
別　名：ホクシャ、ツリウキソウ
原産地：中央～南アメリカ、西インド諸島
花言葉：信頼した愛

フクシア '薄紫八重'

特徴 レディース・イヤードロップスの英名があるように、垂れ下がって咲く花はまさにイヤリングのようです。大きな萼（がく）から花弁がのぞきます。萼と花弁の色が同じもの、違うものなどさまざまで、多くの品種があります。

管理 鉢花は、春と秋は戸外でよく日に当て、夏は涼しい半日陰に移します。冬は室内に置きます。2年に1回、春に植え替えます。

フクシア 'ロイヤルアカデミー'

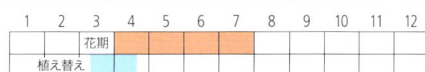

水普通　日なた　鉢植え

	1	2	3	4	5	6	7	8	9	10	11	12
花期												
植え替え												

Pratia
プラティア

耐寒性～半耐寒性～非耐寒性多年草 　　【キキョウ科】
別　名：スターラベンダー、オオミムラサキコケモモ、
　　　　パープルクラウンベリー
原産地：ニュージーランド、マレーシア、インドネシアなど

プラティア・プベルラ

特徴 スターラベンダーの通称で流通するプベルラ種は、マット状に広がり小さな星形の花を一面に咲かせます。また、オオミムラサキコケモモなどの名で呼ばれる赤紫色の果実が美しいヌンムラリア種もあります。

管理 鉢花は春と秋は日なたに、夏は半日陰に置きます。暖地以外では戸外での冬越しは無理で、ヌンムラリア種は10℃以上が必要です。

プラティア・ヌンムラリア

水普通　日なた　半日陰　庭植え（暖地のみ）　鉢植え

	1	2	3	4	5	6	7	8	9	10	11	12
花期												
植え替え												
結実期												

Tweedia caerulea
ブルースター

半耐寒性半つる性常緑亜低木　　【ガガイモ科】
別　名：オキシペタルム・カエルレウム、ルリトウワタ
原産地：ブラジル南部〜ウルグアイ

ブルースター

特徴　澄んだ空色の星形の花を咲かせるので、ブルースターと呼ばれています。つぼみや咲き始めはややピンクがかっていますが、後に淡青色になります。咲き終わる頃になるとまたピンクになります。全体に白いうぶ毛があり、傷つけると毒性の白い液が出ます。

管理　夏の花壇やあんどん仕立ての鉢花で楽しみます。春〜秋は、日当たりのよい場所で、雨を避けて育てます。ふつう、花後に採種し、春にまいて1年草として育てますが、9月に挿し木して小苗で冬越しもできます。

水普通　日なた　庭植え　鉢植え

	1	2	3	4	5	6	7	8	9	10	11	12
			植え替え				花期					
			タネまき						挿し木			

Alyogyne huegelii
ブルーハイビスカス

非耐寒性常緑低木　　【アオイ科】
別　名：アリオギネ
原産地：オーストラリア西部

ブルーハイビスカス

特徴　以前はハイビスカスの仲間に含まれていたことから、ブルーハイビスカスの名で流通しています。花径8〜10cmの大きな花を、葉のわきに1つ開きます。藤紫色の花びらに光沢があり、輝くように見え、花の雰囲気はハイビスカスによく似ています。

管理　鉢花は、よく日に当てて育てますが、夏は風通しのよいできるだけ涼しい場所に置いて管理します。関東以西の暖地では戸外で冬を越しますが、寒冷地では室内に取り込みます。春〜秋は庭植えもできます。

水普通　日なた　半日陰　庭植え　鉢植え

	1	2	3	4	5	6	7	8	9	10	11	12
					花期							
				植え替え								

夏の花

Scaevola aemula
ブルーファンフラワー

半耐寒性多年草　　【クサトベラ科】
別　名：スカエボラ、スエヒロソウ
原産地：オーストラリア南部、東部

ブルーファンフラワー

特徴　分枝しながら這うように伸びる茎の先端に小さな扇形の花をつけます。花の裂片（れっぺん）が片側に広がり、半分かけているように見えるのが特徴です。青紫色のほか、桃や白花の園芸品種もあります。グラウンドカバーや吊り鉢などに利用できます。

管理　日当たりと水はけのよい場所で育てますが、夏に半日陰になる場所が理想です。春にポット苗を購入して定植します。植え付け後に摘心して枝数をふやすと花つきがよくなります。冬は鉢上げして室内に置きます。

水普通　日なた　庭植え　鉢植え

1	2	3	4	5	6	7	8	9	10	11	12
			花期								
	植え付け						挿し芽				

Brugmansia
ブルグマンシア

半耐寒性常緑低木　　【ナス科】
別　名：エンジェルストランペット、
　　　　キダチチョウセンアサガオ
原産地：熱帯アメリカ（アンデス地方）

ブルグマンシア（黄花種）

特徴　白やピンク、オレンジ、黄色などの大きなラッパ形の花をつけ、夕方から夜にかけて甘い香りを放ちます。以前はダツラ属でしたが、幹が木質化し、花が下向きに咲くことなどから、現在はブルグマンシア属です。

管理　年間を通して日によく当てます。東北地方南部以西では、秋に株を地際まで切り戻し、厚く土を盛って防寒すると越冬します。

ブルグマンシア（白花種）

水普通　日なた　庭植え　鉢植え

1	2	3	4	5	6	7	8	9	10	11	12
			植え付け							花期	
			挿し木								

Brunfelsia
ブルンフェルシア

半耐寒性〜非耐寒性常緑低木　　【ナス科】
別　名：ニオイバンマツリ
原産地：ブラジル、アルゼンチン

ブルンフェルシア・アウストラリス

特徴 ジャスミンに似た香りを放つ熱帯花木。花は、咲き始めは紫色ですが、徐々に淡くなって最後に白になります。1株で2色の花が咲いているように見えます。淡黄色の花をつけるアメリカバンマツリもあります。

管理 鉢花は、春〜秋は日なたに置き、真夏は直射日光を避けて半日陰に移します。冬は室内の窓辺に置き、水やりを控えます。

アメリカバンマツリ

水普通　日なた　鉢植え

1	2	3	4	5	6	7	8	9	10	11	12
				花期							
		植え付け							挿し木		

Plectranthus
プレクトランサス

半耐寒性多年草　　【シソ科】
原産地：熱帯、亜熱帯アジア、アフリカ、オーストラリア

プレクトランサス 'ケープエンジェル'

特徴 南アフリカ原産で、直立した茎に多数の花を穂状につける種類が人気です。萼の中から唇形の花が突き出て咲き、花が散ったあとも萼が残ります。ほかに、匍匐性でカラーリーフとして利用するものもあります。

管理 鉢植えで栽培します。春〜秋は直射日光を避け、明るい窓辺か、戸外の半日陰に置きます。冬は室内で、水を控えて管理します。

プレクトランサス(斑入り葉種)

水普通　日なた　半日陰　鉢植え

1	2	3	4	5	6	7	8	9	10	11	12
				花期							
		植え替え							挿し木		

夏の花

Browallia speciosa
ブロワリア

非耐寒性春まき1年草　　　　　　　　【ナス科】
別　名：タイリンルリマガリバナ
原産地：中央・南アメリカ（ペルー、コロンビア）

ブロワリア・スペキオーサ

特徴　青紫や白い花が各枝の葉の付け根に1つずつつき、霜の降りる頃まで次々と咲き、鉢花や夏の花壇で楽しめます。スペキオーサ種は大きな美しい花を開くわい性種、ビスコーサ種は直立する硬い茎と小花が特徴です。

管理　寒さに弱いので1年草として扱います。鉢花は日なたで育てますが、真夏の直射日光を避けます。冬は10℃以上に保ちます。

ブロワリア・ビスコーサ "サファイア"

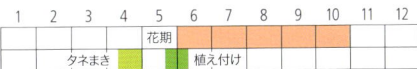

	1	2	3	4	5	6	7	8	9	10	11	12
						花期						
			タネまき				植え付け					

水普通　日なた　半日陰　庭植え（夏のみ）　鉢植え

Tacca chantrieri
ブラックキャット

非耐寒性球根植物　　　　　　　　【タシロイモ科】
別　名：バットフラワー、デビルフラワー、
　　　　タッカ・シャントリエリ
原産地：インド北東部、東南アジア

ブラックキャット

特徴　大きな黒い総苞（そうほう）の中に複数の小さな花が夏〜秋に咲きます。花の周りには未発達の小花がひげ状の付属体となって垂れ下がります。花の様子からブラックキャットといいますが、総苞をコウモリの翼に見立てて、英名はバットフラワーやデビルフラワー。

管理　夏に入手した鉢花は、直射日光を避けて風通しのよい半日陰に置きます。室内に置くときは、冷房の風が直接当たらないように注意します。冬は15℃以上に保つのが理想ですが、葉が枯れた株は乾燥気味に保ちます。

	1	2	3	4	5	6	7	8	9	10	11	12
							花期					
						植え替え、株分け						

水普通　半日陰　鉢植え

Begonia semperflorens

ベゴニア・センパフローレンス

半耐寒性多年草、春まき1年草　　【シュウカイドウ科】
別　名：四季咲きベゴニア
原産地：ブラジル
花言葉：片思い、親切

特徴　よく分枝して自然にこんもりと茂り、株を覆うように次々と花が咲きます。花形は、一重のほかに、花弁が幾重にも重なって球状になる八重咲きがあり、葉色も緑葉や銅葉、斑入り葉があります。いずれも強健種です。

管理　ふつう1年草として扱いますが、タネまきと育苗が難しいので、市販のポット苗を利用して、日当たりのよい場所で育てます。

ベゴニア・センパフローレンス 'ルルカレッド'

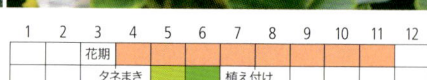

水普通　日なた　庭植え　鉢植え

1	2	3	4	5	6	7	8	9	10	11	12
		花期				花期	花期	花期	花期	花期	
		タネまき	タネまき	タネまき		植え付け					

Bessera elegans

ベッセラ・エレガンス

半耐寒性春植え球根　　【ユリ科】
別　名：コーラル・ドロップス
原産地：メキシコ

特徴　鮮やかな朱赤色の花が下向きに開き、「サンゴ色の雫(しずく)」という意味のコーラル・ドロップスの英名があります。パラソルを開いたような鐘形(しょうけい)の花が、細い花茎の先端に10輪前後つき、花冠(かかん)から雄しべが長く下がります。最近はピンク色の花も出回ります。

管理　日当たりと水はけのよい場所で育てます。暖地の無霜地帯では植えっぱなしにできますが、ふつうは葉が枯れてから球根を掘り上げるか、鉢植えは水やりをやめて鉢のまま乾燥させます。凍らない場所で保存します。

水普通　日なた　庭植え　鉢植え

1	2	3	4	5	6	7	8	9	10	11	12
						花期	花期	花期			
	植え付け	植え付け	植え付け						掘り上げ	掘り上げ	

Fragaria×Potentilla
ベニバナイチゴ

耐寒性多年草　　　　　　　　　　【バラ科】
別　名：ピンクバナイチゴ、ハナイチゴ
原産地：園芸種

ベニバナイチゴ 'ビバローザ'

特徴　イギリスで開発された観賞用のイチゴですが、最近は、大輪の花を開き、果実が大きく、生食しても美味しい品種が出回ります。ピンクや紅色の花をつけ、ほぼ一年中開花する四季なり性のタイプが多く、ガーデニングの素材としても注目されています。

管理　3月頃から出回る苗を購入して、日当たりと水はけのよい場所に植えます。真夏は直射日光を避け、乾燥を嫌うので乾きすぎに注意します。花が咲いたら人工受粉を行うと、形のよい大きな実がなります。

水普通　日なた　庭植え　鉢植え

1	2	3	4	5	6	7	8	9	10	11	12
	植え付け					植え付け					
	花期					花期					

結実期　　　　　　　　　結実期

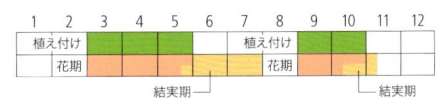

Lobelia cardinalis
ベニバナサワギキョウ

耐寒性多年草　　　　　　　　　　【キキョウ科】
別　名：ロベリア・カージナリス
原産地：アメリカ中東部
花言葉：卓越、個性的な特徴

ベニバナサワギキョウ

特徴　日本の山野にも自生するサワギキョウの仲間です。直立した茎の上部に、鮮やかな紅色の唇形花を穂状にたくさんつけ、下から順に咲いていきます。花が終わるとたくさんの種子ができ、こぼれ落ちてふえます。緑葉のほかに、銅葉の品種もあります。

管理　日陰では花つきが悪いので、日当たりのよい場所で育てます。水切れに弱いですから、特に、鉢植えは、ミズゴケなどでマルチングして乾燥防止に努めるほか、夏は受け皿に水をためて腰水栽培してもよいでしょう。

水多め　日なた　庭植え　鉢植え

1	2	3	4	5	6	7	8	9	10	11	12
									花期		

植え付け、株分け

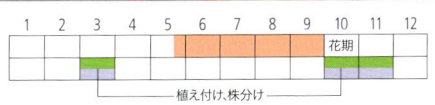

Helenium autumnale
ヘレニウム

耐寒性多年草　　　　　　　　　　　【キク科】
別　名：ダンゴギク、マルバハルシャギク
原産地：北アメリカ

特徴　直立する茎の先に、オレンジや黄色の花をつけ、暑さに負けず元気に咲きます。花の中心が丸く盛り上がって、団子のようなのでダンゴギクともいいます。団子状の中心部は黄色のものと褐色になるものがあります。

管理　日当たりと水はけ、風通しのよい場所で育てます。花がらはこまめに摘み、3年おきに株分けをすると、花つきがよくなります。

ヘレニウム・オータムナーレ

ヘレニウム・オータムナーレ

水普通　日なた　庭植え　鉢植え

1	2	3	4	5	6	7	8	9	10	11	12
						花期	花期	花期	花期		
		植え付け、株分け							植え付け、株分け		

Pentas lanceolata
ペンタス

非耐寒性多年草または常緑小低木　　【アカネ科】
別　名：クササンタンカ
原産地：熱帯アフリカ〜アラビア半島

特徴　全体に軟毛があり、小さな星形の花が茎の先にたくさん集まって、半球状の大きな花房をつくります。鉢花が出回りますが、夏の炎天下でもよく花を咲かせるので、開花中は花壇に植えて楽しむこともできます。

管理　一般に鉢に植え、日なたで育てます。冬は温かい室内の窓辺に置きます。摘心して分枝させると、花が多くなります。

ペンタス・ランケオラータ

ペンタス（斑入り種）

水少なめ　日なた　庭植え（夏から秋）　鉢植え

1	2	3	4	5	6	7	8	9	10	11	12
				花期	花期	花期	花期	花期	花期		
				植え付け	植え付け						

夏の花

Impatiens balsamina
ホウセンカ

春まき1年草　　　　　　　　【ツリフネソウ科】
別　名：ツマクレナイ、ツマベニ
原産地：インド〜東南アジア
花言葉：短気、私に触れないでください

特徴 ホウセンカは中国名の鳳仙花を音読みしたもの。一重や八重、八重より花弁の多い椿咲きなどがあり、花が咲いた後にフットボール形の果実ができます。熟した果実は触れるとはじけて、種子が四方に飛び散ります。

管理 気温が十分に上がってから、日当たりと水はけのよい場所にタネを直まきします。密植を避けて、風通しをはかります。

ホウセンカ

水普通　日なた　庭植え　鉢植え

1	2	3	4	5	6	7	8	9	10	11	12
					花期						
				タネまき							

Physalis alkekengi bar.franchetii
ホオズキ

耐寒性多年草　　　　　　　　【ナス科】
別　名：カガチ、チャイニーズランタン
原産地：東アジア
花言葉：ごまかし、自然美

特徴 梅雨の頃に、葉のわきにナスの花に似たカップ形の白い花が下を向いてひっそりと咲きます。花が終わると萼が大きくなって袋状になり、実を包みます。角張った袋は、緑色から朱紅色に色づきます。

管理 日なたで育てます。一面にはびこるので、庭植えは、ビニール板などで仕切りをして植えます。鉢植えは毎年植え替えます。

ホオズキの花

水普通　日なた　庭植え　鉢植え

1	2	3	4	5	6	7	8	9	10	11	12
		タネまき				花期					
			植え付け、植え替え						結実期		

Hoya
ホヤ

非耐寒性常緑つる性木本、多肉植物　【ガガイモ科】
別　名：サクララン、ワックスプラント
原産地：熱帯アジア、オーストラリア、太平洋諸島

ホヤ・カルノーサ'クイーン'

特徴 一般に出回っているのはカルノーサ種の園芸品種です。肉厚で光沢のある葉のわきに、芳香のある星形の花が集まって半球状に吊り下がります。ほかに、ハート形の葉が鉢植えにされたケリー種もあります。

管理 春～秋は戸外の半日陰で、冬は室内で日に当て、5℃以上保ちます。毎年同じ花茎に花が咲くので、花後も花茎を切らないこと。

ホヤ・ケリー

水普通　半日陰　鉢植え

1	2	3	4	5	6	7	8	9	10	11	12
					花期	花期					
			植え付け	植え付け	植え付け						

Alcea rosea
ホリホック

耐寒性多年草、1,2年草　【アオイ科】
別　名：タチアオイ
原産地：地中海沿岸西部地域～中央アジア
花言葉：大望、野心

ホリホック

特徴 直立する太い茎に、大輪の美しい花が穂状(すいじょう)につき、下から上に咲いていきます。梅雨に入る頃に咲き出し、先端の花が咲き終わる頃には梅雨が明けるといわれ、梅雨葵の異名もあります。多くの園芸品種があり、一重や八重咲きなど花形も花色も豊富です。

管理 日当たりと水はけのよい場所で育てます。春に市販されるポット苗を購入したときは、根鉢を崩さないように定植します。2～3年を目安に、株分けをして植え替えます。タネまきは秋に、寒地では春に行います。

水普通　日なた　庭植え　鉢植え

1	2	3	4	5	6	7	8	9	10	11	12
					花期	花期	花期				
	タネまき	タネまき		植え付け、株分け	植え付け、株分け	植え付け、株分け			タネまき	タネまき	

夏の花

Stephanotis floribunda
マダガスカルジャスミン

非耐寒性つる性木本　　　　【ガガイモ科】
別　　名：マダガスカルシタキソウ
原産地：マダガスカル

特徴 ジャスミンの名がついていますが、ジャスミンとは関係のない別の植物です。純白の筒状の花は、先が5裂してやや反り返って開き、ジャスミンに似た甘い香りを放ちます。葉に白い斑が入る品種も出回ります。つるが伸び、茎を切ると白い乳液が出ます。

管理 鉢花は、日当たりのよい場所で育てますが、真夏は風通しのよい半日陰に置きます。晩秋に室内に取り込み、冬は明るい窓辺に置き、水やりを控えて5℃以上に保ちます。冬以外は月に3～4回、液肥を施します。

水普通　日なた　半日陰　鉢植え

マダガスカルジャスミン(斑入り種)

1	2	3	4	5	6	7	8	9	10	11	12
		花期									
						植え付け					

Portulaca grandiflora
マツバボタン

非耐寒性春まき1年草　　　　【スベリヒユ科】
別　　名：ヒデリソウ、ツメキリソウ
原産地：ブラジル、アルゼンチン
花言葉：可憐、可愛さ　　　　　　　複

特徴 多肉質の葉が松葉に、花がボタンに似ているところからマツバボタンといいます。株が横に広がり、花のじゅうたんをつくります。一重と八重咲きがあります。以前は午前中だけ花を開き、午後は閉じましたが、近年は終日開いている品種が普及しています。

管理 高温、乾燥、日照を好み、水はけの悪い場所では根ぐされを起こすので、何よりも日当たりと水はけのよい場所で育てます。気温が十分に上がってから、タネをまき、草丈3～5cmで植え付けます。

水少なめ　日なた　庭植え　鉢植え

マツバボタン(八重咲き種)

1	2	3	4	5	6	7	8	9	10	11	12
									花期		
	タネまき					植え付け					

257

Manettia luteorubra

マネッティア・ルテオルブラ

非耐寒性つる性多年草　【アカネ科】
別　名：マネッティア・インフラータ、アラゲカエンソウ
原産地：パラグアイ、ウルグアイ

マネッティア・ルテオルブラ

特徴 花や葉の裏に粗い毛が密生するので、アラゲカエンソウの和名があります。英名はファイアークラッカー（爆竹）バイン。紅赤色の筒状花は肉質で、基部がふくらみ、先端の黄色の部分が4裂してわずかに反り返ります。春から秋まで、花壇でも楽しめます。

管理 鉢花は、初夏から秋は日当たりと風通しのよい戸外に置き、乾燥させないように水やりします。晩秋に室内に取り込み、春までは暖かい窓辺に置いて、8℃以上に保ちます。秋に挿し木し、小苗で冬越しもできます。

水普通　日なた　庭植え（夏から秋）　鉢植え

1	2	3	4	5	6	7	8	9	10	11	12
											花期
			植え替え					挿し木			

Malva

マロウ

耐寒性多年草　【アオイ科】
別　名：ウスベニアオイ
原産地：ヨーロッパ
花言葉：柔和、温厚（ムスクマロウ）

マロウ

特徴 古くからハーブとして利用されていますが、花壇にも植えられています。ピンクの花弁に濃色の筋が入る花をつけるマロウや、ピンクや白の花をつけ、ジャコウアオイとも呼ばれるムスクマロウなどがあります。

管理 いずれも丈夫で、日当たりと水はけのよい場所に植えっぱなしにできます。移植を嫌うので、タネは直まきにします。

ムスクマロウ

水普通　日なた　庭植え

1	2	3	4	5	6	7	8	9	10	11	12
								花期			
	タネまき、植え付け					タネまき					

夏の花

Tagetes
マリーゴールド

半耐寒性春まき1年草　　　　【キク科】
別　名：クジャクソウ、センジュギク
原産地：メキシコ
花言葉：予言、健康

フレンチマリーゴールド

特徴 高性種のアフリカン系とわい性種のフレンチ系が有名ですが、メキシコ系やそれぞれの交配種など、多くの品種があります。特有の臭気がある草花で、害虫のネグサレ線虫（ネマトーダ）の防除に役立つので、野菜畑に植えられることもあります。

管理 日当たりと水はけのよい場所で育てます。タネまきは容易ですが、発芽後に日によく当てて、徒長しないがっちりした苗を作ることがポイントです。花がらをこまめに摘み、7月に切り戻すと秋に再び咲きます。

水普通　日なた　庭植え　鉢植え

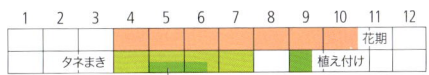

1	2	3	4	5	6	7	8	9	10	11	12
										花期	
	タネまき							植え付け			

植え付け

アフリカンマリーゴールド

フレンチマリーゴールド

フレンチマリーゴールド'ハーレクィン'

アフリカンマリーゴールド

Mandevilla
マンデビラ

非耐寒性常緑つる性木本 【キョウチクトウ科】
別　名：ディプラデニア
原産地：熱帯アメリカ

マンデビラ'ローズジャイアント'

特徴 淡いピンクの漏斗状の花が房状につき、次第に濃いピンクに変化する'ローズジャイアント'や白花の'サマードレス'の名で出回るボリビエンシス種などがあり、旧属名のディプラデニアでも流通します。

管理 寒さに弱いので鉢花で観賞します。初夏〜秋は戸外の風通しのよい日なたに置き、晩秋から春は室内で3℃以上に保ちます。

マンデビラ・サンデリー'ダーク'

水普通　日なた　鉢植え

	1	2	3	4	5	6	7	8	9	10	11	12
				花期								
				植え替え								

Lythrum anceps
ミソハギ

耐寒性多年草 【ミソハギ科】
別　名：ボンバナ、ショウリョウバナ
原産地：北半球温帯域
花言葉：悲哀

ミソハギ

特徴 日当たりのよい湿地や小川のほとりなどに群生しているほか、庭にも植えられています。お盆の花として知られ、ボンバナやショウリョウバナとも呼ばれています。葉のわきにかたまって咲く花は、紅紫色で、6枚ある花弁はよく見るとしわがあります。

管理 日当たりでも半日陰でもよく育ちますが、夏に乾燥すると花つきが悪くなるので注意します。1番花の盛りが過ぎたら、半分くらいに切り戻すと、2番花が楽しめます。数年ごとに株分けをして植え替えます。

水多め　日なた　半日陰　庭植え　鉢植え

	1	2	3	4	5	6	7	8	9	10	11	12
			タネまき							花期		
					植え付け、株分け							

夏の花

Mimulus
ミムラス

半耐寒性秋まき1年草　　【ゴマノハグサ科】
別　名：モンキーフラワー
原産地：北アメリカ

✿ ✿ ✿ ✿ 複

ミムラス

特徴 茎は地面を這うように伸びます。斑点や斑紋の入ったビロード状のユニークな花形で、英名をモンキーフラワーといいます。最近は斑点のない単色の品種や、低木に育つアウランティアクス種も出回ります。

管理 水切れは禁物です。鉢土の表面が乾いてきたら、早めにたっぷり水を与えます。伸びた茎を切り戻すと再び花が咲きます。

ミムラス・アウランティアクス

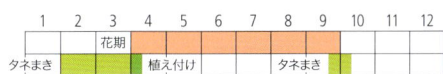

水多め　半日陰　庭植え　鉢植え

	1	2	3	4	5	6	7	8	9	10	11	12
花期				花期								
	タネまき			植え付け					タネまき			

Mentha
ミント

耐寒性多年草　　【シソ科】
別　名：ハッカ、セイヨウハッカ、メグサ
原産地：地中海沿岸地域やアジア
花言葉：徳

✿ ✿

ペニーロイヤルミント

特徴 清涼感のあるさわやかな香りをもつハーブです。多くの種類がありますが、花壇や寄せ植えの材料に利用されるものには、ペニーロイヤルミントやアップルミントの斑入り品種パイナップルミントなどがあります。

管理 日当たりを好みますが、半日陰でも育ちます。倒伏したり、下葉が枯れて見苦しくなったときは、刈り込んで仕立て直します。

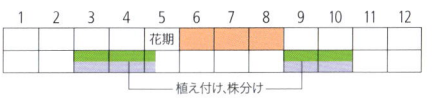

パイナップルミント

水普通　日なた　半日陰　庭植え　鉢植え

	1	2	3	4	5	6	7	8	9	10	11	12
花期					花期							
			植え付け、株分け									

Tradescantia×andersoniana
ムラサキツユクサ

耐寒性多年草　　　　　　　　　　【ツユクサ科】
原産地：北アメリカ、交配種もある
花言葉：貴ぶ

ムラサキツユクサ

特徴　茎の先に鮮やかな青紫色の花が集まってつき、3枚の花弁の中心に雄しべの黄色がよく目立ちます。早朝に開いて午後にはしぼんでしまいますが、夏中次々と咲いていきます。近縁種のオオムラサキツユクサとの交配により、花色も豊富になりました。

管理　半日陰でも育ちますが、花色が悪くなるので、日当たりと水はけのよい場所で育てます。花が一段落する梅雨明け頃に刈り込むと、秋に再び開花します。こぼれダネでふえるので、間引くなどして制限することも大事。

水普通　日なた　　　庭植え　鉢植え

1	2	3	4	5	6	7	8	9	10	11	12
									花期		

植え付け、株分け

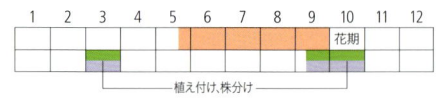

Melampodium paludosum
メランポディウム

非耐寒性春まき1年草　　　　　　【キク科】
原産地：熱帯アメリカ

メランポディウム

特徴　上部でよく分枝する枝の先につく無数の黄色い小輪花と、明るい緑色の葉のコントラストが美しい草花です。日なたでも多少の日陰でもよく育ち、高温多湿の日本の夏でも休まず咲き続けるので、花の少なくなる夏の花壇や寄せ植えで、とても重宝します。

管理　なるべく日当たりと水はけのよい場所で育てます。一般には春に市販されるポット苗を購入しますが、十分に暖かくなってからタネを直まきしても育てられます。咲き終わった枝を切り戻すと、長く咲きます。

水普通　日なた　半日陰　庭植え　鉢植え

1	2	3	4	5	6	7	8	9	10	11	12
		タネまき								花期	

植え付け

夏の花

モナルダ
Monarda

耐寒性多年草　　【シソ科】
別　名：タイマツバナ、ベルガモット
原産地：北アメリカ

モナルダ・ディディマ（タイマツバナ）

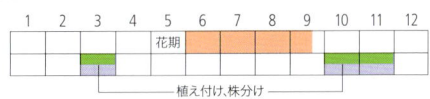

特徴　花や葉に芳香があり、ハーブとしても利用され、ベルガモットの名でも知られています。四角い茎の先に真っ赤な唇形の花がかたまって咲くタイマツバナやピンクの花をつけるヤグルマハッカなどがあります。

管理　日当たりと水はけ、風通しのよい場所で育てます。乾燥に弱いので、特に鉢植えは夏の水切れに注意。3年おきに株分けします。

ヤグルマハッカ

水普通　　日なた　　庭植え　　鉢植え

1	2	3	4	5	6	7	8	9	10	11	12
					花期						

植え付け、株分け

モミジアオイ
Hibiscus coccineus

耐寒性多年草　　【アオイ科】
別　名：コウショッキ
原産地：北アメリカ
花言葉：温和

モミジアオイ

特徴　深く切れ込んだ手のひら状の葉をつけ、深紅の花を開き、遠くからでもよく目立ちます。花は朝開いて夕方に閉じる1日花ですが、毎日新しい花が咲いていきます。5枚ある花弁の間にすき間がありますが、花弁が広くすき間の少ない交配種もあります。

管理　丈夫で栽培は容易です。日当たりと水はけのよい場所で育てます。しぼんだ花がらはこまめに摘み取ります。冬に地上部が枯れるので、地際で切り取り、寒冷地では敷きわらや盛土をして防寒すると安心です。

水普通　　日なた　　庭植え

1	2	3	4	5	6	7	8	9	10	11	12
						花期					

植え付け、株分け　　タネまき

モルセラ
Moluccella laevis

半耐寒性春まき1年草　　　　　　【シソ科】
別　名：カイガラサルビア、シェルフラワー
原産地：カフカス、トルコ、中近東

特徴 貝殻状の花がつく姿から、和名はカイガラサルビア、英名はシェルフラワー。緑の花のように見えるのは、萼が大きくなったものです。本当の花は萼の中心に見える小さな白い部分で、ミントのような香りがあります。

管理 日当たりと水はけのよい場所にタネを直まきします。ポット苗の流通があまりないので、晩秋にタネをとります。

モルセラ・ラエビス

モルセラ・ラエビスの花

水普通　日なた　庭植え

1	2	3	4	5	6	7	8	9	10	11	12
	タネまき				花期						
								採種			

モントブレチア
Crocosmia

半耐寒〜耐寒性春植え球根　　　　【アヤメ科】
別　名：クロコスミア、ヒメヒオウギズイセン
原産地：熱帯アフリカ、南アフリカ
花言葉：素敵な思い出　　　　　　　　複

特徴 旧属名のモントブレチアで知られていますが、現在はクロコスミア属です。針金のような花茎に、グラジオラスを小さくしたような花を穂状につけ、やや下を向いて咲きます。園芸品種も多数あります。

管理 関東以西なら、庭で植えっぱなしにできます。寒冷地では葉が黄変したら球根を掘り上げ、凍らせないように室内で保存します。

モントブレチア（クロコスミア'コロンブス'）

クロコスミア

水普通　日なた　庭植え　鉢植え

1	2	3	4	5	6	7	8	9	10	11	12
	植え付け				花期						
								掘り上げ			

夏の花

Cestrum nocturnum
ヤコウボク

半耐寒性常緑低木　　　　　　　【ナス科】
別　名：ナイトジャスミン
原産地：西インド諸島

ヤコウボク

特徴　「夜香木」と書きます。芳香のある花が夜になると一段と強く香り、ヤコウカやナイトジャスミンとも呼ばれています。円錐状の花序に黄緑色の筒状の花がたくさん咲きます。花の先端は星形に開きます。鉢花が出回り、若木のときからよく花をつけます。

管理　鉢花は、初夏〜秋は戸外で十分に日光に当てますが、盛夏は半日陰の涼しい場所に移します。冬〜春は室内の日当たりのよい窓辺などに置き、春に植え替えます。花が咲き終えた枝は1/3くらい切り戻します。

水普通　日なた　鉢植え

1	2	3	4	5	6	7	8	9	10	11	12
					花期	花期	花期	花期			
		植え替え	植え替え								

Trachelium caeruleum
ユウギリソウ

半耐寒性多年草、秋まき1年草　　【キキョウ科】
別　名：トラケリウム
原産地：ヨーロッパとアフリカの地中海沿岸地域

ユウギリソウ

特徴　小さな花から飛び出した花柱と、くすんだ花色が夕霧がかかったように見えることから、ユウギリソウといいます。日が長くなると開花する長日植物で、初夏〜盛夏に小さな花が密集して、パラソルを広げたように咲きます。日本では1年草として扱います。

管理　日当たりと水はけのよい場所で育てます。秋にタネをまき、本葉が2〜3枚でポットに移植し、本葉が5〜6枚になったら定植します。植え付け後に摘心してわき芽を出させると花数がふえます。支柱を立てます。

水普通　日なた　庭植え　鉢植え

1	2	3	4	5	6	7	8	9	10	11	12
					花期	花期	花期				
	植え付け	植え付け					タネまき	タネまき	タネまき		

Aster novi-belgii

ユウゼンギク

耐寒性多年草　　　　　　　　　　【キク科】
別　名：ニューヨークアスター、宿根アスター
原産地：北アメリカ
花言葉：さようなら私の恋よ

ユウゼンギク

特徴　花が友禅染のように美しいのでユウゼンギクといいます。ユウゼンノギクともいい、いかにも日本に自生している野菊のようですが、北アメリカ原産のアスターの仲間です。園芸品種が多く、草丈も30～120cmとさまざまで、小ギクのような花を咲かせます。

管理　春に市販の苗を求めて、夏に西日が避けられる日なたに植えます。6月の半ばくらいまでに1、2回摘心すると、花がぎっしりと咲きます。庭植えは2年に1回、鉢植えは毎年株分けをして植え替えます。

水普通　日なた　庭植え　鉢植え

1	2	3	4	5	6	7	8	9	10	11	12
						花期					
			植え付け、株分け								

Eucomis

ユーコミス

半耐寒性春植え球根　　　　　　【ヒアシンス科(ユリ科)】
別　名：パイナップル・リリー
原産地：南アフリカ、中央アフリカ

ユーコミス

特徴　パイナップル・リリーの英名でも親しまれています。ユーコミスはギリシャ語で「美しい髪の毛」という意味。花穂(かすい)の先端に冠のように小さな苞葉(ほうよう)が束になってついているのが名の由来です。円柱状の太い花茎に、星形に開いた小さな花を多数つけます。

管理　日当たりと水はけのよい場所で育てます。関東以西では、庭で植えっぱなしにできますが、寒冷地では、晩秋に球根を掘り上げて乾燥貯蔵します。鉢植えは、10月頃から水やりを控え、鉢ごと乾燥させます。

水普通　日なた　庭植え　鉢植え

1	2	3	4	5	6	7	8	9	10	11	12
						花期					
	植え付け								掘り上げ		

夏の花

Lavatera
ラバテラ

耐寒性春まき1年草、多年草　【アオイ科】
別　名：ハナアオイ
原産地：主に地中海沿岸地域

特徴 よく栽培されるのはハナアオイの和名で知られる1年草のトリメストリス種で、フヨウに似た大輪の花を咲かせます。ほかに、多年草や低木タイプの園芸品種も出回り、多くは花弁の先が2～3裂しています。

管理 多湿を嫌うので、日当たりと水はけのよい場所で育てます。ハマキムシがつきやすいので十分な注意が必要です。

ラバテラ・トリメストリス

ラバテラ

水普通　日なた　庭植え

	1	2	3	4	5	6	7	8	9	10	11	12
花期						●	●	●	●	●		
植え付け	●	●	●	●								
タネまき						●	●	●	●			

Lantana
ランタナ

半耐寒性常緑小低木　【クマツヅラ科】
別　名：シチヘンゲ、セイヨウサンタンカ
原産地：熱帯アメリカ、南アメリカ、ウルグアイ
花言葉：厳格

特徴 葉はざらざらして、触るとちくちくします。小さな花が集まって手まり状に咲きます。咲き進むにつれて花色が変化するカマラ種、花の色が変化しないコバノランタナと、それぞれの園芸品種が流通します。

管理 日当たりと水はけのよい場所に植え、寒地では晩秋に鉢上げし、冬は室内に取り込みます。鉢植えも年間を通して日に当てます。

ランタナ・カマラ（園芸品種）

コバノランタナ

水普通　日なた　庭植え　鉢植え

	1	2	3	4	5	6	7	8	9	10	11	12
花期					●	●	●	●	●	●	●	
植え付け、植え替え				●	●	●	●	●	●	●		

Lavandula
ラベンダー

耐寒性～半耐寒性常緑小低木　　【シソ科】
原産地：地中海沿岸、北アフリカ
花言葉：疑い、不信、沈黙、あなたを待っています

フレンチラベンダー

特徴 ラベンダーは、ラテン語の「洗う」が語源で、古代ローマ時代には浴槽に入れて香りをつけたといいます。青紫色の香り高い花を穂状に咲かせるイングリッシュラベンダーや、花穂の頭につく苞がウサギの耳のようなフレンチラベンダーなどがあります。

管理 市販の苗を購入して植えると簡単です。いずれの種類も蒸れに弱いので、日当たり、水はけ、風通しのよい場所で、梅雨の長雨に当てないように育てます。花がらは早めに摘み取ります。挿し芽で株を更新します。

水普通　日なた　庭植え　鉢植え

	1	2	3	4	5	6	7	8	9	10	11	12
タネまき												
花期												
植え付け、株分け												
挿し芽												

ラベンダー・ピンナータ

ラベンダー'ナナ・スィート'

フレンチラベンダー'キューレット'

イングリッシュラベンダー

夏の花

Liatris spicata
リアトリス

耐寒性多年草　　　　　　　　【キク科】
別　名：キリンギク
原産地：北アメリカ
花言葉：高慢

リアトリス・スピカータ

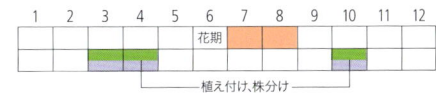

特徴　よく栽培されるのはスピカータ種で、チョウやミツバチが集まる花としても知られています。直立した茎の上部に小さな花が密につき、その形が槍のように見えるので、ヤリザキリアトリスとも呼ばれています。花は花茎の上から下方向へと咲いていきます。

管理　過湿地を嫌うので、日当たりと水はけのよい場所で育てます。一度植えれば毎年よく花が咲きますが、3年に1度くらい株分けをして植え替えます。連作を嫌うため植え替えるときは別な場所に植えます。

水普通　日なた　庭植え　鉢植え

1	2	3	4	5	6	7	8	9	10	11	12
					花期	花期	花期				
			植え付け、株分け						植え付け、株分け		

Lychnis
リクニス

耐寒性多年草　　　　　　　　【ナデシコ科】
別　名：センノウ
原産地：アジア、ユーラシア温帯域

リクニス・カルケドニカ（アメリカセンノウ）

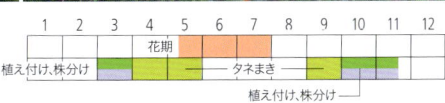

特徴　5弁の小花がまとまってボール状に咲く華やかなアメリカセンノウ、カッコウセンノウとも呼ばれる野趣に富むフロスククリ種、交配種で朱赤の切れ込みのある花が特徴のハーゲアナ種などが利用されています。

管理　過湿にとても弱いので、日当たりと水はけのよい場所で育てます。多肥栽培をすると倒れたり、根ぐされを起こすので注意。

リクニス・フロスククリ

水普通　日なた　庭植え　鉢植え

1	2	3	4	5	6	7	8	9	10	11	12
				花期	花期	花期					
植え付け、株分け			タネまき	タネまき	タネまき	タネまき		植え付け、株分け			

269

Phyla canescens（*Lippia canescens*）
リッピア

非耐寒性常緑小低木　　【クマツヅラ科】
別　名：ヒメイワダレソウ
原産地：ペルー

リッピア・カネスケンス

特徴 リッピアの名で出回りますが、現在はフィラ属に分類されています。細い茎がよく分枝して広がり、地面を密に覆うので、グラウンドカバーに最適です。淡いピンクに喉部が黄色の小さな花を無数に咲かせます。寒冷地では冬は地上部が枯れます。

管理 日当たりと水はけのよい場所で育てます。鉢植えも1年中日なたに置き、乾かし気味に管理し、生育が旺盛なので、毎年春先に株分けをして植え替えます。タネができないので、株分けか挿し木でふやします。

水少なめ　日なた　庭植え　鉢植え

	1	2	3	4	5	6	7	8	9	10	11	12
植え付け			■	■	■	■						
株分け			■	■	■							
挿し木							■	■	■			
花期										■		

Ipomoea quamoclit
ルコウソウ

非耐寒性つる性春まき1年草　　【ヒルガオ科】
別　名：サイプレスバイン
原産地：熱帯アメリカ
花言葉：おせっかい、多忙

ルコウソウ

特徴 細かく羽状に切れ込んだ涼しげな葉がよく茂り、漏斗状で先端が星形に開いた花を次々と咲かせます。近縁のハゴロモルコウソウは、葉の切れ込みが浅くモミジ葉状で、カップ形の花を咲かせます。

管理 日当たりと水はけ、風通しのよい場所で育てます。移植を嫌うためタネを直まきします。支柱を立ててつるを誘引します。

ハゴロモルコウソウ

水普通　日なた　庭植え　鉢植え

	1	2	3	4	5	6	7	8	9	10	11	12
花期							■	■	■	■		
タネまき				■	■	■						

夏の花

Rudbeckia
ルドベキア

耐寒性多年草、春まき1年草　　【キク科】
別　名：アラゲハンゴンソウ
原産地：北アメリカ
花言葉：正義
＊ルドベキア属のオオハンゴウソウは特定外来生物のため栽培できません ☀☀複

ルドベキア・トリロバ 'タカオ'

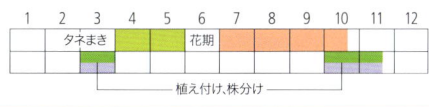

【特徴】小さなヒマワリのような花が上向きに咲きます。ヒルタ種とその園芸品種の多くは1年草として育てます。濃黄色の花弁に花芯が黒褐色の小輪花がにぎやかに咲く高性種の'タカオ'は多年草として育てます。

【管理】日当たりと水はけのよい場所で育てます。5～6月に摘心すると、草丈が抑えられ、花数も多くなります。

ルドベキア・ヒルタ 'プレーリー・サン'

水普通　日なた　庭植え　鉢植え

1	2	3	4	5	6	7	8	9	10	11	12
		タネまき			花期						
			植え付け、株分け								

Echinops ritro
ルリタマアザミ

耐寒性多年草　　【キク科】
別　名：エキノプス、ブルーボール
原産地：東ヨーロッパ～アジア
花言葉：権威　　❀

ルリタマアザミ

【特徴】アザミに似た葉をつけ、青い球形の花を咲かせるので、ルリタマアザミといいます。小さな筒状花が多数集まって丸くなり、いがぐりのような独特の形になります。小花は上から順に咲いて、金属光沢のあるブルーに変わり、ブルーボールの愛称もあります。

【管理】日当たりと水はけのよい場所で育てますが、過湿に弱いため何よりも水はけをよくするのがポイント。3年に1回、株分けをして植え替えますが、高温に弱いので、暖地ではタネをまいて更新するとよいでしょう。

水普通　日なた　庭植え　鉢植え

1	2	3	4	5	6	7	8	9	10	11	12
		タネまき			花期				タネまき		
				植え付け、株分け							

271

Plumbago auriculata
ルリマツリ

半耐寒性～非耐寒性常緑つる性木本　【イソマツ科】
別　名：プルンバーゴ、アオマツリ
原産地：南アフリカ

特徴　よく分枝する細長い枝がアーチ状に長く伸び、枝の先に淡いブルーの花を房状にたくさんつけます。花は、細長い花筒の先が5裂して平らに開き、萼に触るとねばねばします。白花や濃い青色の品種もあります。

管理　鉢花を日に当てて育てますが、暖地の無霜地帯では庭植えもできます。花後に軽く切り戻すと側枝が伸びてまた花が咲きます。

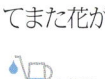

ルリマツリ（白花種）

水普通　日なた　庭植え（暖地）　鉢植え

	1	2	3	4	5	6	7	8	9	10	11	12
花期					●	●	●	●	●	●		
植え付け				●	●	●						

Rhodochiton atrosanguineus
ロドキトン

半耐寒性つる性多年草　【ゴマノハグサ科】
別　名：パープルベル
原産地：メキシコ

特徴　糸状の花柄の先に吊り下がって花が咲きます。星形に開いた赤褐色の萼の中から筒状の花が突き出ます。花は光沢のある黒紫色で開くと間もなく落ち、萼が長く残ります。ロドキトンはギリシャ語で「バラ色のマント」の意。萼の色や形から名づけられました。

管理　あんどん仕立ての鉢花が流通しています。春～秋は日当たりのよい戸外に置きますが、夏は強い日ざしを避けて半日陰に移します。冬は室内に取り込み、5℃以上保ちます。タネを採種してまくこともできます。

水普通　日なた　庭植え（暖地）　鉢植え

	1	2	3	4	5	6	7	8	9	10	11	12
花期							●	●	●	●		
タネまき、植え替え			●	●								
タネまき							●	●	●			

PART 5

秋の花
flower of fall

Gladiolus murielae
アシダンテラ

半耐寒性春植え球根　　　　　　　【アヤメ科】
別　名：グラジオラス・ミュリエラエ、ピーコックオーキッド
原産地：東アフリカ

アシダンテラ

特徴 かつてアシダンテラ属でしたが、現在はグラジオラス属です。グラジオラスより、全体に華奢な感じです。長い花筒が弓形に曲がり、6枚の花びらが星形に開きます。花色は乳白色で、上部の1枚を除いて、中心部に紫褐色の斑紋が入り、香りを放ちます。

管理 球根は十分に暖かくなってから、日当たりと水はけのよい場所に植えます。関東以西の暖地では、土を盛って防寒すれば冬越しできますが、一般には霜が降りる前に球根を掘り上げ、5℃以上で乾燥保存します。

水普通　日なた　庭植え　鉢植え

1	2	3	4	5	6	7	8	9	10	11	12
								花期			
		植え付け							掘り上げ		

Hylotelephium spectabile
オオベンケイソウ

耐寒性多年草　　　　　　　【ベンケイソウ科】
別　名：イキグサ
原産地：朝鮮半島、中国
花言葉：平穏無事

オオベンケイソウ

特徴 多肉質の葉は白緑色で、白い粉を帯びています。高さ30～50cmになり、3枚の葉が茎を取り囲んでつきます。星形で紅紫色の小さな花がたくさん集まって花房をつくり、花弁より長い雄しべが突き出ています。涼しくなると花色が濃くなります。

管理 乾燥に強く丈夫ですが、根が多湿になることを嫌うため、日当たりと水はけのよい場所で育てます。鉢植えは、6号以上の鉢に植え、日なたで乾燥気味に管理します。暖地では、メイガの幼虫の食害に注意します。

水少なめ　日なた　庭植え　鉢植え

1	2	3	4	5	6	7	8	9	10	11	12
										花期	
		植え付け、株分け									

秋の花

Patrinia scabiosifolia
オミナエシ

耐寒性多年草　　　　【オミナエシ科】
別　名：オミナメシ
原産地：東アジア
花言葉：美人、約束

特徴 秋の七草の1つで、風にゆらぐ優しげな風情が万葉の昔から愛されてきました。まっすぐに立ち上がった茎が上部で分枝し、枝の先に黄色い小さな花が集まって咲きます。1つの小粒な花は、筒状形で先端が5つに裂けています。全草に独特の臭気があります。

管理 丈夫で栽培も容易ですが、日陰だと軟弱に育ちますから、日当たりと風通しのよい場所に植えます。摘心すると、草丈が抑えられ、花つきもよくなります。咲き終わった花は臭気があるので、早めに切り取ります。

水普通　日なた　庭植え　鉢植え

オミナエシ

1	2	3	4	5	6	7	8	9	10	11	12
		植え付け				花期					
					株分け						
									植え付け、株分け		

Acalypha hispaniolae
キャッツテール

非耐寒性多年草　　　　【トウダイグサ科】
別　名：アカリファ・ヒスパニオラエ、サマーラブ
原産地：西インド諸島

特徴 細い茎が地を這うミニタイプで、ふわふわしたネコのしっぽのような赤い花穂をつけます。つり鉢仕立てにすると鉢からこぼれ出るように花をつけます。仲間に、花穂がひものように長いベニヒモノキがあります。

管理 鉢花は、日がよく当たる場所に置き、水が好きなので、水切れに注意します。冬は室内に置き、水やりを控え10℃以上保ちます。

ベニヒモノキ

水多め　日なた　鉢植え

キャッツテール

1	2	3	4	5	6	7	8	9	10	11	12
				花期							
					植え替え						

275

Chrysanthemum
キク

耐寒性多年草　　　　　　　　　　　【キク科】
別　名：イエギク、観賞ギク
原産地：中国
花言葉：高貴、清浄

特徴 文化の日を中心に各地で開かれる菊花展は日本の秋の風物詩です。花の大きさ、形、開花期の異なるものなど、さまざまな種類がありますが、育てやすいのは小輪系のキクです。欧米で品種改良された洋ギクや花径6cm以下の小ギクなどがあります。

管理 日当たりと水はけのよい場所で育てますが、毎年株分けや挿し芽をして、株を更新すると生育がよいです。鉢花は年間を通して日当たりと風通しのよい戸外で管理します。花後に株を根元近くで切り取ります。

水普通　日なた　庭植え　鉢植え

エクセレントマム 'ピコ'

1	2	3	4	5	6	7	8	9	10	11	12
							花期	花期	花期	花期	
				挿し芽							

植え付け、株分け

小ギク '春風'

スプレーギク 'グリーンピース'

ポットマム 'セイナイト'

キクの庭

秋の花

Aster
クジャクアスター

耐寒性多年草 【キク科】
- 別　名：クジャクソウ、宿根アスター
- 原産地：園芸品種
- 花言葉：悲しみ

特徴 北アメリカ原産のシロクジャクやユウゼンギクなどの交配種で、青紫やピンク、藤色などの園芸品種がつくられています。春に地際からたくさんの茎を伸ばします。よく分枝する枝の先に小花が群れて咲きます。

管理 日当たりと水はけがよければ、よく花が咲きます。草丈が伸びて困るときは、初夏に切り戻すと、倒れずに花が咲きます。

シロクジャク

クジャクアスター（ピンク花の品種）

水普通　日なた　庭植え　鉢植え

1	2	3	4	5	6	7	8	9	10	11	12
								花期	花期		
		植え付け、株分け						植え付け、株分け			

Cuphea
クフェア

半耐寒性常緑低木 【ミソハギ科】
- 別　名：メキシコハナヤナギ、タバコソウ
- 原産地：熱帯～亜熱帯アメリカ
- 花言葉：見事

特徴 普通、クフェアの名前で栽培されるのは小低木のヒッソピフォリア種で、茎が横に這ってから立ち上がって6弁の小さな花を咲かせます。ほかに、花弁がなく筒状の萼が橙赤色になるイグネア種などもあります。

管理 日当たりを好みます。暖地の無霜地帯では戸外で越冬しますが、一般的には冬は室内に入れ、乾さ気味に5℃以上を保ちます。

クフェア・ヒッソピフォリア

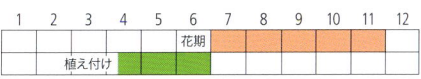

クフェア・イグネア

水普通　日なた　庭植え　鉢植え

1	2	3	4	5	6	7	8	9	10	11	12
						花期	花期	花期	花期	花期	
				植え付け							

277

Epiphyllum oxypetalum
ゲッカビジン

非耐寒性多肉植物　　　　　　　　【サボテン科】
原産地：メキシコ～中央・南アメリカ
花言葉：秘めた情熱

フルーツゲッカビジン

特徴 クジャクサボテンの仲間です。甘い香りのする一夜限りの大輪の白い花を咲かせます。果実がつきやすいものもあり、フルーツゲッカビジンの名で出回ります。萼片が黄色で内側は白色の白眉孔雀もあります。

管理 鉢花は、春～秋は日当たりと風通しのよい戸外に置き、夏は半日陰に移します。冬は室内に置いて5℃以上を保ちます。

白眉孔雀

水普通　日なた　鉢植え

1	2	3	4	5	6	7	8	9	10	11	12
						花期	花期	花期	花期		
		植え替え	植え替え								

Cosmos bipinnatus
コスモス

半耐寒性春まき1年草　　　　　　　【キク科】
別　名：アキザクラ
原産地：メキシコ
花言葉：少女の純潔

コスモス'オレンジキャンパス'

特徴 本来は日が短くなると開花する短日植物なので、秋桜の和名がありますが、現在は日の長さに関係なく花を咲かせる早咲きの園芸種が主流になっています。一重のほかに八重咲きや筒咲きなど、花形も多彩です。

管理 日当たりと水はけのよい場所に、タネを直まきします。本葉4～6枚の頃に摘心すると、分枝して花がたくさん咲きます。

コスモス'シーシェル'

水普通　日なた　庭植え　鉢植え

1	2	3	4	5	6	7	8	9	10	11	12
					花期	花期	花期	花期	花期		
	タネまき(早咲き種)	タネまき(早咲き種)	タネまき(早咲き種)	タネまき(早咲き種)		タネまき(秋咲き種)	タネまき(秋咲き種)				

秋の花

Gaultheria procumbens
ゴーテリア

耐寒性常緑低木　　【ツツジ科】
別　名：オオミコウジ、ヒメコウジ、チェッカーベリー
原産地：北米東北部
　赤

特徴　山地の岩場や草地で見られるシラタマノキの仲間です。樹高は10〜20cmで、初夏にスズランのような白い花が咲き、秋に赤い実をつけます。つややかな実は、寒さで傷むこともなく、早春の頃まで楽しめます。

管理　庭植えもできますが、普通は鉢に植え半日陰で育てます。やや暑さに弱いので、夏は日陰に置き、乾かさないように育てます。

水普通　半日陰　庭植え　鉢植え

ゴーテリア・プロクンベンス

ゴーテリア・プロクンベンスの花

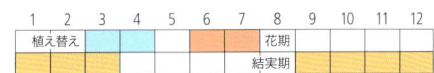

	1	2	3	4	5	6	7	8	9	10	11	12
		植え替え						花期				
								結実期				

Colchicum
コルチカム

耐寒性夏植え球根　　【イヌサフラン科（ユリ科）】
別　名：イヌサフラン
原産地：ヨーロッパ、北アフリカ、西アジア
花言葉：悔いなき青春、永続

特徴　球根を土に植えなくても花が咲くことで知られています。葉が出る前に花を開き、花が終わった後、早春になってから葉が出ます。カップ形の花形が多いのですが、'ウォーターリリー'は八重咲きです。

管理　暑さ寒さに強く、花壇などで植えっぱなしにできます。鉢植えは毎年球根を掘り上げて乾燥貯蔵するか、鉢ごと乾燥させます。

水普通　日なた　庭植え　鉢植え

コルチカム 'ザ・ジャイアント'

コルチカム 'ウォーターリリー'

	1	2	3	4	5	6	7	8	9	10	11	12
										花期		
						掘り上げ			植え付け			

Crowea saligna
サザンクロス

半耐寒性常緑低木　【ミカン科】
別　名：クロウエア
原産地：オーストラリア

サザンクロス(クロウエア・エクセラータ)

特徴　葉に触れると柑橘系の香りがし、肉厚で光沢のある小さな花が茎いっぱいにつき、下から上に咲いていきます。ピンクや白の5裂して開く星形の花が南十字星を思わせるので、サザンクロスの名で出回ります。

管理　暖地では庭植えもできますが、一般には鉢植えにします。春と秋は日なたに、夏は半日陰に置き、冬は室内に取り込みます。

クロウエア'ホワイトピンク'

水普通　日なた　庭植え(暖地)　鉢植え

	1	2	3	4	5	6	7	8	9	10	11	12
花期					花期							
植え替え												

Crocus sativus
サフラン

耐寒性夏植え球根　【アヤメ科】
別　名：薬用サフラン
原産地：南ヨーロッパ
花言葉：陽気、喜び、楽しみ、愉快、節度の美

サフラン

特徴　秋咲きクロッカスの仲間です。糸状に長く伸びる赤い雌しべが薬用や染色に用いられ、紀元前15世紀の頃から栽培されていました。藤紫色の花弁に濃色の筋が目立ち、花が咲いている間はコンパクトな草姿ですが、花後に葉が長く伸びます。

管理　日陰では花色が悪くなるので、日当たりと水はけのよい場所で育てます。鉢植えは5号鉢に5球以上を密植すると開花時は見事です。葉が黄変し始めたら掘り上げ、雨の当たらない涼しい日陰で乾燥貯蔵します。

水普通　日なた　庭植え　鉢植え

	1	2	3	4	5	6	7	8	9	10	11	12
花期												
掘り上げ／植え付け												

秋の花

Aster tataricus
シオン

耐寒性多年草 　　　　　　　　　【キク科】
別　名：オニノシコグサ
原産地：中国北東部、シベリア、朝鮮半島、日本
花言葉：遠い人を思う、追憶

特徴 宿根アスターの仲間で、花が美しく、丈夫なことから、平安時代から観賞用に栽培されています。『源氏物語』や『枕草子』などにも登場します。直立して高さが2mくらいになり、秋風が吹き始める頃から淡い紫色の一重の花が次々と咲き出します。

管理 日当たりと水はけがよければ、放任しても旺盛に育ちます。乾燥に弱いので夏の西日を避け、晴天が続くときは庭植えでも水やりします。花後、花が咲いた株を根元から切り詰め、新芽を育てます。

水普通　日なた　庭植え

シオン

1	2	3	4	5	6	7	8	9	10	11	12
								花期			

植え付け、株分け

Tibouchina urvilleana
シコンノボタン

半耐寒性常緑低木　　　　　　　【ノボタン科】
別　名：ノボタン、スパイダーフラワー
原産地：ブラジル
花言葉：平静

特徴 名前通りの濃紫紺色の美しい花が枝の先に数個咲きます。花はすぐに散りますが、つぼみを次々と出して晩秋の頃まで咲いています。雄しべの長い葯が曲がって、クモの脚のように見えることも特徴です。

管理 暖地の無霜地帯なら庭木としても利用できますが、普通は鉢植えで楽しみます。真夏は半日陰に置き、水切れに注意します。

シコンノボタン（白花種）

シコンノボタン

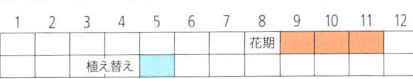

水普通　日なた　庭植え(暖地)　鉢植え

1	2	3	4	5	6	7	8	9	10	11	12
								花期			
		植え替え									

281

Keiskea japonica
シモバシラ

耐寒性多年草　　　　　　　　　【シソ科】
別　名：ユキヨセソウ
原産地：日本(関東地方以西〜九州)

特徴　シソ科特有の四角い茎が立ち上がり、葉のわきに花穂をつけます。小さな白い筒状の花が片側だけにたくさんつき、開くと雄しべが突き出します。初冬の頃、枯れた茎に霜柱のような氷の結晶ができます。

管理　明るい半日陰を好むので、午前中だけ日が当たる場所や落葉樹の下に植えます。鉢植えは、毎年3月に植え替えます。

水普通　半日陰　庭植え　鉢植え

シモバシラ

氷の結晶

1	2	3	4	5	6	7	8	9	10	11	12
								花期	花期		
		植え替え、株分け									

Begonia evansiana
シュウカイドウ

耐寒性多年草　　　　　　　　【シュウカイドウ科】
別　名：ヨウラクソウ
原産地：中国、マレー半島
花言葉：片思い

特徴　唯一、庭に植えっぱなしにできるベゴニアの仲間です。大きな葉の間から、長い花柄を伸ばして淡紅色の花が吊り下がって咲きます。葉の裏が紅色に染まる裏紅シュウカイドウや白花種も出回ります。

管理　夏の強い日ざしを嫌うので、午前中だけ日が当たる場所や落葉樹の下に植えます。乾燥に弱いので、夏の水切れに注意します。

水普通　半日陰　庭植え　鉢植え

シュウカイドウ(白花種)

ウラベニシュウカイドウ

1	2	3	4	5	6	7	8	9	10	11	12
							花期	花期	花期	花期	
			植え付け								

秋の花

Anemone hupehensis
シュウメイギク

耐寒性多年草 　　　　　　　　【キンポウゲ科】
別　名：キブネギク
原産地：中国
花言葉：薄れゆく愛

特徴 アネモネの仲間。古くに中国から渡来し、西日本では野生化したものが見られます。花びらに見えるのは萼片(がくへん)で、20枚以上ある半八重や八重咲きの品種、5〜6枚の一重の品種などがあります。

管理 やや湿った半日陰地に植え、夏の乾燥期には庭植えも十分に水やりします。花つきが悪くなったら株分けをして植え替えます。

シュウメイギク

シュウメイギク 'ホイール・ウインド'

水普通　半日陰　庭植え　鉢植え

1	2	3	4	5	6	7	8	9	10	11	12
								花期			
	植え付け、株分け							植え付け			

Nemesia
宿根ネメシア

半耐寒性多年草 　　　　　　　　【ゴマノハグサ科】
原産地：園芸種

特徴 南アフリカ原産のカエルレア種を中心に改良された宿根タイプのネメシアです。1年草のストルモサ系のカラフルな品種と違って、落ち着いたやさしげな花色の小さな花をたくさんつけます。四季咲き性が強く、10℃以上を保つと冬も咲き続けます。

管理 暖地の無霜地帯では、露地で越冬しますが、一般的には鉢植えにして、冬は室内で管理します。日なたを好みますが、蒸れに弱いので夏は半日陰に置きます。花後に茎を半分ほど切り戻すと、次の花が咲いてきます。

宿根ネメシア

水普通　日なた　庭植え　鉢植え

1	2	3	4	5	6	7	8	9	10	11	12
						花期					
	植え付け			挿し芽				植え付け、挿し芽			

Sternbergia lutea
ステルンベルギア・ルテア

耐寒性夏植え球根　　　　　　　　　【ヒガンバナ科】
別　名：黄花タマスダレ
原産地：ヨーロッパ、地中海沿岸地域

ステルンベルギア・ルテア

特徴 一見すると、花がゼフィランサス属のタマスダレに似て、輝くような黄色の花を咲かせるので、黄花タマスダレの名前でも親しまれています。1花茎に1つの花しかつきませんが、1つの球根から2～3本の花茎が出るので、密植すると花時は見事です。

管理 毎年植え替えるより、数年ごとに植え替えたほうが花立ちがよくなります。庭植えは、水はけのよい落葉樹の下などに植え、鉢植えは日当たりのよい場所に置き、十分に日光に当ててコンパクトに育てます。

水普通　日なた　庭植え　鉢植え

1	2	3	4	5	6	7	8	9	10	11	12
					掘り上げ			花期			
								植え付け			

Gomphrena globosa
センニチコウ

非耐寒性春まき1年草　　　　　　　【ヒユ科】
別　名：センニチソウ、ゴンフレナ
原産地：熱帯アメリカ
花言葉：不朽、変わらぬ愛

センニチコウ

特徴 茎の先に球状の花を咲かせます。硬くカサカサした丸い球花は苞が発達して、色づいたものです。乾燥させても色があせず長持ちするので、ドライフラワーに利用されます。草丈の高いハーゲアナ種も栽培されます。

管理 日当たりと水はけのよい場所で育てます。寒さに弱いので、タネは十分に暖かくなってからまき、本葉4～6枚で定植します。

ゴンフレナ・ハーゲアナ 'ストロベリーフィールド'

水普通　日なた　庭植え　鉢植え

1	2	3	4	5	6	7	8	9	10	11	12
		タネまき				植え付け				花期	

秋の花

Tagetes lemmonii
タゲテス・レモニー

半耐寒性多年草　　　　　　　　　　　　　　　【キク科】
別　名：レモンマリーゴールド、宿根マリーゴールド
原産地：アメリカ（アリゾナ州）

タゲテス・レモニー

特徴 1年草のマリーゴールドの仲間ですが、耐寒性が割合あるので宿根草として扱われています。株を覆うほどにたくさん咲く花は甘い香りを漂わせ、葉にはレモンに似たさわやかな香りがあり、レモンマリーゴールドの名前でハーブとしても栽培されています。

管理 日当たりと水はけのよい場所で育てます。関東以西では簡単な防寒をすれば、露地で越冬します。初夏に切り戻すと、草丈が低く抑えられて、花つきもよくなります。晩秋に採種するときは、花がらを少し残します。

水普通　日なた　庭植え　鉢植え

1	2	3	4	5	6	7	8	9	10	11	12
			植え付け					花期			
						タネまき、株分け					

Farfugium japonicum
ツワブキ

耐寒性多年草　　　　　　　　　　　　　　　【キク科】
原産地：日本、台湾、中国南部

ツワブキ

特徴 フキに似た光沢のある葉をつけるので、ツヤブキがなまってツワブキになったといわれています。小ギクのような鮮黄色の花を開き、花の少なくなる晩秋の庭を彩ります。八重咲きや斑入り葉の品種もあります。

管理 水はけがよい半日陰地で育てると、美しい葉色が保てます。肥料は控えめにして、4～5年は植えっぱなしにします。

ツワブキ（白花種）

水普通　半日陰　庭植え　鉢植え

1	2	3	4	5	6	7	8	9	10	11	12
								花期			
							植え付け、株分け				

Nerine
ネリネ

半耐寒性夏植え球根　　【ヒガンバナ科】
別　名：ダイヤモンドリリー
原産地：南アフリカ
花言葉：華やか

ネリネ 'ホワイトシェード'

特徴 長い花茎の先にくす玉のように花をつけ、花びらが反り返って咲きます。日に当たるときらきらと輝く花弁が特徴です。波打つような細い花弁が特徴のウンデュラータ種は強健で、関東以西で庭植えもできます。

管理 鉢花は、よく日が当たる場所で雨を避けて管理します。葉が枯れ始めたら水やりをやめて鉢ごと乾燥します。冬は防寒します。

ネリネ・ウンデュラータ

水普通　日なた　鉢植え

1	2	3	4	5	6	7	8	9	10	11	12
							花期	花期	花期	花期	
						植え付け					

Aster ageratoides
ノコンギク

耐寒性多年草　　【キク科】
原産地：東アジア～インド

コンギク

特徴 草原などに自生し、一般に野菊と呼ばれるものの1つです。伊藤左千夫の『野菊の墓』に出てくるのは本種だろうといわれています。ノコンギクの園芸品種がコンギクで、鉢植えや庭植え、茶花に利用されています。

管理 日当たりと水はけのよい場所で育てます。初夏に15～20cmの高さに切り戻すと、丈を低くして花を咲かせることができます。

ノコンギク

水普通　日なた　庭植え　鉢植え

1	2	3	4	5	6	7	8	9	10	11	12
							花期	花期	花期		
		植え付け、株分け							植え付け、株分け		

秋の花

Cortaderia selloana
パンパスグラス

耐寒性多年草　　　　　　　　【イネ科】
別　名：シロガネヨシ
原産地：南アメリカ
花言葉：光輝

パンパスグラス・セロアナ

特徴 ススキを大きくしたような植物で、長い銀色の花穂を茎の先に出し、やがてふさふさした羽毛状になります。草丈1m前後のわい性の品種プミラは、狭い庭でも楽しめます。ほかに、白や黄色の斑入り品種もあります。

管理 関東以西では放任でもよく育ちます。日当たりと水はけのよい場所に植え、早春に古い葉を15cmほど残して刈り取ります。

パンパスグラス

水普通　日なた　庭植え

1	2	3	4	5	6	7	8	9	10	11	12
						花期	花期	花期	花期	花期	
		植え付け、株分け	植え付け、株分け	植え付け、株分け							

Persicaria capitata (*Polygonum capitatum*)
ヒメツルソバ

耐寒性多年草　　　　　　　　【タデ科】
別　名：ポリゴナム・カピタツム
原産地：ヒマラヤ

ヒメツルソバ

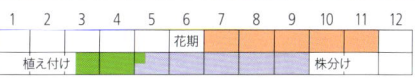

特徴 茎が横に這って伸び、地面に接する節から発根して、四方に広がります。ピンクの小さな花が集まり、丸くなって咲き、小さな楕円形の葉は表面に紫褐色のV字形の模様があり、寒さにあうと赤く色づきます。

管理 暖地では戸外で越冬しますが、寒冷地では鉢に植え、冬は室内で管理します。適宜切り戻して、広がりすぎないようにします。

ヒメツルソバ(斑入り種)

水普通　日なた　庭植え　鉢植え

1	2	3	4	5	6	7	8	9	10	11	12
						花期	花期	花期	花期		
	植え付け	植え付け	植え付け	植え付け					株分け	株分け	

Solanum mammosum
フォックスフェイス

春まき1年草または非耐寒性小低木　　【ナス科】
別　名：ツノナス、カナリアナス、キツネナス
原産地：熱帯アメリカ

🟠黄 ✳

フォックスフェイス

特徴 突起のついたユーモラスな果実をキツネの顔に見立てて、フォックスフェイスやキツネナスなどの名があります。長期間果実を観賞できます。株全体にトゲや毛が多く、夏に葉腋に淡紫色の小さな花を開きます。

管理 日なたで育てます。春、気温が十分に高くなったら、ポットにタネをまきます。本葉が4〜5枚になったら定植します。

フォックスフェイスの花

💧水普通　☀日なた　🌱庭植え　🪴鉢植え

1	2	3	4	5	6	7	8	9	10	11	12
					花期	花期	花期				
			タネまき	タネまき				結実期	結実期		

Eupatorium japonicum
フジバカマ

耐寒性多年草　　【キク科】
原産地：日本、朝鮮半島、中国
花言葉：あの日の思い出

✿✿❁

フジバカマ

特徴 秋の七草の1つです。筒状の花弁を袴(はかま)に見立て、花の色とあわせて藤袴と呼ばれています。葉が生乾きのとき、桜餅(もち)のような香りがします。自生種は、開発などで激減していますが、生育旺盛な栽培品種がフジバカマとして多数出回ります。

管理 日当たりと水はけのよい場所で育てます。よく茂るので、梅雨時に1/3くらい切り戻します。多肥栽培すると株が軟弱になり、花つきも悪くなりますから肥料は控えます。3年を目安に、株分けをします。

💧水普通　☀日なた　🌱庭植え　🪴鉢植え

1	2	3	4	5	6	7	8	9	10	11	12
						花期	花期	花期	花期		
		植え付け、株分け	植え付け、株分け	植え付け、株分け					植え付け、株分け	植え付け、株分け	

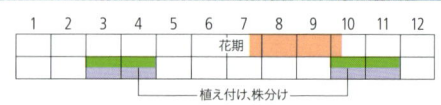

秋の花

Bouvardia×hybrida
ブバルディア

非耐寒性多年草または常緑小低木　【アカネ科】
別　名：カンチョウジ、ブバリア
原産地：メキシコ〜中南米の熱帯高地

ブバルディア'ロイヤルダフネ'

特徴　ブバルディアは、ルイ13世の侍医でパリ植物園の園長だったシャルル・ブバールの名にちなんだものです。細長い花筒の先が4裂した小花が真っ直ぐな枝の先に集まって次々と開きます。ジャスミンに似たよい香りを漂わせるものも出回ります。

管理　寒さに弱いので、鉢植えで観賞します。春〜秋は日当たりと風通しのよい戸外に置き、乾きすぎないように水やりします。晩秋に室内に取り込み、冬は水やりを控えて10℃以上に保ちます。春に植え替えます。

水普通　日なた　鉢植え

1	2	3	4	5	6	7	8	9	10	11	12
								花期	花期	花期	花期
		植え替え									

Otacanthus caeruleus
ブルーキャッツアイ

半耐寒性多年草　【ゴマノハグサ科】
別　名：オタカンツス・カエルレウス
原産地：ブラジル南部

ブルーキャッツアイ

特徴　1990年に大阪市の鶴見緑地で開催された、花と緑の万博から人気が出た植物です。茎の先に鮮やかな青紫色の花をつけ、伸びながら咲いていきます。花弁が上下に広がり、中心部が猫の目のように白く抜けることから、ブルーキャッツアイといいます。

管理　暖地の無霜地帯では露地植えもできますが、主に鉢植えで観賞します。風通しのよい日なたに置き、適宜切り戻して分枝を促すと花つきがよくなります。冬はやや乾き気味に管理し、10℃以上に保つと咲き続けます。

水普通　日なた　庭植え　鉢植え

1	2	3	4	5	6	7	8	9	10	11	12
								花期	花期	花期	花期
		植え替え									

ペルネッティア

Gaultheria mucronata (Pernettya mucronata)

耐寒性常緑低木　　　　　　　　【ツツジ科】
別　名：シンジュノキ、ゴーテリア・ムクロナタ
原産地：南アメリカ

桃、白、紫

特徴 真珠のような光沢のある果実が鈴なりにつき、「真珠の木」とも呼ばれています。ペルネッティアは古い名で、現在はゴーテリア属です。晩春から初夏にかけて、白や淡いピンクの釣り鐘形の花をつけます。

管理 鉢植えで観賞します。よく日に当てると実の色がより美しくなります。暑さにやや弱いので、夏は直射日光を避けて育てます。

水半分　日なた　鉢植え

ペルネッティア（ゴーテリア・ムクロナタ）

ゴーテリア・ムクロナタの花

1	2	3	4	5	6	7	8	9	10	11	12
				花期				結実期			
植え替え											

ミズヒキ

Persicaria virginiana (Polygonum filiforme)

耐寒性多年草　　　　　　　　【タデ科】
原産地：日本、中国

特徴 ぴんと伸びた花穂に赤い小花が点々とつきます。花弁のように見えるのは萼で、上側の3枚は紅色を帯び、下の1枚は白色。上からは赤く、下からは白く見えるので、ご祝儀の水引に見立ててこの名がついたそうです。

管理 風通しのよい明るい日陰が適地です。4〜5年、植えっぱなしにできますが、旺盛に育つので広がらないように注意します。

水普通　半日陰　庭植え　鉢植え

ミズヒキと変種のギンミズヒキ

ミズヒキの花

1	2	3	4	5	6	7	8	9	10	11	12
							花期				
		植え替え、株分け									

秋の花

Tricyrtis hirta
ホトトギス

半耐寒性〜耐寒性多年草　　　　【ユリ科】

別　名：ユテンソウ
原産地：東アジア
花言葉：永遠にあなたのもの

特徴 花に紫色の斑点があり、それが野鳥のホトトギスの胸の模様に似ていることが、名の由来です。茎が斜上または下垂し、葉腋ごとに花が上向きに咲きます。タイワンホトトギスやヤマホトトギス、黄花が下垂する紀伊ジョウロウホトトギスなどがあります。

管理 夏の強い西日が当たらない、明るい日陰が適地ですが、タイワンホトトギスは比較的暑さにも強く、直射日光にも耐えられます。乾燥すると下葉が落ちますから、特に鉢植えは夏場に水切れさせないように注意します。

水普通　半日陰　庭植え　鉢植え

タイワンホトトギス

1	2	3	4	5	6	7	8	9	10	11	12
								花期	花期		
			植え付け、株分け								

紀伊ジョウロウホトトギス

ホトトギス '白楽天'（白花種）

ヤマホトトギス（斑入り種）

ホトトギス

Hylotelephium sieboldii (Sedum sieboldii)
ミセバヤ

耐寒性多年草　　　　　　　　【ベンケイソウ科】
別　名：タマノオソウ、ミセバチャ
原産地：日本、中国
花言葉：安心、憧憬

ヒダカミセバヤ

特徴　古くから栽培され、鉢植えでもよく見かけます。灰白色の丸い葉が3枚ずつついた茎が垂れ下がり、先端にピンクの小さな花が球状に集まって咲きます。この美しい花をだれに見せようか、ということでついた名前です。近縁種にヒダカミセバヤなどがあります。

管理　本来、岩壁に生える植物なので、日当たりと、特に水はけのよい場所なら栽培は容易です。鉢栽培も、水はけのよい山野草用培養土で植え付けます。根詰まりしやすいので、毎年春に植え替えます。

水普通　日なた　庭植え　鉢植え

1	2	3	4	5	6	7	8	9	10	11	12
								花期	花期	花期	
			植え付け、植え替え								

Salvia leucantha
メキシカンブッシュセージ

半耐寒性多年草　　　　　　　　【シソ科】
別　名：サルビア・レウカンサ、アメジストセージ
原産地：メキシコ、中南米

メキシカンブッシュセージ

特徴　宿根性のサルビアです。長い花茎にたくさんの花を穂状(すいじょう)につけ、下から咲いていきます。ビロード状の紫色の萼片(がくへん)から白い唇形(しんけい)の花を咲かせるものが基本種ですが、花も萼も紫の'ミッドナイト'や葉の縁に白色の斑(ふ)が入る斑入りの品種などもあります。

管理　日当たりと水はけのよい場所で育てます。草丈が高くなるため、梅雨～8月上旬に切り戻しますが、8月中旬を過ぎて切り戻すと開花しないことがあるので注意。寒冷地では、冬は鉢上げして室内に入れます。

水普通　日なた　庭植え　鉢植え

1	2	3	4	5	6	7	8	9	10	11	12
								花期	花期	花期	
		株分け									
			植え付け	植え付け							

秋の花

Helianthus salicifolius
ヤナギバヒマワリ

耐寒性多年草　　【キク科】
別　名：ヘリアンサス
原産地：北アメリカ

ヤナギバヒマワリ'ゴールデンピラミッド'

特徴　1年草のヒマワリの仲間ですが、本種は多年草です。細長いヤナギのような葉をつけ、毎年、満開になる10月には株全体が黄色の花で覆われます。茎の上部にピラミッド状にたくさん花をつける'ゴールデンピラミッド'はわい性の品種で、よく栽培されます。

管理　日当たりと水はけ、風通しのよい場所で育てます。茎がまっすぐに伸び背が高くなるので肥料を控え、1、2回摘心すると枝数がふえ、丈が抑えられて倒れにくくなります。株が込み合ってきたら株分けします。

水普通　日なた　庭植え

1	2	3	4	5	6	7	8	9	10	11	12
							花期	花期	花期	花期	
		植え付け、株分け	植え付け、株分け	植え付け、株分け							

Euphorbia 'Diamond Frost'
ユーフォルビア'ダイアモンドフロスト'

非耐寒性常緑低木または1年草　　【トウダイグサ科】
原産地：メキシコ

ユーフォルビア'ダイアモンドフロスト'

特徴　草丈30cm前後で、細い枝がよく分枝します。純白の花が一面に咲き乱れてベールのように株を覆います。白く色づいて花弁のように見えるのは、総苞です。花期が長く、華奢な草姿で寄せ植えなどで重宝します。

管理　鉢花は、春～秋は日が当たる戸外に置きますが、夏は半日陰に、冬は室内で5℃以上保ちます。肥料を切らさないように管理。

'ダイアモンドフロスト'の花

水普通　日なた　庭植え　鉢植え

1	2	3	4	5	6	7	8	9	10	11	12
				花期	花期	花期	花期	花期	花期	花期	
		植え替え	植え替え								

Lycoris
リコリス

耐寒性夏植え球根　　【ヒガンバナ科】
別　名：マジックリリー
原産地：日本、中国
花言葉：悲しき思い出

特徴 かがり火のような真っ赤な花を咲かせるヒガンバナの仲間で、葉が出る前に花茎を伸ばして花を開きます。濃黄色の花をつけるオーレア種、ピンクの花弁が青く染まるスプレンゲリ種などが秋の庭を彩ります。

管理 西日が当たらない、日当たりのよい場所で育てます。頻繁に植え替えるより、3～4年植えっぱなしのほうがよく生育します。

水普通　日なた　半日陰　庭植え　鉢植え

リコリス'アルビピンク'

リコリス・オーレア(ショウキズイセン)

1	2	3	4	5	6	7	8	9	10	11	12
										花期	
			植え付け				掘り上げ				

Gentiana
リンドウ

耐寒性多年草　　【リンドウ科】
別　名：ゲンチアナ
原産地：アフリカ以外の亜寒帯～熱帯
花言葉：貞節、誠実、さびしい愛情

特徴 『枕草子』や『源氏物語』にも登場する秋の野山の代表的な草花です。青紫の花は太陽の光を受けると開き、天候の悪い日や夜には閉じます。鉢花で出回る'新キリシマリンドウ'はコンパクトで育てやすい園芸品種。

管理 庭植えは西日の当たらない場所に植え、鉢花は日当たりと風通しのよい戸外に置きます。花がらはこまめに摘み取ります。

水多め　日なた　庭植え　鉢植え

リンドウ'メルヘンアシロ'

リンドウ

1	2	3	4	5	6	7	8	9	10	11	12
						花期					
		植え付け、株分け									

秋の花

レオノティス
Leonotis leonurus

半耐寒性常緑または落葉亜低木　　【シソ科】
別　名：カエンキセワタ、ライオンズイアー
原産地：南アフリカ

レオノティス'オレンジ・ベロア'

特徴 レオノティスは、「ライオン」と「耳」に由来したギリシャ語で、花冠(かかん)がライオンの耳に似ていることからついた名です。茎の各節に団子状にオレンジの花をたくさんつけ、下から咲き上がっていきます。花が終わると筒状の萼(がく)が残ります。白花の品種もあります。

管理 日当たりと水はけ、風通しのよい場所で育てます。関東以西の暖地では簡単な防寒をすれば庭植えもできます。寒冷地では鉢植えにして、冬は室内で5℃以上に保ちます。6月に切り戻すと草丈が低く抑えられます。

水普通　日なた　庭植え　鉢植え

1	2	3	4	5	6	7	8	9	10	11	12
								花期	花期	花期	花期
	植え替え	植え替え	植え替え		切り戻し	切り戻し					

ローズマリー
Rosmarinus officinalis

半耐寒性〜耐寒性常緑低木　　【シソ科】
別　名：マンネンロウ
原産地：地中海沿岸地域
花言葉：あなたは私を蘇らせる

ローズマリー'日野春ブルー'

特徴 ツンとした森林を思わせるようなさわやかな香りがあり、ハーブとして利用されていますが、庭木としても楽しめます。直立するタイプと匍匐(ほふく)するタイプがあり、唇形(しんけい)の花を枝からあふれるように咲かせます。

管理 日当たりと水はけのよい場所に植え、乾燥気味に育てます。寒冷地では、鉢植えにして、冬は室内で管理すると安全です。

ローズマリー(白花)

水少なめ　日なた　庭植え　鉢植え

1	2	3	4	5	6	7	8	9	10	11	12
								花期	花期	花期	花期
植え付け	植え付け	植え付け						植え付け	植え付け	植え付け	植え付け
			タネまき	タネまき	タネまき	タネまき	タネまき	タネまき			

Gossypium hirsutum
ワタ

非耐寒性春まき1年草　　【アオイ科】
別　名：リクチリメン
原産地：熱帯アフリカ
花言葉：偉大、崇高

ワタの実

特徴 園芸用に栽培されるのは、主に陸地綿と称されるアメリカワタです。クリーム色の花を開き、夕方には紅を帯びてしぼみます。花後モモに似た形の果実がつき、熟すと果皮が割れて中の綿毛が見えます。

管理 5月に、日当たりと水はけのよい場所にタネを直まきします。実が割れてから雨に当てると、綿が汚れるので注意します。

アメリカワタの花

水普通　日なた　庭植え　鉢植え

1	2	3	4	5	6	7	8	9	10	11	12
						花期	花期				
			タネまき				結実期	結実期	結実期	結実期	

Sanguisorba
ワレモコウ

耐寒性多年草　　【バラ科】
原産地：アジア、ヨーロッパの温帯〜暖帯
花言葉：移りゆく日々、変化

ワレモコウ

特徴 分枝した茎の先に暗紅色で卵形の花穂をつけ、いち早く秋の訪れを告げます。花穂は小さな花が集まったもので、花弁はありません。雄しべが長く花の外に突き出る'ピンク・タンナ'は、ピンクの花穂をつけます。

管理 日当たりと水はけのよい場所で育てますが、乾燥するところでは株元にバークチップなどを敷いて、乾燥を防ぎます。

ワレモコウ'ピンク・タンナ'

水普通　日なた　庭植え　鉢植え

1	2	3	4	5	6	7	8	9	10	11	12
						花期	花期	花期			
		植え付け、株分け	植え付け、株分け						植え付け	植え付け	

PART 6

冬の花
flower of winter

Rhododendron Belgian Azalea hybrids
アザレア

| 半耐寒性常緑低木 | 【ツツジ科】 |

別　名：西洋ツツジ
原産地：中国、日本
花言葉：節制

アザレア'ロザリー'

特徴 サツキやツツジの仲間で、日本と中国のツツジ類がヨーロッパで品種改良されて誕生した鉢植え用ツツジです。花が大きく、花色の色彩も華やかです。自然開花は春ですが、年末から豪華な鉢花が店頭に並び出します。

管理 冬に購入した鉢花は暖房をしない室内の日当たりに置き、水切れに注意します。2年に1回、枝を切り戻して植え替えます。

アザレア'プリマベーラ'

水多め　日なた　鉢植え

1	2	3	4	5	6	7	8	9	10	11	12
					自然開花					花期	
			植え替え								

Luculia pinceana
アッサムニオイザクラ

| 半耐寒性半落葉～落葉低木 | 【アカネ科】 |

別　名：ルクリア、ニオイザクラ
原産地：ヒマラヤ～中国雲南地方

アッサムニオイザクラ（ルクリア・ピンセアナ）

特徴 大きな葉が向かい合ってついた枝の先に、淡いピンクの花が半球状につき、冬に入る頃に花を咲かせます。花は、長い花筒をもち、丸みを帯びた5枚の花びらが平らに開き、甘い香りを放ちます。花を真上から見ると、ややサクラに似ています。

管理 開花中の鉢花は、5℃以上を保てる室内の日当たりのよい窓辺で管理します。春〜秋は戸外の日の当たる場所に置きますが、夏は葉焼けを起こすので半日陰に移し、長雨に当てないように注意します。

水普通　日なた　鉢植え

1	2	3	4	5	6	7	8	9	10	11	12
										花期	
			植え替え								

冬の花

Arbutus unedo
イチゴノキ

耐寒性常緑低木　　　　　　　　　　【ツツジ科】
別　名：アルブツス・ウネド、ストロベリーツリー
原産地：欧州南東部、トルコ、レバノン
🍊赤　🌸🌼

ヒメイチゴノキ

特徴 赤く色づく果実がイチゴを連想させることから、英名もストロベリーツリー。晩秋に、クリーム色の壺状の小さな花をつけた花房が下垂します。果実は翌年の秋に色づきジャムや果実酒に利用されます。わい性のヒメイチゴノキや紅花の品種もあります。

管理 冬の寒風が避けられる、日当たりと水はけのよい場所で育てます。秋〜翌年の初夏に出回る鉢植えの苗を購入して植え、支柱を立てます。植え付け後、株元をピートモスなどでマルチングして乾燥から守ります。

💧水普通　☀日なた　🌱庭植え　🪴鉢植え

1	2	3	4	5	6	7	8	9	10	11	12
									花期		

植え付け　　　　　結実期

Schizostylis coccinea
ウインターグラジオラス

半耐寒性多年草　　　　　　　　　　【アヤメ科】
別　名：スキゾスティリス、ストリームアイリス、
　　　　リバーリリー
原産地：南アフリカ
🌸🌼🌼

ウインターグラジオラス

特徴 晩秋から初冬にかけて、花の少ない時期にグラジオラスに似た花を咲かせ、よく目立ちます。花は、細い花茎に2列に穂状につき、花弁が放射状に開いて下から咲いていきます。花柱が糸状に分枝しているのが特徴で、1つの花は4日くらい咲いています。

管理 東京地方以西では、花壇に植えることもできますが、寒冷地では、鉢植えにして、明るい室内で冬越しさせたほうが安心です。水分を好むので、水やりが花つきをよくするコツ。春〜秋まではたっぷり与えます。

💧水多め　☀日なた　⛅半日陰　🌱庭植え　🪴鉢植え

1	2	3	4	5	6	7	8	9	10	11	12
									花期		

植え付け

Oxalis
オキザリス(夏～秋植え)

耐寒性～非耐寒性秋植え球根　　【カタバミ科】
- 別　名：カタバミ
- 原産地：南アフリカ、中央～南アメリカ
- 花言葉：輝く心

オキザリス・ボーウィー(ハナカタバミ)

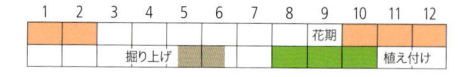

特徴　白い花弁の縁が赤く色どられたウェルシコロル種や、花も葉も大きくボリュームのあるハナカタバミ、花色が豊富なプルプレア種などが、秋～冬に開花します。花は、日光が十分に当たらないと開きません。

管理　1年を通して日が当たる戸外で育てますが、寒さに弱い品種は冬は室内で管理。葉が枯れ始めたら鉢ごと乾燥させます。

オキザリス・ウェルシコロル

水普通　日なた　庭植え　鉢植え

1	2	3	4	5	6	7	8	9	10	11	12
								花期			
			掘り上げ							植え付け	

Kalanchoe
カランコエ

非耐寒性多肉植物　　【ベンケイソウ科】
- 別　名：ベニベンケイ
- 原産地：マダガスカル、アフリカ東部
- 花言葉：おおらかな心、幸福を告げる

カランコエ'クイーンローズ'(カランコエ・ブロッスフェルディアナ系八重咲き種)

特徴　肉厚の葉の中から花茎を伸ばして、4弁の小さな花を多数上向きに咲かせるブロッスフェルディアナ種とその園芸種が代表です。ほかにベル形の花を下向きに咲かせるマンギニー系やミニアータ系があります。

管理　鉢花は、晩秋～春までは室内の日当たりのよい窓辺に、初夏～秋は戸外の日当たりに置き、夏は半日陰に移します。

カランコエ'ウェンディー'(ミニアータ系)

水少なめ　日なた　鉢植え

1	2	3	4	5	6	7	8	9	10	11	12
	植え替え										
				自然開花				花期			

冬の花

Cyrtanthus mackenii
キルタンサス

半耐寒性春植え球根　　【ヒガンバナ科】
原産地：南アフリカ

キルタンサス・マッケニー（園芸品種）

特徴 最も多く栽培されるのは、半常緑のマッケニー種とその交配種です。30cmくらい花茎を伸ばし、先端に筒状花を数輪つけ、甘い香りを放ちます。花色も豊富で鉢花としても出回ります。夏の間は半休眠状態になりますが、夏に花を咲かせる近縁種もあります。

管理 関東以西の無霜地帯では庭植えにできますが、一般的には鉢に植え、3年くらい植えっぱなしにします。日当たりのよい場所で管理しますが、夏は半日陰で水やりを控え、冬は霜を避けて凍らない場所に置きます。

水普通　日なた　庭植え(暖地)　鉢植え

	1	2	3	4	5	6	7	8	9	10	11	12
											花期	
	植え付け							植え付け				

Correa
コーレア

半耐寒性常緑低木　　【ミカン科】
別　名：タスマニアンベル、オーストラリアンフクシア
原産地：オーストラリア南東部

コーレア

特徴 小さな葉のわきに長い筒状の花を吊り下げ、下向きに咲きます。花の寿命が長く、長い間楽しめます。花は長さ2～4cmで、先端が4裂して8本の雄しべが突き出ます。レフレクサ種とプルケラ種、その交雑種など多くの品種が出回ります。

管理 日なたから明るい日陰で、雨を避けて育てます。寒さには割合強いので、暖地では霜よけ程度の防寒で越冬しますが、暖地以外では鉢植えにして冬は室内に入れます。花時は水を切らさないように注意します。

水普通　日なた　半日陰　庭植え　鉢植え

	1	2	3	4	5	6	7	8	9	10	11	12
											花期	
			植え付け									

Cyclamen persicum
シクラメン

半耐寒性秋植え球根　　【サクラソウ科】
別　名：カガリビバナ
原産地：地中海沿岸地域
花言葉：はにかみ(赤)、嫉妬(白)

特徴 ハート形の葉の間から多くの花茎を伸ばし、花弁が反り返った花を下向きに次々と開きます。花弁の縁が波打つものや八重咲きなど花形も多彩です。鉢花用のほかに、比較的寒さに強く戸外でも栽培できるガーデンシクラメンや原種などのミニ系もあります。

管理 室内のよく日が当たる窓辺に置き、花がらや黄変した葉は、手でひねるようにして付け根から引き抜きます。夏は、水を切って雨の当たらない場所で休眠させるか、半日陰に置いて、水を与えて夏越しさせます。

水普通　日なた　庭植え　鉢植え

シクラメン 'プロローグ'

1	2	3	4	5	6	7	8	9	10	11	12
									花期		
							植え付け				

シクラメン・ヘデリフォリウム

シクラメン 'かがりび'

シクラメン 'ゴールデン・ガール'

ガーデンシクラメン

冬の花

シャコバサボテン
Schlumbergera×buckleyi

シャコバサボテン 'ダークマリー'（赤）と 'ホワイトベル'（白）

半耐寒性多肉植物　【サボテン科】
別　名：クリスマスカクタス
原産地：ブラジル
花言葉：つむじ曲がり

特徴 葉のように見える茎が節でつながり、茎の先端にシルクのような光沢のある筒状花をつけます。市販されているものはすべて園芸品種で、花が大きく豪華なデンマークカクタスが現在主流になっています。

管理 鉢花は、室内のよく日が当たる窓辺に置き、花がらをこまめに摘み取ります。春と秋は戸外の日なたに、夏は半日陰に置きます。

シャコバサボテン 'ゴールドチャーム'

水少なめ　日なた　鉢植え

1	2	3	4	5	6	7	8	9	10	11	12
									花期		
			植え替え								

センリョウ
Chloranthus glaber

センリョウ

半耐寒性常緑低木　【センリョウ科】
原産地：日本、朝鮮半島、台湾、中国、インド、マレーシアなど
花言葉：可憐　　赤、黄

特徴 つぶらな赤い実と緑の葉の対比が美しく、縁起をかついだ命名で、正月の飾り付けや切り花に欠かせません。初夏に枝先につく小さな花は、花弁も萼もないシンプルなものです。果実が黄熟するものもあります。

管理 葉焼けを避けるために半日陰に植えますが、霜が降りる寒冷地では鉢植えにして冬は室内に置き、5℃以上に保ちます。

キミノセンリョウ

水普通　半日陰　庭植え　鉢植え

1	2	3	4	5	6	7	8	9	10	11	12
			花期						結実期		
		植え付け				植え付け					

Bidens
ビデンス

耐寒性多年草または春まき1年草　【キク科】
別　名：ウインターコスモス
原産地：北アメリカ、メキシコ

ビデンス（ウインターコスモス）

特徴 ウインターコスモスの名前で出回り、茎が立ち上がるものと、這うものがあります。立ち性の品種'イエローキューピッド'や'かぐや姫'は花弁の先が白く染まる可憐な花です。ピンクの花を咲かせるものもあります。

管理 初夏に草丈を半分ほど切り戻すと、倒れないで花が咲きます。旺盛に育つので2～3年に1回、株分けをします。

ビデンス'ピンクハート'

水普通　日なた　庭植え　鉢植え

1	2	3	4	5	6	7	8	9	10	11	12
植え付け、株分け								花期	植え付け、株分け		

Solanum pseudocapsicum
フユサンゴ

半耐寒性常緑低木または春まき1年草　【ナス科】
別　名：タマサンゴ
原産地：南アメリカ東部

赤、橙、白

フユサンゴ'スノーサンゴ'

特徴 よく分枝し、株がこんもりと茂ります。星形の白い小さな花が咲きますが、花よりも果実を観賞します。果実は初め緑や白で、次第に黄やオレンジ、赤に変化してゆきます。葉の周縁に美しい白い斑模様が入る'スノーサンゴ'など、斑入り品種も出回ります。

管理 関東以西の暖地では庭植えでも越冬しますが、普通は鉢に植え、冬は室内に置きます。日が十分に当たらないと、実つきが悪くなるので日なたで育てます。斑入り品種は、夏は強光を避けて葉焼けを防ぎます。

水普通　日なた　庭植え（暖地）　鉢植え

1	2	3	4	5	6	7	8	9	10	11	12
植え替え、タネまき								花期			
						結実期					

冬の花

ポインセチア 'アバンギャルド'

Euphorbia pulcherrima
ポインセチア

非耐寒性常緑低木　　　【トウダイグサ科】
別　名：ショウジョウボク
原産地：メキシコ
花言葉：祝福　　　　　　↓赤、黄、複

特徴 クリスマスを演出する鉢花として親しまれています。赤く色づくのは苞で、苞の中心にある黄色い粒が花です。短日性の植物なので、花は秋に日照時間が短くなると開花し、花の周囲の苞も美しく色づきます。

管理 晩秋～早春までは室内のよく日の当たる窓辺に置き、乾かし気味に管理します。霜の心配がなくなったら戸外に出します。

ポインセチア

水普通　日なた　鉢植え

1	2	3	4	5	6	7	8	9	10	11	12
			植え替え					花期(観賞期)			

Massonia pustulata
マッソニア・プスツラタ

半耐寒性秋植え球根　　　【ヒアシンス科(ユリ科)】
原産地：南アフリカ南西部

マッソニア・プスツラタ

特徴 丸い多肉質の2枚の葉を地面にはりつけ、その中央に香りのある小さな花が数十輪かたまってつきます。花が開くと花びらが反転するので、突き出たたくさんの雄しべがよく目立ちます。イギリスの植物の採集家F・マッソンにちなんでマッソニアといいます。

管理 鉢に植え、日なたで育てます。開花中は霜に当てないように、軒下やベランダなどに置きますが、寒冷地では室内に取り入れたほうが安心です。葉が枯れ始めたら水やりをやめ、鉢ごと日陰で乾燥させます。

水普通　日なた　鉢植え

1	2	3	4	5	6	7	8	9	10	11	12
							タネまき		植え付け		花期

Ardisia crenata
マンリョウ

半耐寒性常緑小低木　　　　【ヤブコウジ科】
原産地：日本～インド北部

🍊赤、黄、白 ❋

特徴 7月頃、前年に伸びた枝の先に、白い花が5～10個集まってつき、花は深く5裂して花びらが反り返ります。ときに夏を迎えても赤い実が残っていることがあり、花と実が同時に観賞できます。白実もあります。

管理 暖かくなってから直射日光の当たらない場所に植えます。花時に、雨に当てないように注意すると、実つきがよくなります。

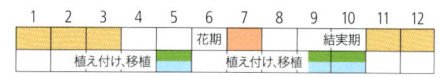

マンリョウ

マンリョウ '福鳳'

💧水普通　☀半日陰　🌱庭植え　🪴鉢植え

1	2	3	4	5	6	7	8	9	10	11	12
					花期				結実期		
	植え付け、移植					植え付け、移植					

Euryops pectinatus
ユリオプスデージー

半耐寒性常緑低木　　　　【キク科】
原産地：南アフリカ

❋

特徴 深く切れ込んだ葉や茎に白毛が密生して、全体が銀緑色に見えます。マーガレットに似た鮮黄色の花が晩秋から翌年の春まで長期間咲いていきます。斑入りや八重咲きの園芸品種も出回ります。

管理 過湿に注意して日当たりと水はけのよい場所で育てます。霜に当てなければ戸外で越冬しますが、寒地では鉢に植えて室内に。

ユリオプスデージー

ユリオプスデージー 'ティアラミキ'

💧水普通　☀日なた　🌱庭植え　🪴鉢植え

1	2	3	4	5	6	7	8	9	10	11	12
									花期		
		植え付け									

冬の花

洋ラン
Orchids

非耐寒性多年草　　　　　　　　　　　【ラン科】
原産地：主に東南アジア、中南米、アフリカなど
花言葉：高貴な美人（シンビジウム）、優美な女性（カトレア）、清純（ファレノプシス）　❋❋❋❋❋ ❋複

特徴 東南アジアや中南米などの原産で、観賞価値のある美しいランの仲間を洋ランと呼んでいます。数十を超える多くの種類が流通していますが、シンビジウムやデンドロビウム、オンシジウム、セロジネなどは、温室がなくても育てられる丈夫な洋ランです。

管理 種類によって管理が違いますが、一般に冬以外は戸外の棚などの上に置いて、風通しよく栽培します。夏は遮光して葉焼けを防ぎます。冬は室内に取り込み、日当たりのよい窓辺などに置き5～10℃以上に保ちます。

水普通　日なた　半日陰　鉢植え

シンビジウム　ラッキークリスタル'バニラアイス'

1	2	3	4	5	6	7	8	9	10	11	12
										花期	
				植え替え							

ブラソリオカトレア　トライアンファル　コロネーション'セド'

ファレノプシス'シルクオレンジ'

デンドロビウム'オレンジ・ハート'

セロジネ・インターメディア

Leschenaultia
レシュノルティア

半耐寒性常緑低木　　【クサトベラ科】
別　名：ハツコイソウ
原産地：西オーストラリア

レシュノルティア

特徴 5枚の花弁のうち3枚が大きく、2枚が小さな左右対称の可憐な花が次々と咲きます。大きな花弁が上になるフォルモサ種は花色が豊富です。大きな花弁が下になるビロバ種や両種の交雑品種も登場しています。

管理 鉢花は戸外の日なたに置き、梅雨時は雨を、冬は霜を避けます。寒地では冬は室内に置きます。花後、切り戻して植え替えます。

レシュノルティア

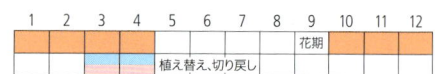

水少なめ　日なた　鉢植え

1	2	3	4	5	6	7	8	9	10	11	12
								花期			
					植え替え、切り戻し						

Rondeletia odorata
ロンデレティア・オドラタ

非耐寒性常緑低木　　【アカネ科】
別　名：ベニマツリ
原産地：キューバ、パナマ

ロンデレティア・オドラタ

特徴 モクセイ科の香りのよいマツリカに似た紅色の花をつけるので、ベニマツリともいいますが、本種にはほとんど香りがありません。枝先に小形の花がまとまってつきます。花は細い筒状の先が4〜6裂して開き、黄色い喉の部分がリング状に突き出ています。

管理 暖地の無霜地帯では庭植えもできますが、一般的には鉢に植え、冬は室内に置いて5℃以上に保ちます。日なたから半日陰でよく育ちます。鉢植えは、春に植え替え、伸びすぎた枝などを切り戻して姿を整えます。

水普通　日なた　半日陰　庭植え　鉢植え

1	2	3	4	5	6	7	8	9	10	11	12
								花期			
					植え替え、切り戻し						

PART
7

周年の花・
カラーリーフプランツ

flower of years passing & color leaf plants

Anthurium andraeanum
アンスリウム

非耐寒多年草 　　　　　　　　　【サトイモ科】
別　名：オオベニウチワ
原産地：熱帯アメリカ、西インド諸島
花言葉：情熱(赤)、熱心(白) ↓赤、桃、白、緑、複

アンスリウム 'ツカノ'

特徴 ハート形の苞の中心から、円柱状の尾のようなものがちょこんと突き出ています。これが本当の花です。最も親しまれているのは苞に光沢のあるアンドレアナム種と、光沢のないツェルツェリアナム種です。

管理 春〜秋は戸外の半日陰に置き、夏は水切れに注意します。冬は10℃以上を保つ暖かい室内の窓辺に置き、乾かし気味に管理。

アンスリウム 'アクロポリス'

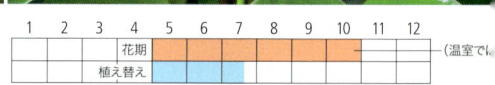

水普通　半日陰　鉢植え

	1	2	3	4	5	6	7	8	9	10	11	12	
花期					■	■	■	■	■	■			(温室でじ
植え替え				■	■	■							

Guzmania
グズマニア

非耐寒性多年草 　　　　　　　　【パイナップル科】
原産地：中央・南アメリカ
　　　　　　　　↓赤、黄、オレンジ、白

グズマニア

特徴 細長い軟らかな葉はトゲがなく、ロゼット状に広がります。よく出回るのは、交雑種の'マグニフィカ'です。コンパクトな草姿で、直立した花茎の先端に鮮やかな紅色の苞を放射状に広げ、白い花をつけます。花は短命ですが、苞は2か月以上観賞できます。

管理 鉢花は1年を通して室内の窓辺に置き、カーテン越しの日に当てます。冬は3〜5℃を保ち、乾かし気味に管理します。葉が筒状になって水が溜まるようになっているので、5〜10月は筒にたっぷり水やりします。

水普通　半日陰　鉢植え

	1	2	3	4	5	6	7	8	9	10	11	12
花期				■	■	■	■	■	■	■		
植え替え					■	■		■	■	■		植え替え

周年の花・カラーリーフプランツ

ストレプトカーパス 'シルビア'（ロゼットタイプ）

Streptocarpus
ストレプトカーパス

非耐寒性多年草　　【イワタバコ科】
別　名：ケープ・プリムローズ
原産地：アフリカ、マダガスカル、アジア
花言葉：清純な愛

特徴　茎が分枝して立ち上がるタイプと、葉がロゼット状になるタイプがあり、どちらもラッパ状の花が次々と咲きます。吊り鉢などに向くサクソルム種は茎が立つタイプで、長期間花が咲きます。葉がロゼット状になるタイプは多くの園芸種があり、花色も豊富です。

管理　鉢花は、春〜秋はレースのカーテン越しの日が当たる窓辺に置き、暑さを嫌うので夏は戸外の風通しのよい涼しい半日陰で管理します。冬は室内でガラス越しの日に当て、水やりを控えて、10℃以上を保ちます。

水普通　半日陰　鉢植え

1	2	3	4	5	6	7	8	9	10	11	12
			花期								
			植え替え								

セントポーリア 'バルバドス'

Saintpaulia
セントポーリア

非耐寒性多年草　　【イワタバコ科】
別　名：アフリカスミレ
原産地：東アフリカ
花言葉：小さな愛

特徴　コンパクトな草姿で、蛍光灯などの照明の下でも花を咲かせる室内鉢花の代表種。5弁のスミレに似た可憐な一重の花のほかに、八重や半八重咲き、ベル形や花弁にフリルがついたものなど、花形、花色が多彩です。

管理　直射日光を嫌うので、1年を通してレースのカーテン越しの日に当てます。冬は、10℃以上を保ち、花がらをこまめに摘みます。

セントポーリア 'アイビージョイ'

水少なめ　半日陰　鉢植え

1	2	3	4	5	6	7	8	9	10	11	12
花期（環境がよければ）											
		植え替え						植え替え			

311

Alternanthera
アルテルナンテラ

非耐寒性多年草　【ヒユ科】

別　名：テランセラ、アキランサス
原産地：熱帯アメリカ
花言葉：熱すると冷める恋

＊アルテルナンテラ属のナガツルノゲイトウは特定外来生物のため栽培できません

茶、白、黄、赤、緑

アルテルナンテラ '千日小坊'

特徴　秋に入り、夜温が下がるにつれて葉が赤や黄色に色づくフィコイデア種には、白い新葉が美しい園芸品種'セッシリスアルバ'もあります。また、株全体がブロンズ色になるアカバセンニチコウや濃紅色の愛らしい花をつける'千日小坊'なども仲間です。

管理　日当たりと水はけのよい場所で育てます。寒さに弱いので、霜が降りる前に掘り上げて鉢に植え、5℃以上に保てる室内に入れて冬越しさせます。

水普通　日なた　庭植え　鉢植え

	1	2	3	4	5	6	7	8	9	10	11	12
観葉期							●	●	●	●	●	●
植え付け						●	●	●	●			

花期('千日小坊')

アカバセンニチコウ'レッドスプラッシュ'

アルテルナンテラ'マーブルクイーン'

アルテルナンテラ・フィコイデア'セッシリスアルバ'

アルテルナンテラ・フィコイデア

Artemisia schmidtiana
アサギリソウ

アサギリソウ

耐寒性多年草　　　　　　　　　【キク科】

- 別　名：アルテミシア
- 原産地：日本（本州中部以北の高山）、千島、サハリン
- 花言葉：光・脚光をあびる　　🌿シルバー、ライム 🌼

特徴 ヨモギの仲間です。夏から初秋にかけて咲く淡黄色の花は地味で目立ちませんが、羽状に細かく裂け、銀白色を帯びた美しい葉を観賞します。ロックガーデンやコンテナなどに植えると、夏越しが容易で、見栄えがします。黄金葉の品種もあります。

管理 半日陰では徒長しやすいので、日当たりのよい場所で育てますが、高温多湿を嫌うため、暖地では涼しい木陰などで管理し、夏越しに注意します。鉢植えは山野草の用土を用いて植え、冬は地上部を刈り取ります。

💧水普通　　☀日なた　　🌱庭植え　　🪴鉢植え

1	2	3	4	5	6	7	8	9	10	11	12
				観葉期							
植え付け、株分け						花期					植え付け、株分け

Salix integra
イヌコリヤナギ

イヌコリヤナギ '白露錦'

耐寒性落葉低木　　　　　　　　　【ヤナギ科】

- 別　名：五色ヤナギ
- 原産地：千島列島、日本、朝鮮半島
- 　　　　🌿ピンク→白→白斑→緑に変化 🌼

特徴 葉の色が美しく変化する品種'白露錦(ハクロニシキ)'が人気です。新芽がピンクからしだいに白に変り、やがて白斑入りになります。成熟葉になると緑になります。あまり大きくならず、細い枝が四方に広がって茂ります。

管理 日当たりと水はけのよい場所で育てます。水切れに弱いので、特に鉢植えは夏に水切れさせないように注意します。

'白露錦'の新芽

💧水多め　　☀日なた　　🌱庭植え　　🪴鉢植え

1	2	3	4	5	6	7	8	9	10	11	12
			花期							植え付け	
			観葉期								

Ipomoea batatas
イポメア

非耐寒性つる性多年草　　【ヒルガオ科】
別　名：スイートポテト、サツマイモ
原産地：熱帯各地

🌿 ライム、黒紫、斑入り 🌸

イポメア・バタタス 'テラスライム'

特徴　サツマイモの仲間には、葉を観賞するものもあります。黄金葉の'テラスライム'のほかに、矛形の葉が暗紫紅色になる'ブラッキー'や白や赤い斑が入る'トリカラー'などがあり、地下にはイモもできます。

管理　日当たりと水はけのよい場所で育てます。適宜摘心し、やや乾かし気味に管理します。室内で10℃以上に保てば越冬します。

イポメア・バタタス 'ブラッキー'

💧 水少なめ　☀ 日なた　🌱 庭植え　🪴 鉢植え

1	2	3	4	5	6	7	8	9	10	11	12
			植え付け					花期(暖地のみ)			
									観葉期		

Oxalis triangularis
オキザリス・トリアングラリス

半耐寒性春植え球根　　【カタバミ科】
原産地：ブラジル、ボリビア、パラグアイ、アルゼンチン

🌿 緑、シルバー、紅紫 🌸🌺

オキザリス・トリアングラリス

特徴　主に、紫紅色をした三角形の美しい葉を観賞しますが、明るいピンクの5弁の花もきれいです。花は1本の花茎に数輪つき、初夏～秋の頃まで咲き続けます。緑葉や銀葉タイプのものもあり、葉色の濃淡や模様が異なるものが多数あります。

管理　半日陰でも育ちますが、日照不足になると徒長するため、日当たりと水はけのよい場所で育てます。鉢植えは、風通しのよい日なたに置いて乾かし気味に管理し、葉が枯れてきたら、鉢ごと乾燥させます。

💧 水普通　☀ 日なた　🌱 庭植え　🪴 鉢植え

1	2	3	4	5	6	7	8	9	10	11	12
植え付け				花期							
		観葉期									

周年の花・カラーリーフプランツ

カルーナ
Calluna vulgaris

耐寒性常緑低木　　【ツツジ科】
別　名：ヘザー、ナツザキエリカ、ギョリュウモドキ
原産地：モロッコ、ヨーロッパ北西部、シベリア
🌿 赤、黄、黒、灰白色、緑　❀❀❀

カルーナ・ブルガリス'サンライズ'

特徴　高さ10～50cmの小さな木です。白やピンクなどの花を観賞するタイプと葉を観賞するタイプがあります。葉を楽しむものには、冬に寒さにあうと黄金色や赤などに紅葉し、葉色の変化が楽しめる品種もあります。

管理　寒さに強く、戸外で越冬できますが、夏の暑さや蒸れに弱いので、梅雨の時期は雨を避けて、半日陰で夏越しさせます。

カルーナの花

水普通　日なた　庭植え　鉢植え

1	2	3	4	5	6	7	8	9	10	11	12
			観葉期(紅葉)			花期					
	植え付け						植え付け				

カレックス
Carex

耐寒性多年草　　【カヤツリグサ科】
原産地：世界の温帯（日本）
🌿 黄白色の条斑、緑、褐色　❀❀

カレックス（銅葉種）

特徴　スゲの仲間。ベアーグラスの名で流通するオオシマカンスゲの斑入り品種'エバーゴールド'は長い葉が優美にたれる人気種です。銅葉の繊細な葉をもつコマンスやブキャナニー、フラゲリフェラ種などもあります。

管理　水はけのよい半日陰を好み、植えっぱなしにすると大株に育ちます。コンパクトに育てるときは3年に1回、株分けをします。

オオシマカンスゲ'エバーゴールド'

水少なめ　半日陰　庭植え　鉢植え

1	2	3	4	5	6	7	8	9	10	11	12
		花期									
	株分け、植え付け							植え付け、株分け			

helichrysum italicum subsp.serotinum
カレープランツ

耐寒性常緑亜低木　　　　　　　　　　【キク科】
別　名：カリープラント、エバーラスティング
原産地：ヨーロッパ南部

🍃シルバー ❋

カレープランツ

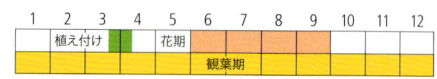

> **特徴** 茎葉を傷つけるとカレーに似た香りを放つので、カレープラントといいます。株元から多数の茎が立ち上がり、茎の基部が木質化します。銀灰色から銀緑色の細長い葉が密につき、夏に小さな黄色の花を房状につけます。ドライフラワーとしても利用できます。

> **管理** 日当たりと水はけのよい場所で、乾き気味に管理します。梅雨時の長雨を避け、鉢植えは、水やりのときも葉に水がかからないように注意すると、葉色が美しく保てます。花後と春先に切り戻します。

💧水普通　☀日なた　🌱庭植え　🪴鉢植え

1	2	3	4	5	6	7	8	9	10	11	12
	植え付け			花期							
					観葉期						

Bassia scoparia
コキア

非耐寒性春まき1年草　　　　　　　　【アカザ科】
別　名：ホウキギ、ホウキグサ、ニワクサ、バッシア
原産地：ユーラシア大陸の乾燥地
花言葉：打ち明ける

🍃緑→赤 ❋

コキア（紅葉）

> **特徴** 乾燥して束ねてほうきに利用したのでホウキグサともいいます。ふわふわした緑の葉をつけ、株全体が球状にまとまり、秋には燃えるような紅葉が楽しめます。果実は「とんぶり」として食用になります。

> **管理** 移植を嫌うので、おそ霜の心配がなくなってから、日当たりと水はけのよい場所に直まきし、間引きながら育てます。

コキア

💧水普通　☀日なた　🌱庭植え　🪴鉢植え

1	2	3	4	5	6	7	8	9	10	11	12
		タネまき				花期					
			観葉期								

Houttuynia cordata 'Tricolor' ('Chameleon')
ゴシキバドクダミ

耐寒性多年草　　　　　　　　　【ドクダミ科】
別　名：ゴシキドクダミ、斑入りドクダミ
原産地：日本（本州以南）、台湾、中国、ヒマラヤ、東南アジア

ゴシキドクダミ 'カメレオン'

特徴 山野に生えるドクダミの斑入り品種で、ハート形の緑の葉にクリーム色や赤、ピンクが混じった美しい葉色が特徴です。'カメレオン' が代表品種です。初夏に4枚の白い苞をもつ花を咲かせます。冬は地上部が枯れて、春にまた芽を出します。

管理 耐陰性がありますが、日に当てたほうが斑の色が鮮やかになり、コンパクトに育ちます。ただし、夏の強光は避けます。鉢植えは日なたに置き、毎年植え替えます。春に1度摘心すると草丈が抑えられます。

水多め　日なた　半日陰　庭植え　鉢植え

	1	2	3	4	5	6	7	8	9	10	11	12
	植え付け、株分け							花期				
				観葉期								

Coprosma
コプロスマ

半耐寒性常緑低木〜小高木　　　　【アカネ科】
原産地：オーストラリア、ニュージーランド、太平洋諸島

ライム、赤銅色、黒、鉄色、黄斑、白斑

コプロスマ '夕焼け小焼け'

特徴 雌雄異株。初夏に小さく目立たない花をつけますが、主に、つややかな光沢のある葉を観賞します。立ち性や枝を横に広げるものなど、いろいろな種類があり、葉色や葉の斑模様が美しい園芸品種が多く出回ります。

管理 寒さに弱いので、鉢に植えて冬は室内で5℃以上を保ちます。日当たりのよい場所で育てますが、盛夏は半日陰に移します。

コプロスマ 'イブニング・グロー'

水普通　日なた　鉢植え

	1	2	3	4	5	6	7	8	9	10	11	12
	植え替え					花期						
	観葉期											

Plectranthus (Solenostemon) scutellarioides
コリウス

半耐寒性春まき1年草または多年草　【シソ科】
別　名：ニシキジソ、キランジソ
原産地：熱帯〜亜熱帯アジア、太平洋諸島、オーストラリア
花言葉：絶望の恋　　黄、赤、緑、黄緑、褐色、赤紫、複

コリウス '摩天楼'

特徴 ジャワ島原産のブルメイ種などを改良した園芸種です。大葉系と小葉系に大別され、赤、黄、明緑、紫色などが複雑に組み合わされたカラフルな葉を楽しみます。日が短くなると、花穂（かすい）が伸びて淡青色の小さな花を咲かせますが、あまり観賞価値はありません。

管理 春と秋は日なたで、盛夏は半日陰で育てます。高温を好むので、タネまきや市販のポット苗を植え付けるのは暖かくなってからです。水切れに注意し、摘心しながら育てると、わき芽が伸びて大株に育ちます。

水普通　日なた　半日陰　庭植え　鉢植え

	1	2	3	4	5	6	7	8	9	10	11	12
植え付け												
観葉期												
花期												

タネまき

コリウス 'インキーフィンガー'

コリウス

コリウス 'タンパ'

コリウスの庭

周年の花・カラーリーフプランツ

Santolina chamaecyparissus
サントリナ

耐寒性常緑低木　　　　　　　　　【キク科】
別　名：コットンラベンダー、ワタスギギク
原産地：地中海沿岸西部〜中部
シルバー、緑

特徴　羽状に細かく裂けた灰緑色の葉が密に茂ります。葉に芳香があり、ヨーロッパでは古くからハーブに利用されてきました。夏に、黄色いボタンのような花を1つつけます。葉色や花色の異なる近縁種もあります。

管理　高温多湿に弱いので、鉢植えのほうが管理は楽です。夏は込み合った枝を透かし、風通しのよい場所で乾燥気味に管理します。

サントリナ・カマエキパリッスス

水少なめ　日なた　庭植え　鉢植え

サントリナ・カマエキパリッスス

1	2	3	4	5	6	7	8	9	10	11	12
植え替え							花期				
観葉期											

Parthenocissus
シュガーバイン

半耐寒性つる性木本　　　　　　　【ブドウ科】
別　名：パルテノシッサス・シュガーバイン
原産地：世界の熱帯〜亜熱帯
緑

特徴　パルテノシッサス'シュガーバイン'の名でも流通しています。手のひら状に深く裂けた濃緑色の葉をつけ、優雅に垂れ下がります。日本にも自生している落葉性のナツヅタの仲間ですが、本種は常緑です。

管理　春と秋は戸外の日当たりに置き、夏は半日陰に移します。霜に当てなければ戸外で越冬しますが、室内に入れたほうが安心です。

若菜

パルテノシッサス・シュガーバイン

水普通　日なた　鉢植え

1	2	3	4	5	6	7	8	9	10	11	12
観葉期											
			植え替え、挿し木								

Ligustrum sinense 'Variegatum'
シルバー・プリベット

耐寒性常緑低木　　【モクセイ科】
別　名：リグストルム、西洋イボタノキ
原産地：中国

🌿 緑に白覆輪　✿

特徴 イボタノキの仲間です。アーチ状に伸びる枝に、白い覆輪斑が入った小さな葉を密につける'バリエガタ'が、英名のシルバー・プリベットの名で流通します。初夏に香りのよい白い花を穂状につけます。

管理 日当たりと水はけのよい場所で育てます。斑のない枝が出たときは付け根で切ります。鉢植えは夏の乾燥に注意します。

シルバー・プリベット

シルバー・プリベットの花

💧水普通　☀日なた　🌱庭植え　🪴鉢植え

1	2	3	4	5	6	7	8	9	10	11	12
		植え付け			花期						
				観葉期							

Senecio cineraria
シロタエギク

耐寒性多年草　　【キク科】
別　名：ダスティーミラー
原産地：地中海沿岸地域

🌿 シルバー　✿

特徴 英名のダスティーミラーは「粉まみれの粉屋さん」の意です。茎や羽状に切れ込んだ葉が白いフェルト状の綿毛に覆われ、1年を通して銀白色の葉が楽しめます。初夏に黄色の小さな花が固まって咲きます。

管理 日照不足だと、葉の緑色が濃くなるので、銀白色の葉を観賞するためには、よく日に当てて育てます。花後に切り戻します。

シロタエギク

シロタエギクの花

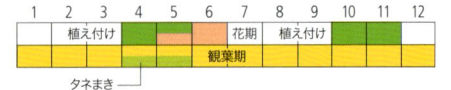

💧水普通　☀日なた　🌱庭植え　🪴鉢植え

1	2	3	4	5	6	7	8	9	10	11	12
		植え付け				花期		植え付け			
				観葉期							

タネまき

周年の花・カラーリーフプランツ

クロバツメクサ 'パープラスセンス'

シロツメクサ
Trifolium repens

耐寒性多年草　　　　　　　　　　　【マメ科】
別　名：トリフォリウム、クローバー、オランダゲンゲ
原産地：ヨーロッパ
花言葉：幸福　　　　　赤褐色、緑、複

特徴　シロツメクサの仲間で、葉色を楽しみます。赤褐色の葉が緑に縁取られるクロバツメクサや淡緑色に褐色の斑が入り中心が濃緑色の3色葉になるものは、白い花が咲きます。アカバツメクサは桃紅色の花をつけます。

管理　日当たりと水はけのよい場所で育てます。高温多湿を嫌うので、暖地では鉢に植え、夏は半日陰に置き過湿に注意します。

クローバー 'ティントルージュ'

水普通　日なた　庭植え　鉢植え

	1	2	3	4	5	6	7	8	9	10	11	12
			タネまき				花期			タネまき		
							観葉期					
				植え付け								

タカノハススキ

ススキ'タカノハ'
Miscanthus sinensis 'Zebrinus'

耐寒性多年草　　　　　　　　　　　【イネ科】
別　名：ヤバネススキ、ヤハズガヤ、トラフススキ
原産地：南千島、日本、朝鮮半島、中国
　　　　　　　　　　緑に黄の虎斑

特徴　ススキは、秋の七草の1つとして、万葉の頃から親しまれ、十五夜のお月見にも欠かせません。葉に段状に淡黄色の斑が入るタカノハススキは、ゼブラグラスの英名があり、白い縦じまの入るシマススキとともに古くから観賞用に庭などに植えられています。

管理　日陰では斑が消えてしまうので、日当たりと水はけのよい場所に植えます。放任してもよく育ちますが、2～3年に1回、株分けをして草勢を弱めたほうがよいでしょう。冬に地上部が枯れたら刈り取ります。

水普通　日なた　庭植え

	1	2	3	4	5	6	7	8	9	10	11	12
							花期					
	植え付け、株分け									観葉期		

Senecio viravira（*S.leucostachys*）
セネシオ・レウコスタキス

耐寒性常緑亜低木　　　　　　　　　【キク科】

別　名：セネシオ・ビラビラ、ダスティーミラー
原産地：アルゼンチン
＊セネシオ属のナルトサワギクは特定外来生物のため栽培できません

🌿シルバー ❋

特徴 羽状に切れ込んだ葉も茎も白毛に覆われ、シロタエギクによく似た姿をしていますが、より繊細な雰囲気をもっています。花壇のアクセントや寄せ植えの脇役材料として人気があります。淡黄色の小さな花が咲きます。

管理 シロタエギクより高温多湿に弱いので、鉢植えのほうが管理は楽です。夏は、雨の当たらない場所に置き、過湿にならないように注意します。寒冷地では室内で冬越しさせ、関東以西でも寒風を避けて管理します。

💧水少なめ　☀日なた　🌱庭植え　🪴鉢植え

1	2	3	4	5	6	7	8	9	10	11	12
		植え付け			花期				植え付け		
					観葉期						

セネシオ・レウコスタキス

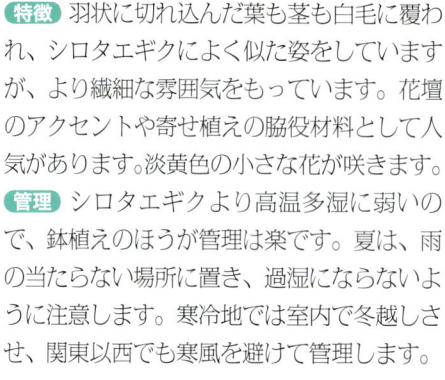

Choisya ternate
チョイシア

耐寒性常緑低木　　　　　　　　　【ミカン科】

別　名：メキシカンオレンジ、ショイシア
原産地：メキシコ

🌿ライム、緑 ❋

特徴 栽培されるのはテルナタ種で、ミカンの花に似た香りのよい白い花を咲かせます。'サンダンス' は、花はまれにつく程度ですが、光沢のある黄金葉が美しい園芸品種。成葉は深緑色で、若葉は黄色みを帯びます。

管理 葉色を保つには十分に日に当てます。関東以西なら簡単な防寒で戸外で越冬しますが、寒冷地では鉢に植え冬は室内に入れます。

チョイシアの花

💧水普通　☀日なた　🌱庭植え　🪴鉢植え

チョイシア・テルナタ 'サンダンス'

1	2	3	4	5	6	7	8	9	10	11	12
		植え付け							花期		
					観葉期						

周年の花・カラーリーフプランツ

ニューサイラン 'バリエガタム'

Phormium
ニューサイラン

半耐寒性多年草 【ニューサイラン（リュウゼツラン）科】
原産地：ニュージーランド

🍃緑、赤紫、茶、斑入り ❋❋

特徴 革質の長い剣状の葉が茂り、存在感のある草姿に人気があります。葉に赤斑や黄斑のしま模様が入るもの、銅葉、黒葉などの園芸品種があります。大株になりますが、鉢栽培にすると比較的コンパクトに育てられます。

管理 日当たりと水はけのよい場所で育てます。関東以西では庭植えできますが、寒冷地では鉢に植え、室内で冬越しさせます。

ニューサイラン（銅葉種）

💧水普通　☀日なた　🌱庭植え　🪴鉢植え

	1	2	3	4	5	6	7	8	9	10	11	12
	植え付け、株分け							花期				
						観葉期						

Amaranthus tricolor
ハゲイトウ

ハゲイトウ

非耐寒性春まき1年草 【ヒユ科】
別　名：ガンライコウ、アマランサス
原産地：熱帯アジア
花言葉：不老不死　🍃赤、桃、橙、黄、紫、斑入り ❋

特徴 秋が訪れる頃になると葉が色づくので「雁来紅（がんらいこう）」とも呼ばれますが、夏から色づく品種が多くなりました。葉の形も、ヤナギのような細長いものや幅が広くウェーブのかかったものなど、色とともに多彩です。

管理 おそ霜の心配がなくなってから、日当たりと水はけのよい場所にタネをまきますが、移植を嫌うので、直（じか）まきにします。

ハゲイトウ

💧水普通　☀日なた　🌱庭植え　🪴鉢植え

1	2	3	4	5	6	7	8	9	10	11	12
		タネまき			観葉期						
				植え付け							

323

Trachelospermum asiaticum
ハツユキカズラ

耐寒性常緑つる性木本　　【キョウチクトウ科】
別　名：ニシキテイカカズラ
原産地：日本

🟢 白斑、黄斑 ❋

ハツユキカズラ

特徴 日本に自生するテイカカズラの斑入り品種といわれ、芽出しの美しいつる性植物です。新梢が紅色を帯び、白い新芽が徐々にピンクに色づきます。ほかに、葉にクリーム色の斑が入る'黄金錦'もあります。

管理 夏の西日を避け、半日陰で育てると斑の色が鮮やかになります。長く伸びたつるや枯れたつるは切り戻します。

テイカカズラ'黄金錦'

💧水普通　☀日なた　🌤半日陰　🌱庭植え　🪴鉢植え

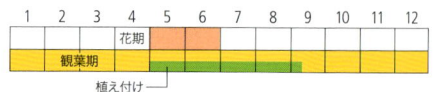

1	2	3	4	5	6	7	8	9	10	11	12
				花期							
				観葉期							
					植え付け						

Brassica oleracea
ハボタン

耐寒性夏まき1年草　　【アブラナ科】
別　名：ボタンナ
原産地：ヨーロッパ
花言葉：祝福、利益

🟢 赤、桃、白、紫 ❋

ハボタン

特徴 キャベツの仲間で、赤や白、ピンクなどに色づく葉を観賞します。丸葉系やちりめん系、切れ葉系の品種のほか、切り花用の高性種や小型のポットで仕立てたミニ種も出回り、ほかの草花と組み合わせて楽しめます。

管理 ポット苗を日当たりと水はけのよい場所に定植します。肥料分があると葉色が悪くなるので、色づいた株は肥料を施しません。

ミニハボタン

💧水普通　☀日なた　🌱庭植え　🪴鉢植え

1	2	3	4	5	6	7	8	9	10	11	12
				花期				観葉期			
						タネまき			植え付け		

周年の花・カラーリーフプランツ

Heuchera
ヒューケラ

耐寒性多年草　　【ユキノシタ科】
別　名：ホイヘラ
原産地：北アメリカ

🍃 緑、ブロンズ、ベージュ、斑入り 🌸🌸❄

特徴 朱赤の花を咲かせるツボサンゴの仲間で、銅葉や銀白色、琥珀色などさまざまな葉色の園芸品種があります。コンパクトな草姿で、日陰の植栽にも向くなど、カラーリーフプランツとして人気があります。近縁のティアレア種との交配による品種もあります。

管理 夏の西日を避け、半日陰や木陰で育てます。春か秋に植えますが、寒冷地では霜で株が浮くことがあるので春に植えます。新芽が伸び始めたら、前年の古い葉を取り除き、花後に花茎を地際から切り取ります。

ヒューケラ 'ビューティー・カラー'

💧 水普通　☀ 半日陰　☀ 日陰　🌱 庭植え　🌱 鉢植え

1	2	3	4	5	6	7	8	9	10	11	12
				花期				植え付け			
植え付け											観葉期

ヒューケラ 'ミッドナイト・ローズ'

ヒューケラ 'マーマレード'

ヒューケラ 'アンバー・ウエーブス'

ヒューケラ(銅葉品種)

Christia vespertilionis
ヒコウキソウ

非耐寒性常緑低木　　　　　　　　【マメ科】
別　名：クリスティア
原産地：中国南部〜マレー半島
🍃 赤紫、緑葉に褐色の縞模様　❋

特徴 風に吹かれて飛行機が飛ぶように葉が動くことからヒコウキソウと名づけられました。緑色の地に茶色のしま模様が入るものと、赤紫色の地に黒のしま模様が入るものが出回ります。白い蝶形の小さな花をつけます。

管理 一般的には春まき1年草として育てますが、15℃以上あれば越冬します。鉢にできるだけ日当たりのよい場所に置きます。

ヒコウキソウ

💧 水普通　　☀ 日なた　　🌱 鉢植え

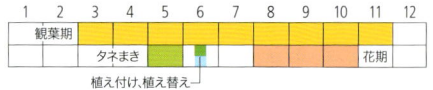

	1	2	3	4	5	6	7	8	9	10	11	12
観葉期	■	■	■	■	■	■	■	■	■	■	■	■
タネまき			■	■	■	■						
植え付け・植え替え					■	■						
花期								■	■	■	■	

Hakonechloa macra
フウチソウ

耐寒性多年草　　　　　　　　【イネ科】
別　名：ウラハグサ
原産地：日本
🍃 緑、ライム、斑入り　❋

特徴 葉の基部がねじれて裏側が常に上向きになっていることから、ウラハグサともいいます。白や黄の縦じまが入るものやライム葉のオウゴンフウチソウなどがあります。細い葉が風にそよぐ草姿に風情があります。

管理 強い直射日光に当たると葉焼けを起こすので、水はけのよい半日陰で育てます。冬に葉が枯れたら地際から刈り取ります。

フウチソウ（斑入り種）

黄金フウチソウ

💧 水普通　　☀ 半日陰　　🌱 庭植え　　🌱 鉢植え

	1	2	3	4	5	6	7	8	9	10	11	12
植え付け・株分け			■	■	■							
花期							■	■				
観葉期					■	■	■	■	■	■		

周年の花・カラーリーフプランツ

フッキソウ
Pachysandra terminalis

フッキソウ(斑入り種)

耐寒性多年草　　　　　　【ツゲ科】
別　名：キッショウソウ、キチジソウ
原産地：日本

🍃緑に乳白色の斑入り、緑　✿

特徴 根茎が横に伸びて広がり、日陰のグラウンドカバープランツとして利用されています。特に、乳白色の覆輪斑が入る斑入りフッキソウは、日陰を明るく彩るので人気があります。春に白い花を穂状につけます。

管理 直射日光に当てると葉焼けするので、西日を避けた半日陰に植えます。初夏に茎を切り戻すと丈を低く抑えられます。

フッキソウ

💧水多め　☀半日陰　🌱庭植え　🪴鉢植え

	1	2	3	4	5	6	7	8	9	10	11	12
		花期					植え付け、株分け					
						観葉期						

植え付け、株分け

ペニセツム
Pennisetum

ペニセツム・セタケウム'ルブルム'

耐寒性多年草または秋まき1年草　【イネ科】
原産地：熱帯〜温帯

🍃パープル、緑　🌾紫、白

特徴 道端などで見られるチカラシバの仲間ですが、細長い葉が弧を描くように垂れ、やさしい草姿です。赤紫色に染まる穂をつけるセタケウム'ルブルム'などがあり、花穂とともに、銅葉や冬枯れの姿が楽しめます。

管理 日当たりと水はけのよい場所で育てます。寒冷地では、晩秋に掘り上げて鉢に植え、フレームや室内で冬越しさせます。

ペニセツム・アロペクロイデス'リトルハニー'

💧水普通　☀日なた　🌱庭植え　🪴鉢植え

	1	2	3	4	5	6	7	8	9	10	11	12
					花期、観葉期							
					植え付け							

327

Persicaria microcephala（Polygonum）
ペルシカリア

耐寒性多年草　　　　　　　　【タデ科】
別　名：ポリゴナム
原産地：ヒマラヤ、ネパール、中国など
🌿緑、銅葉や銀白色に斑入り ❋

ペルシカリア・ミクロケファラ 'レッド・ドラゴン'

特徴 先端がとがった卵形の葉に、銀灰色と赤紫色のV字の模様が入る銅葉種の'レッド・ドラゴン'と銀白色の'シルバー・ドラゴン'があり、葉の模様を楽しみます。春～夏に小さな白い花が多数咲きます。

管理 日当たりで育てます。若い葉ほど葉の模様が鮮明なので、適宜刈り込んで草姿を整えると、新しい葉が出て長く楽しめます。

ペルシカリア・アルピナ

💧水普通　☀日なた　🌱庭植え　🪴鉢植え

1	2	3	4	5	6	7	8	9	10	11	12
				花期							
	植え付け										観葉期

Parthenocissus henryana
ヘンリーヅタ

耐寒性落葉性つる性木本　　　【ブドウ科】
別　名：パルテノキッスス
原産地：中国
🌿緑に銀白色の葉脈模様、斑入り→赤 ❋

ヘンリーヅタ（紅葉）

特徴 日本にも自生するツタの仲間です。小葉が5枚手のひら状について、小葉の主脈に沿って銀白色の美しい模様が入ります。秋の紅葉も美しく、壁面を飾ったり、ハンギングバスケットなどにも利用されます。

管理 強い直射日光に当たると葉色が悪くなるので、半日陰で育てます。鉢植えは水はけのよい用土で植え、明るい室内に置きます。

ヘンリーヅタ（斑入り種）

💧水普通　☀半日陰　🌱庭植え　🪴鉢植え

1	2	3	4	5	6	7	8	9	10	11	12
植え付け				花期							
			観葉期								

周年の花・カラーリーフプランツ

Sedum
マンネングサ

耐寒性多年草　　　　　【ベンケイソウ科】
別　名：セダム
原産地：北半球の亜寒帯〜亜熱帯
花言葉：静寂、落ち着き　　緑、ライム、斑入り

メキシコマンネングサ

特徴　草姿や性質が多彩で、いずれもわずかな水分や隙間でも生育します。メキシコマンネングサは、緑色のカーペットを敷き詰めたように広がり、春〜初夏に黄色の小さな星形の花が株を覆うように咲くのも魅力です。

管理　日当たりと水はけのよい場所で育てます。メキシコマンネングサは、花後、蒸れを防ぐためにも根元から切り取ります。

黄金コモチマンネングサ

水少なめ　日なた　庭植え　鉢植え

	1	2	3	4	5	6	7	8	9	10	11	12
植え付け、株分け												
花期												
観葉期												

Tradescantia pallida 'Purpurea'
ムラサキゴテン

半耐寒性多年草　　　　　【ツユクサ科】
別　名：セトクレアセア・パリダ'パープルハート'
原産地：メキシコ
　　　　　　　　　　　　紫紅色

ムラサキゴテン

特徴　多肉質の茎葉が斜上して広がります。よく栽培されるのは、園芸品種のムラサキゴテンで、濃桃色の花が春〜秋まで長期間咲きます。花壇の縁取りや寄せ植えなどに利用されます。日陰では葉色が冴えませんが、直射日光に当たると紫色が鮮やかになります。

管理　日当たりと水はけのよい場所に植え、乾燥気味に育てます。草姿が乱れたら、切り戻して形を整えます。関東以西の暖地では戸外で越冬しますが、寒冷地では鉢に植え、冬は室内の窓辺でガラス越しの光に当てます。

水少なめ　日なた　庭植え　鉢植え

	1	2	3	4	5	6	7	8	9	10	11	12
観葉期												
植え付け												
花期												
株分け												

Crossostephium chinense (*C. artemisioides*)
モクビャッコウ

半耐寒性常緑低木　　【キク科】
別　名：クロッソステフィウム
原産地：硫黄島、南西諸島〜台湾、中国、フィリピン

● シルバー

特徴 モクビャッコウは「木白毫」に由来した名だといわれています。白毫は仏の眉間にある白い毛のことで、灰白色の綿毛に覆われた姿をそれに見立てたのだそうです。晩秋〜早春にかけて黄色の筒状花をつけます。寄せ植えなどのアクセントに利用されます。

管理 日当たりと水はけのよい場所で育てます。暖地では、簡単な防寒をすれば庭植えもできますが、一般には鉢に植えて冬は室内で5℃以上を保ちます。鉢植えは、過湿に注意し、2年に1回植え替えます。

モクビャッコウ

水少なめ　日なた　庭植え　鉢植え

	1	2	3	4	5	6	7	8	9	10	11	12
花期	●	●								●	●	●
観葉期					●	●	●	●	●			
植え替え			●									

Liriope muscari
ヤブラン

耐寒性多年草　　【ユリ科】
別　名：リリオペ
原産地：日本、台湾、中国

● 緑、覆輪、縞斑

特徴 光沢のある細長い葉が束になって根元から生え、立ち上げた花茎の先に淡紫色の小さな花を穂状につけます。よく栽培されるのはフイリヤブランで、黄覆輪葉と白縞葉があり、和洋どちらの庭にもよくあいます。

管理 日なたや日陰でも育ちますが、斑入りの葉を美しく保つには半日陰に植えます。春先、新葉が伸びる前に古い葉を切り取ります。

ヤブラン（斑入り種）

ヤブラン'ハクリュウ'

水普通　半日陰　日陰　庭植え　鉢植え

	1	2	3	4	5	6	7	8	9	10	11	12
植え付け、株分け					●			●				
花期								●	●			
観葉期					●	●	●	●	●	●		
植え付け、株分け									●	●		

Lamium
ラミウム

耐寒性多年草　　　　　　　　　　【シソ科】
別　名：デットネットル
原産地：ヨーロッパ、アフリカ北部、アジアの温帯地域
緑、シルバー、ライムなどに斑入り

ラミウム・ガレオブドロン'バリエガツム'

特徴 日本にも自生するオドリコソウの仲間です。ヨーロッパ原産で、葉に美しい斑が入るマクラツム種やガレオブドロン種が栽培されます。茎が地を這って広がり、春に茎を囲むようにピンクや黄色の花をつけます。

管理 水はけのよい、落葉樹の下などの半日陰で育てます。夏に蒸れないように注意し、傷んだ枝葉などを切り取ります。

ラミウム・マクラツム'ゴールドラッシュ'

水普通　半日陰　日陰　庭植え　鉢植え

1	2	3	4	5	6	7	8	9	10	11	12
				花期				植え付け、株分け			
					観葉期						
		植え付け、株分け									

Stachys byzantina
ラムズイヤー

耐寒性多年草　　　　　　　　　　【シソ科】
別　名：ワタチョロギ、スタキス・ビザンチナ
原産地：カフカス〜イラン
シルバー

ラムズイヤー

特徴 全体が灰白色の綿毛で覆われ、ふわふわした葉の感触や形が小羊の耳のようなので、ラムズイヤーの名があります。地面を覆うように広がった茎が立ち上がり、先端に紅紫色の小さな花を穂状(すいじょう)に多数つけます。

管理 日当たりと水はけ、風通しのよい場所で育てます。高温多湿に弱いので、夏は雨を避け、葉を間引くなどして蒸れない注意を。

ラムズイヤーの葉

水普通　日なた　庭植え　鉢植え

1	2	3	4	5	6	7	8	9	10	11	12
植え付け				花期						植え付け	
				観葉期							

ワイヤープランツ
Muehlenbeckia complexa

耐寒性半常緑つる性木本　　　　　　　【タデ科】
別　名：ワイヤーパイン、ミューレンベッキア
原産地：ニュージーランド

🍃 緑、斑入り　❄

特徴 紅色の細い茎に小さな葉を密につけてよく茂り、夏に小さな白い花をつけます。金属光沢のある茎が針金に似ることから、ワイヤープランツの名があります。無霜地帯では常緑ですが、霜に当たると落葉します。

管理 日なたから半日陰で育ちます。関東以西の暖地では庭植えもできますが、一般には鉢に植え、冬は室内で冬越しさせます。

ワイヤープランツ（斑入り種）'スポット・ライト'

💧 水普通　☀ 日なた　🌤 半日陰　🌱 庭植え　🪴 鉢植え

	1	2	3	4	5	6	7	8	9	10	11	12
植え付け、株分け			■	■								
花期						■	■					
観葉期					■	■	■	■	■	■	■	■

ワイルドオーツ
Chasmanthium latifolium

耐寒性多年草　　　　　　　　　　　【イネ科】
別　名：シーオーツ、チャスマンティウム
原産地：アメリカ東部、メキシコ北部

🍃 緑→黄金色　🍂 緑→茶

特徴 小判形の穂が連なるユニークな草姿で人気の植物です。ササに似た明るい緑の葉をつけ、初夏に長い花軸に緑色の花穂が吊り下がるようにつきます。うろこを重ねたような平べったい花穂です。晩秋には全体が黄金色に色づき、冬枯れの姿も楽しめます。

管理 水はけのよい日なたや半日陰で育ちます。暑さ寒さに強く、こぼれダネから発芽するほど丈夫で栽培は容易。冬に地上部を刈り取り、3～5年に1回、葉が伸び始める春に掘り上げ、株分けをして植え替えます。

💧 水普通　☀ 日なた　🌤 半日陰　🌱 庭植え　🪴 鉢植え

	1	2	3	4	5	6	7	8	9	10	11	12
刈り込み					■							
花期						■	■					
観葉期			■		■	■	■	■	■	■	■	
植え替え			■	■								

花の名前 総索引

本書に出てくる植物の名前を50音順に並べています。
太字はタイトルに使われた草花の名前（通称名）で、種小名まで記したものもあります。
細字は、和名、英名、別名などで、品種名のわかるものには ' ' で表記しました。

ア

アーティチョーク …………… 126
アイスランドポピー ………… 68
アイノカンザシ ……………… 68
アイビーゼラニウム ………… 92
アイリス・ブカリカ ………… 81
アイリス・ホランディカ …… 93
アエゴポディウム・ポダグラリア
　………………………………… 135
青花中国シャガ ……………… 87
青花ホタルブクロ …………… 178
アオマツリ …………………… 272
アカバセンニチコウ ………… 312
アカバセンニチコウ
　'レッドスプラッシュ' ……… 312
アカバナアマ ………………… 176
アカバナマツムシソウ ……… 211
アカバナムショケギク ……… 172
アガパンサス ……………… 126
アカリファ・ヒスパニオラエ 275
アカンサス ………………… 127
アカンサス・モリス ………… 127
アキザクラ …………………… 278
アキメネス ………………… 194
アキメネス
　'ストロベリーリップル' …… 194
アキランサス ………………… 312

アキレア …………………… 127
アクイレギア ……………… 128
アクイレギア
　'マッカナジャイアント' …… 128
アグロステンマ …………… 129
アケボノショウマ …………… 196
アゲラタム ………………… 194
アゲラツム …………………… 194
アコニツム …………………… 234
アサガオ …………………… 195
アサガオ　'アーリーコール' 195
アサガオ　'浜の錦' ………… 195
アサガオタバコ ……………… 154
アサギズイセン ……………… 59
アサギリソウ ……………… 313
アサリナ …………………… 129
アサリナ・スカンデンス …… 129
アザレア …………………… 298
アザレア　'プリマベーラ' … 298
アザレア　'ロザリー' ……… 298
アシダンテラ ……………… 274
アジュガ　'マルチカラー' … 69
アジュガ・レプタンス …… 69
アスクレピアス …………… 196
アスター …………………… 130
アスチルベ ………………… 196
アストランチア ……………… 197
アストランティア ………… 197

アスペルラ・オリエンタリス 130
アッサムニオイザクラ …… 298
アッツザクラ ………………… 122
アデニウム ………………… 197
アデニウム・オベスム ……… 197
アナガリス ………………… 69
アナガリス・モネリ ………… 69
アナベル　'オパークピンク' … 175
アニゾザントス ……………… 146
アネモネ …………………… 70
アネモネ・コロナリア ……… 70
アネモネ・ブランダ
　'ピンクスター' …………… 70
アブチロン ………………… 198
アブチロン　'ドワーフレッド' 198
アプテニア・コーディフォリア
　………………………………… 240
アフリカギク ………………… 72
アフリカキンセンカ ………… 95
アフリカスミレ ……………… 311
アフリカセンボンヤリ ……… 205
アフリカホウセンカ ………… 134
アフリカワスレナグサ ……… 73
アフリカン・コーン・リリー 75
アフリカンデージー ………… 78
アフリカンヒアシンス ……… 66
アフリカンマリーゴールド … 259
アフリカンリリー …………… 126

333

アマドコロ …………………… 131
アマランサス ………………… 323
アマリリス …………………… 70
アマリリス 'パピリオ' ………… 70
アメジストセージ …………… 292
アメリカセンノウ …………… 269
アメリカナデシコ …………… 105
アメリカバンマツリ ………… 250
アメリカフヨウ …………… 198
アメリカフヨウ
　'ディスコベル ピンクバイカラー' 198
アメリカワタ ………………… 296
アメリカン・ブルー ……… 199
アヤメ ……………………… 131
アラゲカエンソウ …………… 258
アラゲハンゴンソウ ………… 271
アラセイトウ ………………… 89
アラビス …………………… 71
アラビス
　'スプリングチャーム' ……… 71
アラマンダ ………………… 199
アリアケカズラ ……………… 199
アリウム …………………… 133
アリウム '丹頂' ……………… 133
アリウム 'ヘアー' …………… 133
アリウム・アルボピロスム … 133
アリウム・ギガンチューム … 133
アリウム・シクラム ………… 133
アリオギネ …………………… 248
アリストロキア ……………… 239
アリストロキア・ギガンテア 239
アリッサム ………………… 71
アリッサム・サクサティレ
　'ゴールドダスト' …………… 71
アリッサム・モンタヌム
　'マウンテンゴールド' ……… 71
アルクトティス …………… 72
アルケミラ・モリス ……… 132
アルストロメリア ………… 132

アルテミシア ………………… 313
アルテルナンテラ ………… 312
アルテルナンテラ '千日小坊' 312
アルテルナンテラ
　'マーブルクイーン' ……… 312
アルテルナンテラ・フィコイデア
　……………………………… 312
アルテルナンテラ・フィコイデア
　'セッシリスアルバ' ……… 312
アルブツス・ウネド ………… 299
アルメリア ………………… 72
アルメリア・プランタギネア … 72
アルメリア・マリティマ …… 72
アレナリア・モンタナ …… 73
アンクサ ……………………… 73
アンゲロニア ……………… 200
アンゲロニア・サリカリーフォリア
　……………………………… 200
アンジャベル ………………… 79
アンスリウム ……………… 310
アンスリウム 'アクロポリス' 310
アンスリウム 'ツカノ' ……… 310
アンチューサ ……………… 73
アンチューサ・カペンシス … 73
アンデスノオトメ …………… 205
アンドロサケ ……………… 74
アンドロサケ・セプテントリオナリス
　'スターダスト' ……………… 74
アンドロサセ ………………… 74

≡ **イ** ≡

イースターカクタス ……… 75
イースターリリー …………… 165
イエギク ……………………… 276
イカリソウ ………………… 74
イカリソウ '夕映え' ………… 74
イキグサ ……………………… 274
イキシア …………………… 75
イキシア・ビリディフローラ 75

イクソラ ……………………… 217
イクソラ 'スーパー・キング' 217
石立てホタルブクロ ………… 178
イスメネ ……………………… 243
イソトマ …………………… 200
イソトマ・アクシラリス …… 200
イタビカズラ ………………… 246
イチゴノキ ………………… 299
イトバハルシャギク ………… 218
イヌコリヤナギ …………… 313
イヌコリヤナギ '白露錦' …… 313
イヌサフラン ………………… 279
イフェイオン ……………… 42
イフェイオン・セロウィアナム 42
イフェイオン・ユニフローラム
　'ウィズレーブルー' ……… 42
イブニングトランペットフラワー
　……………………………… 80
イベリス …………………… 76
イベリス
　'ゴールデン キャンディ' … 76
イベリス・ウンベラータ …… 76
イポメア …………………… 314
イポメア・バタタス
　'テラスライム' …………… 314
イポメア・バタタス
　'ブラッキー' ……………… 314
イリス ………………………… 81
イロマツヨイ ………………… 151
イワイノキ …………………… 148
イワハナビ …………………… 120
インカリリー ………………… 132
イングリッシュラベンダー … 268
イングリッシュローズ
　'コテージローズ' ………… 104
インパチエンス …………… 134
インパチエンス フィエスタ … 134

ウ

- ウインターグラジオラス……299
- ウインターコスモス……304
- **ヴェルティコルディア**……76
- ウォールフラワー……77
- ウキツリボク……198
- ウケザキクンシラン……85
- ウサギノオ……186
- ウスベニアオイ……258
- ウスベニコザクラ……63
- ウッコンコウ……96
- ウッドストロベリー……123
- ウメナデシコ……153
- ウラハグサ……326
- ウラベニシュウカイドウ……282
- **雲南サクラソウ**……42
- ウンランモドキ……99

エ

- **エキウム**……134
- エキウム・プランタギネウム……134
- エキウム・ブルガレ……134
- **エキザカム**……201
- エキザカム
  'ブルー・ロココ'……201
- エキナケア……201
- **エキナセア**……201
- エキナセア・プルプレア……201
- **エキノプス**……271
- エクセレントマム 'ピコ'……276
- **エゴポディウム・ポダグラリア**
  ……135
- エゴポディウム・ポダグラリア
  'バリエガツム'……135
- **エゾギク**……130
- エゾスカシユリ……185
- エゾネギ……162
- エゾノヘビイチゴ……123
- エゾムラサキ……123
- エゾヨモギギク……226
- エッグボール……204
- エノテラ・スペシオサ……172
- エバーラスティング……316
- **エパクリス**……43
- エパクリス・ロンギフロラ……43
- エビスグサ……157
- **エビネ**……77
- エビネ 'ハヤト'……77
- エフデギク……139
- エボルブルス……199
- エボルブルス・ピロススス……199
- エミューブッシュ……45
- エミリア……139
- **エランティス**……43
- エランティス・ヒエマリス……43
- **エリカ**……44
- エリカ 'ホワイトデライト'……44
- エリカ 'ロイヤルヒース'……44
- エリカモドキ……68
- **エリゲロン・カルビンスキアヌス**
  ……135
- **エリシマム**……77
- エリシマム 'ゴールドダスト'……77
- **エリスロニウム**……45
- エリスロニウム 'パゴダ'……45
- エリスロニウム・カリフォルニカム
  'ホワイト・ビューティー'……45
- **エリンジウム**……136
- エリンジウム・ギガンテウム……136
- エリンジウム・プラヌム……136
- **エルサレムセージ**……136
- **エレムルス**……137
- エレムルス・イザベリヌス
  'オベリスク'……137
- **エレモフィラ**……45
- エレモフィラ・ニベア……45
- エレモフィラ・マクラタ……45
- エンジェルストランペット……249
- エンメイギク……54

オ

- **オイランソウ**……202
- オイランソウ
  'クレム デ マート'……202
- 黄金コモチマンネングサ……329
- 黄金フウチソウ……326
- オウショッキ……236
- オオアマナ……78
- オオイワギリソウ……151
- オオオンケイギク……218
- オオシマカンスゲ……315
- オオシマカンスゲ
  'エバーゴールド'……315
- **オーストラリアン・ブルーベル**
  ……202
- オーストラリアンフクシア……301
- オオセンボンヤリ……205
- オオテンニンギク……233
- オオトリトマ……235
- **オーニソガラム**……78
- オーニソガラム・ウンベラツム……78
- オーニソガラム・ダビウム……78
- オオバナアリアケカズラ……199
- オオヒエンソウ……232
- **オーブリエタ**……46
- オーブリエチア……46
- オオベニウチワ……310
- **オオベンケイソウ**……274
- オオマツユキソウ……90
- オオミコウジ……279
- オオミムラサキコケモモ……247
- オオヤエクチナシ……149
- オオルリソウ……155
- オーレリアンハイブリッド……184
- オカトトキ……207
- オカトラノオ……188

オキザリス（夏～秋植え）……300
オキザリス・ウェルシコロル‥300
オキザリス・トリアングラリス
　………………………………314
オキザリス・ボーウィー………300
オキシペタルム・カエルレウム
　………………………………248
オジギソウ……………………203
オシロイバナ…………………203
オステオスペルマム……………78
オステオスペルマム
　'ジュニア・シンフォニー'……78
オステオスペルマム
　'ナシンガ・ホワイト'…………78
オゾサムナス……………………119
オタカンツス・カエルレウス 289
オダマキ…………………………128
オトメギキョウ………………137
オトメザクラ………………………62
オトメユリ………………………185
オニゲシ…………………………138
オニノシコグサ…………………281
オノエマンテマ…………………141
オミナエシ……………………275
オミナメシ………………………275
オムファロデス…………………139
オランダアヤメ…………93, 211
オランダカイウ…………………143
オランダゲンゲ…………………321
オランダセキチク…………………79
オランダセンニチ……………204
オランダレンゲ……………………90
オリエンタルポピー…………138
オルヤラ…………………………79
オルヤラ・グランディフローラ79
オレガノ'ケントビューティー'
　………………………………138
オンファロデス………………139

オンファロデス・リニフォリア
　'ホワイト'…………………139
オンファロデス・カッパドキカ
　'スターリーアイズ'………139

＝カ＝

ガーデニア………………………149
ガーデンシクラメン……………302
ガーデンタイム…………………161
カーネーション…………………79
カーネーション
　'ピンクレッド'………………79
カーネーション
　'ムーンダスト'………………79
カーペットカスミソウ…………141
ガーベラ………………………205
ガーベラ'ミュウ'……………205
カイガラサルビア………………264
カイドウツバキ……………………55
ガイラルディア…………………233
ガウラ・リンドヘイメリ……204
カエンキセワタ…………………295
カオウ……………………………114
カオヨグサ………………………157
香りゼラニウム…………………152
カガチ……………………………255
カカリア………………………139
カガリビバナ……………………302
カクトラノオ……………………241
カザグルマ…………………………84
カササギルピナス………………190
ガザニア………………………140
カシワバアジサイ……………140
カスミソウ……………………141
カスミノキ………………………161
カタナンケ……………………142
カタナンケ・カエルレア………142
カタバミ…………………………300
カッコウアザミ…………………194

カッシア・コリンボサ………205
カナダオダマキ…………………128
カナリアナス……………………288
カブトギク………………………234
カマッシア……………………142
カマッシア・クアマッシュ
　'エスカレンタ'……………142
カマッシア・ライヒトリニー‥142
カミツレ…………………………156
カモミール………………………156
カラー（オランダカイウ）…143
カラー（畑地性）……………143
カラー
　'スクワーズ ワルダー'……143
カラアイ…………………………214
カラスオウギ……………………242
カラミンサ……………………144
カラミンサ・グランディフローラ
　'ピンク'……………………144
カラミンサ・ネペタ……………144
カラミント………………………144
カランコエ……………………300
カランコエ'ウェンディー'…300
カランコエ'クイーンローズ' 300
カランコエ・ブロスフェルディアナ
　………………………………300
ガランサス…………………………52
カリープラント…………………316
カリフォルニアン・ブルーベル
　………………………………173
カリフォルニア・デージー…144
カリフォルニアポピー…………171
カルーナ………………………315
カルーナ・ブルガリス
　'サンライズ'………………315
カルセオラリア…………………46
ガルトニア・カンディカンス 206
カレープランツ………………316
カレックス……………………315

カレンデュラ ……………………… 80
カレンデュラ
　'コーヒー・クリーム' ……… 80
カレンデュラ '冬知らず' ……… 80
カロコルツス …………………… 145
カロコルツス・ウエヌスツス 145
カロライナジャスミン ………… 80
カワラナデシコ ………………… 145
カンガルーポー ………………… 146
カンガルーポー
　'ジョーイメルボルン' ……… 146
カンガルーポケット ……………… 232
カンザキジャノメギク …………… 111
カンザクラ ………………………… 61
ガンジツソウ ……………………… 60
観賞ギク …………………………… 276
観賞用トウガラシ ………………… 215
観賞用トウガラシ
　'ブラックプリンス' …………… 215
観賞用トウガラシ
　'メドゥーサ' …………………… 215
カンチョウジ ……………………… 289
カンナ …………………………… 206
カンナ 'ビューイエロー' ……… 206
カンナ 'ビューブラック' ……… 206
カンパニュラ …………………… 147
カンパニュラ・プンクタータ … 178
カンパヌラ ……………………… 147
カンパヌラ 'バーニス' ………… 147
カンパヌラ・ステラ …………… 147
カンパヌラ・ポルテンシュラギアナ
　………………………………… 137
カンパヌラ・メディウム ……… 107
カンパヌラ・ラクティフローラ
　………………………………… 147
カンパヌラ・ラプンクロイデス
　………………………………… 147
カンムリキンバイ ………………… 236
ガンライコウ ……………………… 323

キ

紀伊ジョウロウホトトギス …… 291
キカノコユリ系交配種 …………… 184
キキョウ ………………………… 207
キキョウナデシコ ………………… 110
キク ……………………………… 276
キセランセマム ………………… 207
木立シネラリア '桂華' ………… 49
キダチチョウセンアサガオ …… 249
キダチルリソウ …………………… 177
キチコウ …………………………… 207
キチジソウ ………………………… 327
キッショウソウ …………………… 327
キツネナス ………………………… 288
キツネノテブクロ ………………… 154
キツネユリ ………………………… 214
キヌフサソウ ……………………… 139
キバナキセワタ …………………… 136
キバナクンシラン ………………… 85
キバナコスモス ………………… 208
キバナコスモス
　'オレンジロード' ……………… 208
キバナコスモス
　'サニーイエロー' ……………… 208
キバナセツブンソウ ……………… 43
黄花タマスダレ …………………… 284
キバナノコギリソウ ……………… 127
キバナノコスモス ………………… 208
キバナマツムシソウ ……………… 221
キバナルピナス …………………… 190
キバナルリソウ …………………… 92
キブネギク ………………………… 283
ギボウシ ………………………… 208
ギボウシ
　'ゴールデンスタンダード' …… 208
ギボウシ 'サガエ' ……………… 208
ギボシ ……………………………… 208
キミノセンリョウ ………………… 303

黄モッコウバラ …………………… 104
キャッツテール ………………… 275
キャットウィスカー ……………… 237
キャットテール …………………… 63
キャンディーコスモス ………… 209
キャンディタフト ………………… 76
球根アイリス …………………… 81
球根ベゴニア …………………… 209
球根ベゴニア
　'ピンクスパイヤー' …………… 209
キューピッドダーツ ……………… 142
キョウガノコ …………………… 146
ギョリュウモドキ ………………… 315
キランジソ ………………………… 318
ギリア …………………………… 148
ギリア・カピタータ 'ブルー' 148
ギリア・ルテア …………………… 191
ギリア・ルブラ …………………… 148
キリンギク ………………………… 269
キルタンサス …………………… 301
キルタンサス・マッケニー …… 301
キンギョソウ …………………… 81
キンギョソウ
　'キャンディーストラップ' …… 81
キンケイギク ……………………… 218
キンセンカ ………………………… 80
キンチャクソウ …………………… 46
ギンバイカ ……………………… 148
キンバイソウ ……………………… 236
ギンパイソウ …………………… 210
ギンミズヒキ ……………………… 290
キンレンカ ……………………… 210
キンレンカ
　'エンジェル ブレス' ………… 210

ク

クサキョウチクトウ ……………… 202
クササンタンカ …………………… 254
クサフヨウ ………………………… 198

クジャクアスター……………277	クルメツツジ'火の国'………82	クロッソステフィウム…………330
クジャクサボテン………………82	グレープ・ヒアシンス………117	クロバツメクサ
クジャクサボテン'シンデレラ'82	**クレオメ**……………………212	'パープラセンス'…………321
クジャクソウ……………259, 277	クレオメ'ハミング'…………212	**グロリオサ**……………………214
グズマニア……………………310	クレノアイ……………………174	グロリオサ
クセランセマム………………207	クレピス・ルブラ……………181	'ロスチャイルディアナ'……214
クダンソウ……………………150	クレピス・ルブラ'アルバ'…181	クンショウギク………………140
クチナシ………………………149	**クレマチス**……………………84	**クンシラン**………………………85
クチベニズイセン	クレマチス	
'セルマラガロフ'……………51	'ダッチェス・オブ・エジンバラ'84	**ケ**
クナウティア・マケドニカ…211	クレマチス'ミゼットブルー'…84	
グビジンソウ…………………105	クレマチス・インテグリフォリア	**ゲイソリザ**………………………48
クフェア………………………277	………………………………84	ゲイソリザ・モナントス………48
クフェア'タイニーマイス'…149	クレマチス・テキネンシス	**ケイトウ**………………………214
クフェア・イグネア……………277	'サー・トレバー・ローレンス'84	ケイランツス……………………77
クフェア・ヒッソピフォリア…277	クレマチス・モンタナ	ゲウム……………………………111
クミスクチン…………………237	'ルーベンス'………………84	ケープ・プリムローズ………311
クライミングリリー……………214	**クレロデンドルム**……………213	ケープストック…………………65
グラジオラス…………………211	クレロデンドルム・ウガンデンセ	ケープフクシア………………243
グラジオラス	'ブルーエルフィン'………213	ケショウザクラ…………………62
'インプレッシブ'……………56	クロウエア……………………280	**ケストルム・エレガンス**……215
グラジオラス	クロウエア'ホワイトピンク'280	**ゲッカビジン**…………………278
'ウィンドソング'…………211	クロウエア・エクセラータ…280	**ケネディア**………………………49
グラジオラス・ミュリエラエ 274	クローバー……………………321	**ケマンソウ**………………………85
クラスペディア・グロボサ…150	クローバー	ケムリノキ……………………161
クリサンセマム…………………83	'ティントルージュ'………321	**ゲラニウム**……………………152
クリスティア……………………326	**グロキシニア**…………………151	ゲラニウム
クリスマスカクタス……………303	クロコスミア…………………264	'ジョンソンズ・ブルー'……152
クリスマスローズ………………47	クロコスミア'コロンブス'…264	ゲラニウム・サンギネウム
クリビア…………………………85	**クロタネソウ**……………………83	'アルブム'……………………152
クリムソンクローバー…………90	**クロッカス**………………………48	ゲラニウム・マグニフィクム 152
クリンソウ……………………150	クロッカス・クリサンサス	ケロネ……………………………227
クルクマ………………………212	'クリーム・ビューティー'…48	ゲンチアナ……………………294
クルクマ・アリスマティフォリア	クロッサンドラ	ゲンペイカズラ………………213
'サワン・チェンマイ'………212	'リフレブルー'………………213	ゲンペイクサギ………………213
クルクマ・ペティオラータ…212	**クロッサンドラ・インフンディブリフォルミス**	ゲンペイコギク………………135
クルメ・アザレア………………82	………………………………213	
クルメツツジ……………………82	クロッサンドラ・インフンディブリフォルミス	**コ**
クルメツツジ'初音'……………82	'イエローバタフライ'……213	コウショッキ…………………263
		皇帝ダリア……………………163

コーカサスマツムシソウ………221	コモンセージ…………………224	サザンクロス………………280
ゴーテリア……………………279	コモンタイム………………161	サシキフラガ・ロサケア……118
ゴーテリア・ブロクンベンス 279	**コリウス**…………………………318	サツマイモ……………………314
ゴーテリア・ムクロナタ……290	コリウス	サツマギク……………………130
コーラル・ドロップス………252	'インキーフィンガー'………318	サテンフラワー……………66, 151
ゴールデンカップ……………110	コリウス'タンパ'……………318	**サフラン**………………………280
ゴールデンセージ……………224	コリウス'摩天楼'……………318	**サポナリア**……………………153
ゴールデントランペット……199	コリセウムアイビー…………158	サポナリア・オフィキナリス 153
ゴールデンボタン……………226	**コリンジア・ヘテロフィラ**…216	サマーヒアシンス……………206
ゴールドスティック…………150	**コルチカム**……………………279	サマーラブ……………………275
コーレア………………………301	コルチカム	**サルビア**………………………219
コーンフラワー………………118	'ウォーターリリー'…………279	サルビア・アズレア…………219
コガク……………………………181	コルチカム	サルビア・コクシネア………219
コキア…………………………316	'ザ・ジャイアント'…………279	サルビア・スプレンデンス…219
小ギク'春風'…………………276	コレオステファス・ミコリス…83	サルビア・ファリナセア……219
ゴクラクチョウカ……………223	**コレオプシス**…………………218	サルビア・ミクロフィラ
ゴシキトウガラシ……………215	コレオプシス	'ホット・リップス'…………219
ゴシキドクダミ………………317	'ライムロック・ルビー'……218	サルビア・レウカンサ………292
ゴシキドクダミ'カメレオン' 317	コレオプシス・グランディフローラ	**サルピグロッシス**……………154
ゴシキバドクダミ……………317	………………………………………218	サルメンバナ…………………154
五色ヤナギ……………………313	コンギク………………………286	サワアジサイ…………………181
コスタリカン・バタフライ・バイン	ゴンフレナ……………………284	サンシキスミレ………………57
……………………………………225	ゴンフレナ・ハーゲアナ	サンシクヨウソウ……………74
コスモス………………………278	'ストロベリーフィールド'…284	サンジャクバーベナ…………168
コスモス	**コンボルブルス**………………216	**サンダーソニア**………………217
'オレンジキャンパス'………278	コンボルブルス・クネオルム 216	**サンタンカ**……………………217
コスモス'シーシェル'………278	コンボルブルス・サバティウス	サンダンカ……………………217
コチョウカ………………………87	……………………………………216	ザンテデスキア………………143
コチョウソウ……………………86		**サントリナ**……………………319
コックウム……………………214	═══ **サ** ═══	サントリナ・カマエキパリッスス
コットンヒース…………………44		……………………………………319
コットンラベンダー…………319	サイネリア………………………49	**サンビタリア**…………………220
ゴデチア………………………151	サイプレスバイン……………270	サンビタリア・プロクンベンス
コバノランタナ………………267	サウス・アフリカン・クロッカス	……………………………………220
コプロスマ……………………317	…………………………………………66	
コプロスマ	**サクラソウ**………………………86	═══ **シ** ═══
'イブニング・グロー'………317	サクラソウ'明烏'………………86	
コプロスマ'夕焼け小焼け'…317	サクラソウ'小桜源氏'…………86	シーオーツ……………………332
コムギセンノウ………………153	サクララン……………………256	シーホリー……………………136
	ササユリ………………………185	

339

ジェラルトンワックスフラワー ……………… 124	ジャーマンアイリス ………… 156	宿根ガザニア 'カスタードシュー' ………… 140
シェルフラワー ……………… 264	ジャーマンアイリス 'スリーピー' ……………… 156	宿根カスミソウ ……………… 141
ジオウ ………………………… 121	ジャーマンカモマイル ……… 156	宿根カスミソウ 'シルバースター' ………… 141
シオン ………………………… 281	シャーレーポピー …………… 105	宿根スターチス ……………… 189
四季咲きベゴニア …………… 252	シャガ ………………………… 87	宿根ネメシア ………………… 283
ジギタリス …………………… 154	シャグマユリ ………………… 235	宿根パンヤ …………………… 196
ジギタリス・オブスクラ …… 154	シャクヤク …………………… 157	宿根フロックス ……………… 202
シクラメン …………………… 302	シャクヤク '新珠' …………… 157	宿根マリーゴールド ………… 285
シクラメン 'かがりび' ……… 302	シャクヤク '花筏' …………… 157	ショイシア …………………… 322
シクラメン 'ゴールデン・ガール' …… 302	ジャコウアオイ ……………… 258	ショウキズイセン …………… 294
シクラメン 'プロローグ' …… 302	ジャコウエンドウ ……………… 89	ジョウゴバナ ………………… 213
シクラメン・ヘデリフォリウム ……………………………… 302	ジャコウソウモドキ ………… 227	ショウジョウボク …………… 305
	ジャコウレンリソウ …………… 89	ショウマ ……………………… 196
シケイ …………………………… 88	シャコバサボテン …………… 303	ショウリョウバナ …………… 260
シコンノボタン ……………… 281	シャコバサボテン 'ゴールドチャーム' …… 303	ジョーイ・セルリア …………… 93
シザンサス ……………………… 86	シャコバサボテン 'ダークマリー' ………… 303	ジョチュウギク ……………… 172
シダルケア …………………… 155	シャコバサボテン 'ホワイトベル' ………… 303	シラー …………………………… 50
シダルケア 'エルシーフュー' 155	シャスターデージー ………… 157	シラー・カンパニュラタ …… 171
シダルケア・カンディダ …… 155	ジャノメエリカ ………………… 44	シラー・シベリカ ……………… 50
シチヘンゲ …………………… 267	ジャノメギク ………………… 220	シラー・ペルビアナ …………… 50
シナワスレナグサ …………… 155	ジャパニーズアイリス ……… 170	シラサギカヤツリ …………… 231
ジニア ………………………… 245	ジャパニーズハイブリッド … 183	シラサギノマイ ……………… 231
ジニア 'プロフュージョン' … 245	シャボンソウ ………………… 153	シラユキゲシ …………………… 88
ジニア・エレガンス ………… 245	シュウカイドウ ……………… 282	シラン …………………………… 88
ジニア・ソルチート ………… 245	シューティングスター ……… 231	シルバー・プリベット ……… 320
ジニア・ハーゲアナ ………… 245	シュウメイギク ……………… 283	シレネ ………………………… 159
シネラリア ……………………… 49	シュウメイギク 'ホイール・ウインド' …… 283	シレネ 'スワンレイク' ……… 159
シノグロッサム ……………… 155	ジュエル・オーキッド ………… 65	シレネ・ペンジュラ ………… 159
シノグロッサム・アマビレ … 155	シュガーバイン ……………… 319	シレネ・ユニフローラ ……… 159
シバザクラ ……………………… 87	シュクシャ …………………… 220	シロガネヨシ ………………… 287
シバザクラ 'オーキッドブルーアイ' … 87	宿根アスター …………… 266, 277	シロクジャク ………………… 277
ジプソフィラ ………………… 141	シュッコンアマ ……………… 158	シロタエギク ………………… 320
シベナガムラサキ …………… 134	宿根アリッサム ………………… 71	シロタエヒマワリ …………… 244
シベリアヒナゲシ ……………… 68		シロツメクサ ………………… 321
縞斑ドイツスズラン …………… 97		シロバナムシヨケギク ……… 172
シモバシラ …………………… 282		シロミミナグサ ……………… 166
		ジンジャー …………………… 220

花の名前 総索引

シンジュノキ …………………… 290
新テッポウユリ 'ひのもと' … 184
シンニンギア …………………… 151
シンバラリア・ムラリス …… 158
シンバラリア・ムラリス
　'ホワイト' ………………… 158
シンビジウム …………………… 307
シンビジウム ラッキークリスタル
　'バニラアイス' …………… 307

ス

スイート・ロケット …………… 167
スイートアリッサム ………… 50
スイートピー ………………… 89
スイートポテト ………………… 314
スイセン ……………………… 51
スイセン
　'アーリーセンセイション' … 51
スイセン 'リプリート' ………… 51
スイセンノウ ………………… 160
スイチョウカ …………………… 212
スイレン ……………………… 221
スウォード・リリー …………… 211
スエツムハナ …………………… 174
スエヒロソウ …………………… 249
スカーレットフラッグ ………… 176
スカエボラ ……………………… 249
スカシユリ系交配種 …………… 183
スカビオサ …………………… 221
スカビオサ・コーカシカ ……… 221
スキゾスティリス ……………… 299
スキラ …………………………… 50
スクテラリア ………………… 222
スクテラリア・コスタリカナ
　'スカーレット' …………… 222
スクテラリア・コスタリカナ
　'フラミンゴ' ……………… 222
ススキ 'タカノハ' …………… 321
スズランエリカ ………………… 44

スズランスイセン ……………… 90
スターチス ……………………… 189
スターフラワー ………………… 179
スターフロックス ……………… 110
スターラベンダー ……………… 247
スタキス・ビザンチナ ………… 331
ステイロディスカス ………… 52
ステイロディスカス・タゲテス 52
ステラ ………………………… 101
ステルンベルギア・ルテア …… 284
ストケシア …………………… 222
ストック ……………………… 89
ストリームアイリス …………… 299
ストレプトカーパス ………… 311
ストレプトカーパス
　'シルビア' ………………… 311
ストレリチア・レギネ ……… 223
ストロベリーキャンドル ……… 90
ストロベリーツリー …………… 299
スナップドラゴン …………… 81
スノードロップ ……………… 52
スノーフレーク ……………… 90
スパイダーフラワー …………… 281
スパイダーリリー ……………… 243
スパラキシス ………………… 91
スパラキシス・トリカラー …… 91
スピランテス …………………… 204
スピロキシネ ………………… 53
スピロキシネ・カペンシス …… 53
スプリングスターフラワー …… 42
スプレーギク
　'グリーンピース' ………… 276
スプレケリア ………………… 160
スプレケリア・フォルモシッシマ
　…………………………… 160
スミレ ………………………… 53
スモークツリー ……………… 161
スモークツリー 'グレイス' …… 161
スワンリバーデージー ………… 107

セ

セイヨウアサガオ …………… 195
セイヨウアサガオ
　'ヘブンリーブルー' ……… 195
セイヨウアサツキ ……………… 162
西洋アジサイ …………………… 169
西洋イボタノキ ………………… 320
セイヨウオダマキ ……………… 128
セイヨウカタクリ ……………… 45
セイヨウキランソウ …………… 69
セイヨウサクラソウ …………… 62
セイヨウサンタンカ …………… 267
セイヨウシャクナゲ ………… 91
セイヨウシャクナゲ '太陽' …… 91
セイヨウシャクナゲ
　'パーシーワイズマン' …… 91
セイヨウジュウニヒトエ ……… 69
西洋ツツジ ……………………… 298
セイヨウノコギリソウ ………… 127
セイヨウハッカ ………………… 261
セイヨウマツムシソウ ………… 221
セイロンライティア ………… 223
セージ ………………………… 224
セキチク ………………………… 100
セダム …………………………… 329
セッチュウカ …………………… 51
セトクレアセア・パリダ
　'パープルハート' ………… 329
セネシオ・ビラビフ …………… 322
セネシオ・レウコスタキス … 322
ゼフィランサス ……………… 224
ゼフィランサス・キャンディダ
　…………………………… 224
ゼフィランサス・グランディフローラ
　…………………………… 224
セラスチウム …………………… 166
ゼラニウム …………………… 92
ゼラニウム 'リトルディー' …… 92

341

セリンセ・マヨル……………… 92
セリンセ・マヨル
　'イエローキャンディー'…… 92
セリンセ・マヨル
　'プルプラスケンス'………… 92
セルリア・フロリダ……………… 93
セルリア・フロリダ 'カルメン' 93
セロシア（ケイトウの別名）‥ 214
セロシア 'ベネズエラ' ………… 214
セロジネ・インターメディア 307
センジュギク……………………… 259
センテッドゼラニウム ………… 121
セントーレア……………………… 118
セントポーリア………………… 311
セントポーリア
　'アイビージョイ'…………… 311
セントポーリア 'バルバドス' 311
センニチコウ…………………… 284
センニチソウ…………………… 284
センノウ………………………… 269
センボンタンポポ ……………… 181
センリョウ……………………… 303

＝ソ＝

ソウビ……………………………… 104
ソープワート……………………… 153
ソケイモドキ……………………… 230
ソラナム・ラントネッティー 225
ソリア・ヘテロフィラ ………… 202
ソリア・ヘテロフィラ
　'ピーチベルズ'……………… 202

＝タ＝

ダールベルグデージー ………… 162
ダイアンサス……………………… 100
ダイアンサス
　'ミラクルピエロ' …………… 100
ダイアンサス
　'やまとなでしこ七変化'…… 100

タイガーリリー ………………… 227
タイツリソウ……………………… 85
タイマツバナ …………………… 263
タイム…………………………… 161
ダイヤモンドリリー …………… 286
大輪エキザカム
　'ベンガルブルー' …………… 201
タイリンルリマガリバナ ……… 251
タイワンホトトギス …………… 291
タカノハススキ ………………… 321
タゲテス・レモニー …………… 285
ダスティーミラー ……… 320, 322
タスマニアンベル ……………… 301
タチアオイ……………………… 256
タチジャコウソウ ……………… 161
タチフジ………………………… 190
タッカ・シャントリエリ……… 251
タツタナデシコ ………………… 100
ダッチ・ヒアシンス …………… 58
ダッチアイリス…………………… 93
ダッフォディル…………………… 51
タバコソウ……………………… 277
タフテッドパンジー …………… 57
タマクルマバソウ ……………… 130
タマゴボール…………………… 204
タマザキサクラソウ……………… 61
タマサンゴ……………………… 304
タマノオソウ…………………… 292
ダリア…………………………… 163
ダリア '歌姫'…………………… 163
ダリア 'ゴールデンスター' … 163
ダリア
　'ベル・オブ・パルメラ' … 163
ダルマクンシラン………………… 85
ダルマヒオウギ ………………… 242
ダレシャンピア ………………… 225
ダレシャンピア・ディオスコレイフォリア
　……………………………… 225
ダンギク………………………… 226

ダンゴギク……………………… 254
タンジー………………………… 226
ダンドク………………………… 206
ダンピエラ………………………… 94

＝チ＝

チェッカーベリー ……………… 279
地エビネ…………………………… 77
チェロネ………………………… 227
チェロネ・リオニー …………… 227
チオノドクサ……………………… 54
チオノドクサ 'スノースター' … 54
チグリディア…………………… 227
チトニア………………………… 228
チドリソウ……………………… 186
チャーチリリー ………………… 165
チャイナアスター ……………… 130
チャイニーズハウス …………… 216
チャイニーズランタン ‥ 217, 255
チャイブ………………………… 162
チャイブス……………………… 162
チャスマンティウム …………… 332
チューリップ…………………… 96
チューリップ
　'クイーンオブナイト' ……… 96
チューリップ
　'ホワイトトライアンファター' 96
チューリップ 'ミッキーマウス' 96
チューリップ 'レディジェーン' 96
チョイシア……………………… 322
チョイシア・テルナタ
　'サンダンス'………………… 322
チョウセンアザミ ……………… 126
長太郎ユリ……………………… 184
チョウチンバナ ………………… 178
チョウメイギク…………………… 54
チョコレートコスモス ………… 228
チリメンハナナ………………… 102

═ ツ ═

- ツキヌキニンドウ ……………… 229
- ツクバネアサガオ ……………… 175
- ツタガラクサ ……………………… 158
- ツタバキリカズラ ……………… 129
- ツノナス …………………………… 288
- ツバメズイセン …………………… 160
- ツマクレナイ ……………………… 255
- ツマベニ …………………………… 255
- ツメキリソウ ……………………… 257
- ツリウキソウ ……………………… 247
- ツリガネオモト …………………… 206
- ツリガネズイセン ………………… 171
- ツリガネソウ ……………………… 107
- ツリガネヤナギ …………………… 113
- ツルギキョウ ……………………… 164
- ツルニチニチソウ ………………… 164
- **ツルバギア** ……………………… 229
- ツルバギア・ビオラケア ……… 229
- ツルハナシノブ …………………… 174
- **ツルハナナス** …………………… 230
- つるバラ
  - 'スパニッシュ・ビューティー' 104
- **ツワブキ** ………………………… 285
- **ツンベルギア** …………………… 230
- ツンベルギア・アラタ
  - 'サニー' ………………………… 230
- ツンベルギア・フォーゲリアーナ
  - …………………………………… 230

═ テ ═

- **ディアスキア** …………………… 231
- ディアスキア 'ジェンタ' ……… 231
- **ディアスパシス・フィリフォリア**
  - ……………………………………… 94
- テイオウカイザイク ……………… 173
- テイカカズラ '黄金錦' ………… 324
- **ディクロメナ・コロラタ** …… 231
- **ディスキディア** ………………… 232
- ディスキディア・ペクテノイデス
  - …………………………………… 232
- **ディセントラ・フォルモサ** … 164
- ディッソディア …………………… 162
- ディプラデニア …………………… 260
- ティモフィラ ……………………… 162
- **ディモルフォセカ** ……………… 95
- デイリリー ………………………… 176
- **デージー** ………………………… 54
- デザートキャンドル ……………… 137
- デザートローズ …………………… 197
- テッセン ……………………………… 84
- デットネットル …………………… 331
- **テッポウユリ** …………………… 165
- テッポウユリ
  - 'プリンス・プロミス' ……… 165
- デビルフラワー …………………… 251
- テランセラ ………………………… 312
- **デルフィニウム** ………………… 232
- デルフィニウム
  - 'ミントブルー' ……………… 232
- デロスペルマ・クーペリー …… 179
- **テロペア・スペキオシッシマ** 95
- テンジクアオイ …………………… 92
- テンジクボタン …………………… 163
- デンドロビウム …………………… 307
- デンドロビウム
  - 'オレンジ・ハート' ………… 307
- **テンニンギク** …………………… 233
- テンニンギク
  - 'イエローブルーム' ………… 233
- テンニンギク
  - 'レッドブルーム' …………… 233
- デンマークカクタス ……………… 303

═ ト ═

- **ドイツアザミ** …………………… 97
- ドイツアヤメ ……………………… 156
- **ドイツスズラン** ………………… 97
- トウショウブ ……………………… 211
- **トウテイラン** …………………… 233
- トウワタ …………………………… 196
- トーチリリー ……………………… 235
- トキワザクラ ……………………… 60
- トキワバナ ………………………… 207
- **トキワヒメハギ** ………………… 98
- **トケイソウ** ……………………… 234
- トケイソウ 'アメシスト' ……… 234
- トラケリウム ……………………… 265
- トラフススキ ……………………… 321
- トラフユリ ………………………… 227
- ドラムスティック ………………… 150
- **トリカブト** ……………………… 234
- **トリテレイア・ラクサ** ……… 165
- **トリトニア** ……………………… 98
- トリトマ …………………………… 235
- トリフォリウム …………………… 321
- **トルコギキョウ** ………………… 166
- トルコギキョウ
  - 'ロジーナローズピンク' …… 166
- **トレニア** ………………………… 235
- トレニア 'イエロームーン' …… 235
- ドロテアンツス …………………… 187
- **トロリウス** ……………………… 236
- **トロロアオイ** …………………… 236

═ ナ ═

- ナイトジャスミン ………………… 265
- ナガバユキノシタ ………………… 59
- ナスタチウム ……………………… 210
- ナツザキエリカ …………………… 315
- ナツシロギク ……………………… 180
- ナツスミレ ………………………… 235
- **ナツユキソウ** …………………… 100
- **ナデシコ** ……………………… 100, 145
- ナナカイソウ ……………………… 150
- ナノハナ …………………………… 102

ナバナ……………………… 102
ナルキッサス・バルボコディウム
　'ホワイト'……………………… 51
ナルコラン ……………………… 131

＝ニ＝

ニーレンベルギア・レペンス 210
ニオイアラセイトウ……………… 77
ニオイザクラ……………………… 298
ニオイゼラニウム ……………… 121
ニオイナズナ ……………………… 50
ニオイバンマツリ……………… 250
ニオイムラサキ………………… 177
ニゲラ……………………………… 83
ニゲラ
　'オリエンタリス・トランスフォーマー' 83
ニコチアナ……………………… 170
ニコチアナ・ラングストルフィー
　………………………………… 170
ニシキジソ……………………… 318
ニシキテイカカズラ …………… 324
ニチニチソウ……………… 237
ニチニチソウ
　'エンヂェル チュチュ'……… 237
ニチリンソウ …………………… 244
ニホンサクラソウ ………………… 86
ニホンズイセン …………………… 51
ニューギニアインパチェンス 167
ニューギニアインパチェンス
　'レッド'…………………………… 167
ニューサイラン ……………… 323
ニューサイラン
　'バリエガタム'………………… 323
ニューヨークアスター ………… 266
ニワクサ ………………………… 316
ニワナズナ ………………………… 50

＝ヌ＝

ヌパタマ ………………………… 242

＝ネ＝

ネクタロスコルダム・シクラム・ブルガリス
　………………………………… 133
ネコノヒゲ………………… 237
熱帯スイレン
　'エベリン・ランディング' 221
ネムリグサ ……………………… 203
ネメシア ……………………… 99
ネメシア・ケイランツス
　'シュティングスター'………… 99
ネモフィラ …………………… 99
ネモフィラ・マクラータ………… 99
ネモフィラ・メンジェシイ
　'インシグニス'………………… 99
ネモフィラ・メンジェシイ
　'スノーストーム'……………… 99
ネリネ………………………… 286
ネリネ 'ホワイトシェード'…… 286
ネリネ・ウンデュラータ……… 286

＝ノ＝

ノウゼンハレン ………………… 210
ノコギリソウ …………………… 127
ノコンギク ………………… 286
ノボタン ………………………… 281
ノボリフジ ……………………… 190

＝ハ＝

ハアザミ ………………………… 127
バージニアストック …………… 116
バーゼリア・ガルピニー… 101
ハーデンベルギア…………… 55
ハーデンベルギア・ヴィオラセア
　…………………………………… 55
ハートピー ……………………… 246
バーバスカム……………… 238
パープルウィング ……………… 225
パープルクラウンベリー ……… 247
パープルベル…………………… 272
バーベナ……………………… 168
バーベナ 'タピアン'…………… 168
バーベナ 'はなび'……………… 168
バーベナ・リギダ 'ポラリス' 168
ハーレクイン・フラワー ……… 91
バイカイカリソウ ……………… 74
ハイドゥンツバキ …………… 55
ハイドランジア……………… 169
ハイドランジア 'アナベル'… 169
ハイドランジア
　'ゴールドラッシュ'………… 169
ハイドランジア 'シーアン'… 169
ハイドランジア 'はるな'…… 169
ハイドランジア 'ミミ'……… 169
ハイドランジア・クエルキフォリア
　………………………………… 140
パイナップル・リリー ………… 266
パイナップルミント…………… 261
バイパーズ・ビューグロス… 134
ハイビスカス……………… 238
ハイビスカス
　'コーラルホワイト'………… 238
パイプカズラ……………… 239
ハイブリッド・ティー
　'ホワイト・クリスマス'…… 104
バウエラ ………………………… 68
ハクチョウソウ ………………… 204
白眉孔雀 ………………………… 278
ハグマノキ ……………………… 161
ハゲイトウ ………………… 323
バコパ ……………………… 101
バコパ
　'ライム・バリエガータ'…… 101
ハゴロモギク…………………… 72
ハゴロモグサ…………………… 132
ハゴロモジャスミン……… 102
ハゴロモルコウソウ ………… 270
バタフライ・チューリップ … 145

ハッカ	261
ハツコイソウ	308
バッシア	316
パッシフローラ	234
パッションフラワー	234
バットフラワー	251
ハツユキカズラ	324
ハツユキソウ	239
ハナアオイ	267
ハナアザミ	97
ハナイチゲ	70
ハナイチゴ	253
ハナウリクサ	235
ハナオレガノ	138
ハナカタバミ	300
ハナカンザシ	56
ハナカンナ	206
ハナギリソウ	194
ハナキンポウゲ	119
ハナグルマ	205
ハナケマンソウ	164
ハナサフラン	48
ハナショウブ	170
ハナショウブ'キンケイ'	170
ハナショウブ'モモカスミ'	170
ハナスベリヒユ	240
ハナセンナ	205
ハナダイコン	167
ハナタバコ	170
ハナツメクサ	87
ハナヅルソウ	240
ハナトラノオ	241
ハナトリカブト	234
ハナナ	102
ハナニラ	42
ハナネギ	133
ハナビシソウ	171
ハニーベル	103
バビアナ	103
バビアナ・ストリクタ	103
バビアナ・ルブロキアネア	103
ハブランサス	241
ハブランサス 'チェリーピンク'	241
ハボタン	324
ハマカンザシ	72
早咲きグラジオラス	56
早咲きグラジオラス 'ハーレイ'	56
バラ	104
パラクレス	204
パリデージー	116
バルーンバイン	246
バルーンフラワー	207
春咲きグラジオラス	56
ハルシャギク	218
パルテノキッスス	328
パルテノシッサス・シュガーバイン	319
パロケツス	108
ハワイアンハイビスカス	238
パンジー	57
パンジー 'イエローブルーフラッシュ'	57
パンジー 'オルキ'	57
パンダスミレ	53
パンパスグラス	287
パンパスグラス・セロアナ	287
ヒアシンス	58
ヒアシントイデス	171
ヒアシントイデス・ヒスパニカ	171
ピーコックオーキッド	274
ヒース	44
ヒエンソウ	186
ヒオウギ	242
ヒオウギ'キャンディリリー'	242
ヒオウギアヤメ	242
ヒオウギズイセン	124
ビオラ	53, 57
ビオラ 'クリアスカイ タンジェリン'	57
ビオラ'プチモルフォ'	57
ビオラ・パピリオナケア 'フレックス'	53
ヒゲアイリス	156
ヒゲナデシコ	105
ヒコウキソウ	326
ヒゴタイサイコ	136
ビジョザクラ	168
ビジョナデシコ	105
ビスカリア	153
ヒダカミセバヤ	292
ヒツジグサ	221
ヒッペアストラム	70
ヒデリソウ	257
ビデンス	304
ビデンス 'ピンクハート'	304
ヒトツバマメ	55
ヒナギク	54
ヒナゲシ	105
ヒナユリ	142
ビブリス・フィリフォリア	242
ヒベルティア	106
ヒベルティア・セルピリノリア	106
ヒマラヤザクラ	63
ヒマラヤユキノシタ	59
ヒマワリ	244
ヒマワリ'ココア'	244
ヒマワリ'太陽'	244
ヒマワリ'テディベアー'	244
ヒマワリ'モネ'	244
ヒメイチゴノキ	299

ヒメイワダレソウ …………… 270	ピンクバナイチゴ …………… 253	フジボタン ……………………… 85
ヒメエニシダ ………………… 106	ピンパーネル …………………… 69	**フッキソウ** ………………… 327
ヒメキンギョソウ …………… 120		ブッソウゲ …………………… 238
ヒメコウジ …………………… 279	**＝フ＝**	ブバリア ……………………… 289
ヒメコスモス ………………… 107	ファイアークラッカーバイン 258	**ブバルディア** ……………… 289
ヒメツリガネ ………………… 202	ファイブスポット ……………… 99	ブバルディア
ヒメツルソバ ……………… 287	**ファセリア・カンパニュラリア** 173	'ロイヤルダフネ' ………… 289
ヒメツルニチニチソウ ……… 164	ファレノプシス	**フユサンゴ** ………………… 304
ヒメトラノオ ………………… 177	'シルクオレンジ' ………… 307	フユサンゴ 'スノーサンゴ' … 304
ヒメトリトマ ………………… 235	ファンシーゼラニウム ……… 112	**ブラキカム** ………………… 107
ヒメノカリス ……………… 243	フィーバーフュー …………… 180	ブラキスコメ ………………… 107
ヒメノカリス 'アドヴァンス' … 243	**フィゲリウス** ……………… 243	**ブラクテアンサ・ブラクテアタ**
ヒメハナシノブ ……………… 148	フィソステギア ……………… 241	……………………………… 173
ヒメハナビシソウ …………… 171	フイリアマドコロ …………… 131	ブラソレリオカトレア トライアン
ヒメヒオウギズイセン ……… 264	斑入りドクダミ ……………… 317	ファル コロネーション 'セト' 307
ヒメビジョザクラ …………… 168	フウキギク ……………………… 49	**ブラックキャット** ………… 251
ヒメユリ ……………………… 185	フウキソウ …………………… 114	ブラッシング・ブライト ……… 93
ピメレア ……………………… 58	**ブーゲンビレア** …………… 246	**プラティア** ………………… 247
ピメレア・ブラキフィラ	ブーゲンビレア 'サンセット' 246	プラティア・ヌンムラリア …… 247
'ホワイトフェアリー' ……… 58	**フウセンカズラ** …………… 246	プラティア・プベルラ ……… 247
ピメレア・ロゼア	**フウチソウ** ………………… 326	フラワリング・メイプル …… 198
'チェリーピンク' …………… 58	フウチョウソウ ……………… 212	フラワリングタバコ ………… 170
ヒャクニチソウ …………… 245	**フウリンソウ** ……………… 107	フランネルソウ ……………… 160
ヒヤシンス ……………………… 58	フウロソウ …………………… 152	**フリージア** …………………… 59
ヒューケラ ………………… 325	フェザーフラワー ……………… 76	**フリチラリア** ……………… 108
ヒューケラ	フェリシア …………………… 109	フリチラリア・インペリアリス
'アンバー・ウエーブス' … 325	フォーオクロック …………… 203	'ルテア' ……………………… 108
ヒューケラ	フォックス・グローブ ……… 154	フリチラリア・メレアグリス … 108
'ビューティー・カラー' … 325	**フォックスフェイス** ……… 288	**プリムラ・オブコニカ** ……… 60
ヒューケラ 'マーマレード' … 325	フカミグサ …………………… 114	プリムラ・オブコニカ
ヒューケラ	**フクシア** …………………… 247	'うつり紅' …………………… 60
'ミッドナイト・ローズ' …… 325	フクシア '薄紫八重' ……… 247	**プリムラ・シネンシス** ……… 61
ビリーボタン ………………… 150	フクシア	プリムラ・シネンシス
ヒルザキツキミソウ ……… 172	'ロイヤルアカデミー' ……… 247	'ファンファーレ' …………… 61
ピレスラム ………………… 172	**フクジュソウ** ………………… 60	プリムラ・ジュリアン ………… 62
ヒロハノハナカンザシ ………… 56	フクジュソウ '三段咲' ……… 60	**プリムラ・デンティクラータ** … 61
ビンカ ……………………… 164, 237	フクロカズラ ………………… 232	プリムラ・プラエニテンス …… 61
ビンカ・ミノール …………… 164	フクロナデシコ ……………… 159	**プリムラ・ポリアンサ** ……… 62
ピンククロス …………………… 94	**フジバカマ** ………………… 288	**プリムラ・マラコイデス** …… 62

プリムラ・ロゼア …………… 63	フロリバンダ	ベニニガナ …………………… 139
ブルーオキザリス …………… 108	'ブルー・バユー' ………… 104	**ベニバナ** ………………… 174
ブルーキャッツアイ ……… 289	**ブロワリア** ……………… 251	**ベニバナアマ** …………… 176
ブルークローバー ………… 108	ブロワリア・スペキオーサ … 251	**ベニバナイチゴ** ………… 253
'ブルーシャンデリア' ……… 130	ブロワリア・ビスコーサ	ベニバナイチゴ'ビバローザ'253
ブルースター …………… 248	'サファイア' ………………… 251	**ベニバナサワギキョウ** …… 253
フルーツゲッカビジン ……… 278	**フンネマンニア** …………… 110	**ベニバナダイコンソウ** …… 111
ブルーデージー …………… 109		ベニバナツメクサ …………… 90
ブルーハイビスカス ……… 248	＝ヘ＝	ベニハリ ……………………… 187
ブルーファンフラワー …… 249	ベイビー・サン・ローズ …… 240	ベニヒメリンドウ …………… 201
ブルーボール ………………… 271	ベイビーズブレス …………… 141	ベニヒモノキ ………………… 275
ブルーポテトブッシュ ……… 225	ベイビーブルーアイズ ……… 99	ベニベンケイ ………………… 300
ブルグマンシア …………… 249	**ベゴニア・センパフローレンス**	ベニマツリ …………………… 308
ブルビネラ …………………… 63	………………………………… 252	ベニラン ……………………… 88
ブルビネラ'イエロー' ………… 63	ベゴニア・センパフローレンス	**ヘマリア・ディスコロル** …… 65
プルモナリア ……………… 109	'ルルカレッド' …………… 252	**ヘメロカリス** ……………… 176
プルンバーゴ ………………… 272	ヘザー ………………………… 315	ヘメロカリス
ブルンフェルシア ………… 250	**ヘスペランサ** ……………… 64	'ブルーベリークリーム' …… 176
ブルンフェルシア・アウストラリス	ヘスペランサ・ククラタ …… 64	**ペラルゴニウム** …………… 112
………………………………… 250	ヘスペランサ・スタンフォルディア	ペラルゴニウム
プレクトランサス ………… 250	…………………………………… 64	'エンジェルアイ' ………… 112
プレクトランサス	ヘスペリス・マトロナリス …… 167	ヘリアンサス ………………… 293
'ケープエンジェル' ……… 250	**ペチュニア** ………………… 175	**ヘリオトロープ** …………… 177
フレンチマリーゴールド …… 259	ペチュニア'パッション' …… 175	**ヘリオフィラ** ………………… 65
フレンチマリーゴールド	ペチュニア'ライムライト' … 175	ヘリオフィラ・コロノピフォリア
'ハーレクィン' …………… 259	**ベッセラ・エレガンス** …… 252	…………………………………… 65
フレンチラベンダー ………… 268	ヘディキウム ………………… 220	ヘリクリサム ………………… 173
フレンチラベンダー	ヘディキウム'夕映え' ……… 220	ヘリトリオシベ ……………… 213
'キューレット' …………… 268	ヘディキウム・コロナリウム・220	ヘリプテルム ………………… 56
ブローディア・ラクサ ……… 165	ベトナムツバキ ……………… 55	ベルガモット ………………… 263
プロスタンテラ ……………… 64	ペニーロイヤルミント ……… 261	ベルゲニア …………………… 59
プロスタンテラ'ミントベル' … 64	**ベニジウム** ………………… 111	**ペルシカリア** ……………… 328
プロスタンテラ・バクステリ・セリシア	ベニジオアークトチス ……… 72	ペルシカリア・アルピナ …… 328
…………………………………… 64	**ペニセツム** ………………… 327	ペルシカリア・ミクロケファラ
フロックス・ストロニフェラ 174	ペニセツム・アロペクロイデス	'レッド・ドラゴン' ……… 328
フロックス・ディバリカタ … 174	'リトルハニー' …………… 327	ベルゼリア・ガルピニー …… 101
フロックス・ドラモンディ 110	ペニセツム・セタケウム	**ペルネッティア** …………… 290
フロミス・フルティコサ …… 136	'ルブルム' ………………… 327	ベルフラワー ………………… 137
	ベニチョウジ ………………… 215	ヘルマンニア ………………… 103

347

ペレニアルフラックス ……… 158	ポーチュラカ ……………… 240	=マ=
ヘレニウム ………………… 254	ホクシャ …………………… 247	
ヘレニウム・オータムナーレ 254	ホザキアヤメ ……………… 103	**マーガレット** …………… 116
ヘレボルス ………………… 47	ホシクジャク ……………… 75	マーガレット
ヘレボルス'ルーセブラック' 47	ホスタ ……………………… 208	'エンジェリックレモン'…… 116
ヘレボルス	ホソバブルーデージー …… 109	マーガレットコスモス …… 52
'ローズカメレオン' ……… 47	**ホタルブクロ** …………… 178	マートル …………………… 148
ヘレボルス・ニゲル	ホタルブクロ'白糸の滝'… 178	マガリバナ ………………… 76
'ジョセフレンパー' ……… 47	**ボタン** …………………… 114	マジックリリー …………… 294
ヘレボルス・ヒブリダス … 47	ボタン'ハイヌーン' ……… 114	マダガスカルシタキソウ … 257
ベロニカ	ボタン'楊貴妃' …………… 114	**マダガスカルジャスミン**… 257
'オックスフォードブルー' 112	ボタンイチゲ ……………… 70	**マッソニア・プスツラタ** … 305
ベロニカ'ジョージアブルー' 112	ボタンナ …………………… 324	**マツバギク** ……………… 179
ベロニカ・スピカータ …… 177	ポットマム'セイナイト' … 276	**マツバボタン** …………… 257
ベロニカ・スピカータ	ポットマリーゴールド …… 80	マツユキソウ ……………… 52
'ロイヤルキャンドル' … 177	ポテト・バイン …………… 230	**マトリカリア** …………… 180
ベロニカ・ペドゥンクラリス	**ホトトギス** ……………… 291	マネッティア・インフラータ 258
'ジョージアブルー' …… 112	ホトトギス'白楽天' ……… 291	**マネッティア・ルテオルブラ** 258
変化アサガオ（キキョウ咲き）195	**ホメリア** ………………… 114	**マリーゴールド** ………… 259
ペンステモン …………… 113	ホヤ ………………………… 256	マルコルミア・マリティマ… 116
ペンステモン・スモーリー … 113	ホヤ・カルノーサ'クイーン' 256	マルバハルシャギク ……… 254
ペンステモン・バルバツス … 113	ホヤ・ケリー ……………… 256	**マロウ** …………………… 258
ペンタス ………………… 254	ポリガラ・カマエブクサス・グランディフロラ	**マンデビラ** ……………… 260
ペンタス・ランケオラータ … 254	……………………………… 98	マンデビラ
ペンツィア・グランディフロラ	ポリゴナム ………………… 328	'ローズジャイアント' … 260
……………………………… 113	ポリゴナム・カピタツム … 287	マンデビラ・サンデリー
ヘンリーヅタ …………… 328	**ボリジ** …………………… 179	'ダーク' ………………… 260
=ホ=	**ホリホック** ……………… 256	マンテマ …………………… 159
	ボロニア ………………… 115	**マンネングサ** …………… 329
ホイヘラ …………………… 325	ボロニア・ピナータ ……… 115	マンネンロウ ……………… 295
ポインセチア …………… 305	ボロニア・ピロッサ ……… 115	**マンリョウ** ……………… 306
ポインセチア	ボロニア・ヘテロフィラ … 115	マンリョウ'福鳳' ………… 306
'アバンギャルド' ……… 305	ボロニア・メガスティグマ	
ホウキギ …………………… 316	'チャンドレリ' ………… 115	=ミ=
ホウキグサ ………………… 316	ホワイトレースフラワー … 79	
ホウシュンカ ……………… 42	ホンコンシュスラン ……… 65	ミオソティス ……………… 123
ホウセンカ ……………… 255	ボンバナ …………………… 260	**ミズヒキ** ………………… 290
ホオズキ ………………… 255		ミセバチャ ………………… 292
ポーチド・エッグ・プランツ 189		ミセバヤ …………………… 292
		ミソハギ ………………… 260

ミナレットルピナス 190
ミニチュアローズ 117
ミニハボタン 324
ミニバラ 117
ミニバラ
　'オレンジマザーズディ' 117
ミニバラ'フィット・ラブ' ... 117
ミニホリホック 155
ミムラス 261
ミムラス・アウランティアクス
　.. 261
ミモザ 203
ミヤワスレ 180
ミヤワスレ'浜乙女' 180
ミヤマオダマキ 128
ミヤマヨメナ 180
ミューレンベッキア 332
ミラー 132
ミリオンベル 175
ミルテ 148
ミント 261
ミントブッシュ 64

＝ム

ムギセンノウ 129
ムギナデシコ 129
ムギワラギク 173
ムシトリナデシコ 159
ムスカリ 117
ムスカリ
　'ピンク・サンライズ' 117
ムスカリ・アルメニアカム ... 117
ムスクマロウ 258
ムラサキクンシラン 126
ムラサキゴテン 329
ムラサキツユクサ 262
ムラサキバレンギク 201
ムルチコーレ 83
ムレイン 238

＝メ

メキシカン・チューリップポピー
　.. 110
メキシカンオレンジ 322
メキシカンジニア 220
メキシカンハット 187
メキシカンブッシュセージ 292
メキシコハナヤナギ 277
メキシコヒマワリ 228
メキシコマンネングサ 329
メグサ 261
メランポディウム 262

＝モ

モウズイカ 238
モクシュンギク 116
モクビャッコウ 330
モスフロックス 87
モナルダ 263
モナルダ・ディディマ 263
モミジアオイ 263
モモイロタンポポ 181
モモバギキョウ 147
モルセラ 264
モルセラ・ラエビス 264
モンキーフラワー 261
モントブレチア 264

＝ヤ

薬用サフラン 280
ヤクヨウサルビア 224
ヤグルマギク 118
ヤグルマソウ 118
ヤグルマハッカ 263
ヤコウボク 265
ヤナギトウワタ 196
ヤナギバヒマワリ 293
ヤナギバヒマワリ'ゴールデンピ
　ラミッド' 293
ヤハズカズラ 230
ヤハズガヤ 321
ヤバネススキ 321
ヤブラン 330
ヤブラン'ハクリュウ' 330
ヤマアジサイ 181
ヤマアジサイ'藍姫' 181
ヤマアジサイ'くれない' 181
ヤマトナデシコ 145
ヤマホトトギス 291
ヤマモモソウ 204
ヤマユリ 185
ヤリズイセン 75
ヤロー 127

＝ユ

ユウギリソウ 265
ユウゲショウ 203
ユーコミス 266
ユーストマ 166
ユウゼンギク 266
ユーフォルビア 182
ユーフォルビア
　'ダイアモンドフロスト' 293
ユーフォルビア・アミグダロイデス
　.. 182
ユーフォルビア・キパリッシアス
　.. 182
ユーフォルビア・キャラシアス
　.. 182
ユーフォルビア・マルギナタ 239
ユーフォルビア・マルテイニー
　.. 182
ユキゲユリ 54
ユキノハナ 52
ユキヨセソウ 282
ユテンソウ 291

ユリ（アジアティック・ハイブリッド）
　……………………………… 183
ユリ（オリエンタル・ハイブリッド）
　……………………………… 183
ユリ（トランペット・ハイブリッド）
　……………………………… 184
ユリ（日本の野生ユリ）……… 185
ユリ（ロンギフローラム・ハイブリッド）
　……………………………… 184
ユリ'アフリカン・クイーン'… 184
ユリ'カサブランカ'…………… 183
ユリ'コブラ'…………………… 183
ユリ'ドット・コム'…………… 183
ユリ'ロージードーン'………… 183
ユリ'ワイレカ'………………… 184
ユリオプスデージー…………… 306
ユリオプスデージー
　'ティアラミキ'……………… 306
ユリズイセン…………………… 132

ヨ

洋種クモマグサ………………… 118
ヨウシュコナスビ……………… 188
洋種シャクナゲ…………………… 91
洋種トリカブト………………… 234
ヨウラクソウ…………………… 282
ヨウラクボタン…………………… 85
洋ラン…………………………… 307

ラ

ラークスパー…………………… 186
ライイア・エレガンス………… 144
ライオンズイヤー……………… 295
ライスフラワー………………… 119
ライティア……………………… 223
ラグルス・オバタス…………… 186
ラケナリア……………………… 66
ラケナリア
　'アフリカンビューティー'…… 66

ラケナリア・マーシュシー …… 66
ラッセルルピナス ……………… 190
ラティビダ ……………………… 187
ラティビダ・ピンナタ ………… 187
ラナンキュラス ………………… 119
ラナンキュラス'ミラベラ'…… 119
ラバテラ ………………………… 267
ラバテラ・トリメストリス …… 267
ラベンダー ……………………… 268
ラベンダー'ナナ・スィート'… 268
ラベンダー・ピンナータ ……… 268
ラミウム ………………………… 331
ラミウム・ガレオブドロン
　'バリエガツム' ……………… 331
ラミウム・マクラツム
　'ゴールドラッシュ' ………… 331
ラムズイヤー …………………… 331
ランギク ………………………… 226
ラングワート …………………… 109
ランタナ ………………………… 267
ランタナ・カマラ ……………… 267
ランプランサス ………………… 179

リ

リアトリス ……………………… 269
リアトリス・スピカータ ……… 269
リオン …………………………… 227
リグストルム …………………… 320
リクチリメン …………………… 296
リクニス ………………………… 269
リクニス・カルケドニカ ……… 269
リクニス・フロスククリ ……… 269
リコリス ………………………… 294
リコリス'アルビピンク'……… 294
リコリス・オーレア …………… 294
リシアンサス …………………… 166
リシマキア ……………………… 188
リシマキア・アトロプルプレア
　'ボージョレー' ……………… 188

リシマキア・キリアタ
　'ファイアークラッカー'…… 188
リシマキア・コンゲスティフロラ
　'アウトバック' ……………… 188
リシマキア・ヌンムラリア …… 188
リッピア ………………………… 270
リッピア・カネスケンス ……… 270
リナム …………………………… 176
リナリア ………………………… 120
リナリア・プルプレア ………… 120
リナンツス ……………………… 191
リヌム …………………………… 158
リバーリリー …………………… 299
リビングストンデージー ……… 187
リムナンテス・ダグラシー …… 189
リモニウム ……………………… 189
リモニウム・シヌアツム ……… 189
リモニウム・スウオロウィー … 189
リュウキュウアサガオ ………… 195
リューココリネ ………………… 191
リリオペ ………………………… 330
リンコスポラ・コロラタ ……… 231
リンドウ ………………………… 294
リンドウ'メルヘン アシロ'… 294

ル

ルクリア ………………………… 298
ルクリア・ピンセアナ ………… 298
ルコウソウ ……………………… 270
ルディシア・ディスコロル …… 65
ルドベキア ……………………… 271
ルドベキア・トリロバ
　'タカオ' ……………………… 271
ルドベキア・ヒルタ
　'プレーリー・サン'………… 271
ルピナス ………………………… 190
ルピナス・エレガンス ………… 190
ルリカラクサ …………………… 99
ルリギク ………………………… 222

ルリタマアザミ …………… 271
ルリヂシャ …………………… 179
ルリチョウチョウ …………… 192
ルリトウワタ ………………… 248
ルリニガナ …………………… 142
ルリハコベ ……………………… 69
ルリヒナギク ………………… 109
ルリマツリ …………………… 272
ルリミゾカクシ ……………… 192

＝レ

麗光 …………………………… 179
レインリリー ……………… 224, 241
レウィシア・コチレドン ……… 120
レウカンテマム・パルドサム
　'ノースポール' ………………… 83
レウココリネ ………………… 191
レーマンニア ………………… 121
レーマンニア・アングラータ 121
レーマンニア・エラータ …… 121
レオノティス ………………… 295
レオノティス
　'オレンジ・ベロア' ………… 295
レシュノルティア …………… 308
レッドキャンピオン ………… 159
レディースマントル ………… 132
レプトシフォン ……………… 191
レモンマリーゴールド ……… 285
レンテンローズ ………………… 47

＝ロ

ローズゼラニウム …………… 121
ローズマリー ………………… 295
ローズマリー
　'日野春ブルー' …………… 295
ローズマロー ………………… 198
ロータス ……………………… 122
ロータス・ヒルスタス
　'ブリムストーン' ………… 122
ロータス・マクラツス ……… 122
ローダンセ ……………………… 56
ローダンセマム ……………… 192
ローダンセマム
　'アフリカンアイズ' ……… 192
ローダンセマム・ホスマリエンセ
　……………………………… 192
ロードデンドロン ……………… 91
ロードヒポキシス …………… 122
ローレンチア ………………… 200
ロツス ………………………… 122
ロドキトン …………………… 272
ロドヒポキシス ……………… 122
ロドヒポキシス
　'ルビーの輝き' …………… 122
ロニセラ ……………………… 229
ロベリア ……………………… 192
ロベリア・エリヌス ………… 192
ロベリア・カージナリス …… 253
ロベリア・バリダ …………… 192
ロムレア ……………………… 66
ロムレア・フラバ ……………… 66
ロンギカリウスタイム ……… 161
ロンデレティア・オドラタ … 308

＝ワ

ワイヤーバイン ……………… 332
ワイヤープランツ …………… 332
ワイヤープランツ
　'スポット・ライト' ……… 332
ワイルドオーツ ……………… 332
ワイルドガーリック ………… 229
ワイルドストロベリー ……… 123
ワイルドストロベリー
　'ゆうびウインド' ………… 123
ワイルドデージー ……………… 54
ワイルドヒアシンス …………… 50
ワインカップ ………………… 103
ワスレナグサ ………………… 123
ワタ …………………………… 296
ワタスギギク ………………… 319
ワタチョロギ ………………… 331
ワックスフラワー …………… 124
ワックスプラント …………… 256
ワトソニア …………………… 124
ワラタ …………………………… 95
ワレモコウ …………………… 296
ワレモコウ 'ピンク・タンナ' 296

351

● 著者紹介

文／金田 初代
［かねだ はつよ］

1945年茨城県に生まれる。東洋大学卒業後、出版社勤務。現在、植物専門のフィルムライブラリー(株)アルフォト企画に勤務。著書に「花の事典」、「これだけは知っておきたい 園芸の基礎知識」（以上西東社）、「庭で楽しむ四季の花」、「鉢花＆寄せ植えの花」、「花木＆庭木図鑑」（以上主婦の友社）、「花のいろいろ」（実業之日本社）、「一日ひとつの花図鑑」（ＰＨＰ研究所）などがある。

写真／金田 洋一郎
［かねだ よういちろう］

1942年生まれ。滋賀県出身。日本大学芸術学部写真科卒。フィルムライブラリー(株)アルフォト企画を経営。植物写真を撮って三十余年。園芸植物の写真を中心に撮影活動に従事し、多数の出版物、印刷物に写真を提供。花の写真の撮り方などの著書も多数ある。

- ● 写真協力――――金田一
- ● 撮影協力――――浜崎雅子　古賀有子　フラワーヒル「花ぞの」
- ● イラスト――――竹口睦郁
- ● デザイン――――株式会社 志岐デザイン事務所
- ● ＤＴＰ――――株式会社 明昌堂
- ● 編集協力――――株式会社 帆風社

色・季節でひける 花の事典８２０種

- ● 著　者――――金田 初代［かねだ はつよ］・金田 洋一郎［かねだ よういちろう］
- ● 発行者――――若松 和紀
- ● 発行所――――株式会社 西東社
〒113-0034 東京都文京区湯島2-3-13
https://www.seitosha.co.jp/
電話　03-5800-3120（代）

本書の内容の一部あるいは全部を無断でコピー、データファイル化することは、法律で認められた場合を除き、著作者及び出版社の権利を侵害することになります。第三者による電子データ化、電子書籍化はいかなる場合も認められておりません。
落丁・乱丁本は、小社「営業」宛にご送付ください。送料小社負担にて、お取替えいたします。

ISBN978-4-7916-1698-5